China NonProfit Review Vol. 13 2014 No.1

本刊编辑部地址：北京市海淀区清华大学公共管理学院425室
电话：010-62773929
投稿邮箱：nporeviewc@gmail.com
英文版刊号：ISSN：1876-5092；E-ISSN：1876-5149
出版社：Brill出版集团
英文版网址：www.brill.nl/cnpr

中国非营利评论

清华大学公共管理学院NGO研究所
明德公益研究中心　主办

第十三卷　2014 No.1

社会科学文献出版社
SOCIAL SCIENCES ACADEMIC PRESS (CHINA)

本刊得到上海增爱基金会的赞助

理事长胡锦星寄语本刊：增爱无界，为中国公益理论研究作出贡献！

增爱無界

胡錦星

增爱公益基金會
More Love Foundation

卷 首 语

　　新年伊始，我们初日登高的队伍扩大到了 30 多人。沐浴着元旦灿烂的阳光，大家挥汗香山，奋力争先，不到 40 分钟就登上了香炉峰。

　　过去的一年，我们也如登山一样上了一个新台阶。2013 年 12 月底，来自中国社会科学研究评价中心的消息称，经全国范围内的遴选、评审和公示，《中国非营利评论》成功入选中文社会科学引文索引（CSSCI）收录集刊（2014－2015）。这是自 2007 年创刊以来我们取得的一个重大突破。作为主编，我要感谢读者诸君对我们的关怀和厚爱，感谢所有作者的赐稿支持，感谢包括民营企业家赵建坤先生、增爱公益基金会和香江社会救助基金会对我们的慷慨资助，感谢社会科学文献出版社和 Brill 国际出版集团与我们的通力合作，感谢顾问委员会各位专家、编辑委员会各位同仁和参与匿名评审的各位同行的大力支持，也感谢编辑部全体员工的辛勤劳动和付出！我们生逢其时，赶上了非营利组织在中国蓬勃发展的大时代；我们感恩知命，必将倍加珍惜来自社会的信任与厚爱，并继续努力，力争尽快实现下一个更加辉煌的登高目标。

　　十八届三中全会启动了中国新一轮改革。中央在部署全面深化改革的同时，提出了治理现代化的改革总目标，并用"社会治理"取代"社会管理"，勾勒出一个全面激发社会组织活力、充分发挥社会组织在社会服务和社会治理中主体作用的改革新蓝图。跨越年轮的中国非营利领域，在强劲的改革大势下正创造一个又一个历史新高：随着登记管理体制的全面改革，社会组织合法化的门槛大大降低，民政登记的社会组织数量在跃上 50 万台阶后增速重返两位数；雅安地震再一次唤起公众的慈善热情，政府积极回应改革募捐体制的呼声，慈善募捐总额在经过多年低迷后重登千亿台阶；以三大条例为代表的现行法规制度正全面刷新，政府购买服务等支持政策竞相出台，"免费午餐"等新公益、微公益捷报频传，扶贫、环保、慈善、公共卫生、社会保障、城乡社区发展等诸多领域支持社会组织发展的"社会新政"接二连三；等等。一个让社会组织应接不暇、奋发有为的新时代，正踏着兴冲冲的脚步翕然而至。

从本卷始，我们拟围绕社会治理与治理现代化，分阶段开展较为深入的专题研讨。我们认为，十八届三中全会提出的这个被称为"第五个现代化"的重大理论创新，不仅需要从政治学、社会学、法学、公共管理学等多学科意义上进行深入研讨，也很有必要从中国悠久的传统治国思想中探寻其源流、发掘其养分，以激起更有价值的思想和观点的碰撞，使这一理论创新更加深入地扎下根来。希望有兴趣的读者诸君积极参加这场思想讨论，不吝赐稿。

过了年，那路在智力和体力上都长高了一岁。他不辜负这个不小的进步，在元旦的登高会上勇夺第一。可喜的是，登高会上也来了几位和他同属清华NGO二代的小朋友，包括十三岁的曼曼、钊广和一岁的小宁宁。最让我们欣喜不已的是：我们的团队今天又降生了一个新的生命：小蓝子。他是清华NGO二代中第二个选择元旦做生日的幸运宝宝。孩子们和我们一起，登上了人生的新高度，眺望这个未来属于他们的新世界。

王　名
2014 年 1 月 1 日

目　　录

CONTENTS

3

用国家治理理念谋划
社会组织改革发展

王建军[*]

    党的十八届三中全会,是在我国全面建成小康社会和全面深化改革开放的重要阶段,召开的一次具有里程碑意义的会议。全会通过的《中共中央关于全面深化改革若干重大问题的决定》(以下简称《决定》),从系统性、整体性、协同性出发,提出了1个总目标、1个重点、3个解放、4个坚持、6个紧紧围绕和15个方面重大改革任务,合理布局了全面深化改革的战略重点、优先顺序、主攻方向、工作机制、推进方式和时间表、路线图,是全面深化改革的又一次总部署、总动员,必将对推进中国特色社会主义事业的发展产生重大而深远的影响。《决定》内容丰富、思想深刻,有一系列重大理论创新,有一系列重要政策突破,有一系列重点制度安排,需要我们认真学习,全面掌握,系统消化,抓好落实。

国家治理体系和治理能力现代化目标的提出,
确立了社会组织在治理中的重要主体地位

    《决定》指出:"全面深化改革的总目标是完善和发展中国特色社会主

---

* 王建军,民政部国家民间组织管理局局长。

义制度，推进国家治理体系和治理能力现代化。"《决定》把"推进国家治理体系和治理能力现代化"与"完善和发展中国特色社会主义制度"并列为全面深化改革的总目标，引人注目、内涵深刻，既体现了我们党不走封闭僵化的老路，不走改旗易帜的邪路，坚定走中国特色社会主义道路的信心；又反映了我们党自觉总结国内成功做法，借鉴国外有益经验，坚持解放思想、与时俱进，不断提升国家治理水平的高度自信。国家治理体系和治理能力是国家制度和制度执行能力的集中体现。"国家治理"一词首入党的纲领性文件，是一个重大突破，标志着中国特色社会主义事业一个新时代的开始。

第一，国家治理的提出标志着我们党治国理政理念的重大突破。在对治国理政的认识上，从历史上的国家统治，到现实中的国家管理，再到未来的国家治理，虽一字之差，却是质的飞跃。核心是两个方面：横向的多元主体并存，纵向的上下互动。一方面，治理不再是政府一家唱独角戏，而是将政府的"他治"、市场主体的"自治"、社会组织的"互治"结合起来，形成政府、市场与社会协同共治的"善治"模式。另一方面，治理也不再是政府自上而下、你说我做的单向教练，而是国家、社会与市场各归其位、各尽其责，双向共治的良性互动。这种执政理念的变化，是实现国家治理体系和治理能力现代化的前提，是中国特色社会主义的重大理论创新，无疑将传递和释放出国家发展和社会进步的巨大正能量，标志党的执政理念更加开放、更加深刻、更加成熟。

第二，国家治理的提出标志着我们党治国理政方式的与时俱进。过去，我们讲建设富强民主文明和谐的社会主义现代化，主要是从经济、政治、文化、社会建设形态提出的，强调的是硬件建设，而国家治理体系和治理能力现代化，是从制度层面提出的现代化目标，强调的是运行软件。《决定》全文24次提及"现代"这个概念。如提出了现代公共文化服务、现代文化市场、现代职业教育、现代军事力量等4种现代体系；提出了与现代社会组织体制一脉相承的现代产权、现代企业、现代财政等3种现代制度等。无论是现代体系，还是现代制度，实质都是国家治理方式的进步，其重要表现形式就是国家治理的法治化，即坚持依法治国、依法执政、依法行政共同推进，法治国家、法治政府、法治社会一体建设。这是我们党顺应时代潮流，回应社会期待，着力解决深层次矛盾，着力实现国家转型升级的关键抉择，表明党的治国理政方式有了重大进步，向法治化、科学化、现代化迈出了关键一步。

第三，国家治理的提出标志着我们党治国理政权力本源的回归。我们党根植于人民，一切权力属于人民。这既是我们党根本性质的集中体现，也是人民代表大会制度的核心要求。三中全会强调推动人民代表大会制度与时俱进，推进协商民主广泛多层制度化发展，拓宽国家政权机关、政协组织、党派团体、基层组织、社会组织的协商渠道。这种立足于国家权力结构、治理结构的调整，其意义在于未来我们党将充分动员国家各个方面的力量，以多元共治激发国家权力体系、社会组织体系与市场结构体系的活力，并且通过体制机制保证三方积极互动，以便实现国家权力行使的预期目标。这是践行党的宗旨的必然要求；是党的群众路线在政治、经济、文化、社会及党建领域的具体体现；是坚持人民主体地位，更好地发挥人民主人翁精神，从根本上保证人民当家作主的时代抉择。

在国家治理的理念下，《决定》围绕"创新社会治理体制"的新命题，对社会组织改革发展进行专章部署，除在48条中重点提出了"五句话"的总要求外，同时还在经济、政治、社会、文化、党建等方面12次提及"社会组织"的内容，对社会组织的地位给予空前清晰界定，对社会组织的作用发挥寄予从未有过的厚望。《决定》明确指出，要"激发社会组织活力，正确处理政府和社会关系，加快政社分开，推进社会组织明确责权、依法自治、发挥作用"，这是对社会组织改革发展的总要求、总基调、总目标。"适合由社会组织提供的公共服务和解决的事项，交由社会组织承担"，"推进有条件的事业单位转为企业或社会组织"，这与转变职能、下放权力的行政体制改革重点相呼应，明确了社会组织在承接政府转移职能、参与社会事务管理、提供公共服务中的优势地位。在经济建设上，强调市场的决定性作用，注重行业协会商会在建立开放型市场体系中的地位，发挥社会组织在社会主义新农村建设中的积极作用。在民主政治建设上，强调人民主体地位，要求拓宽包括社会组织在内的协商民主渠道。在社会建设上，强调重视社会力量，要求"完善慈善捐助减免税制度，支持慈善事业发挥扶贫济困积极作用"，"支持和发展志愿服务组织"，积极支持社会组织在教育评估和社会办学办医等方面发挥作用。在文化建设上，强调文化开放水平，通过培育发展非营利组织，发挥其在中外文化交流中的特殊作用。在党的建设中，"要坚持党的群众路线，建立社会参与机制"，"完善并严格执行领导干部亲属担任社会组织职务"，等等。

总之，《决定》对社会组织的论述可谓浓墨重彩，对社会组织的重视程度前所未有。其深刻思想表明，社会组织已成为国家治理的重要主体。推进国家治理体系和治理能力现代化，创新社会治理体制，改进社会治理方式，建立现代社会治理模式——社会组织不可或缺。因此，我们必须主动作为，从全局上对社会组织改革发展进行顶层设计，对社会组织改革发展实践进行积极引导，努力做到法治化管理、系统性规划、综合性治理。

着眼于国家治理体系和治理能力现代化目标，全力推进社会组织改革与发展

从党的十八大提出加快建立政社分开、权责明确、依法自治的现代社会组织体制，到二中全会确定改革社会组织管理制度，再到三中全会提出要激发社会组织活力，应该说，中央对社会组织改革发展的方向已经明确，改革发展的路径更加清晰。现在摆在我们面前的主要任务是，准确把握中央对社会组织的一系列新思想、新论断、新要求，紧密结合近年来社会组织改革发展实践，在国家治理的框架下，集中做好社会组织改革发展的顶层设计，着力构建现代社会组织体制下的法规制度。这是全面助推社会组织改革发展和发挥重要主体作用的基础。

第一，抓住机遇，全力做好社会组织改革发展的顶层设计。这方面政府已做了许多卓有成效的工作，如国务院办公厅已于 2013 年 9 月底下发了《关于政府向社会力量购买服务的指导意见》（以下简称《意见》），目前，有关部门正在研究贯彻《意见》的具体程序和办法。为贯彻中央要求，民政部与有关部门共同拟定了国家层面的改革社会组织管理制度，

加快行业协会商会与行政机关脱钩、优化社会组织发展环境、强化社会组织监管、加强社会组织人才队伍建设等一揽子政策意见。对修订《社会团体登记管理条例》的主要内容也进行了反复研究，现正在按计划推进。此外，社会组织党建工作、规范党政干部在社会组织任职兼职、社会组织税收减免、登记管理机关职能调整、四类社会组织直接登记办法等配套规章制度也在加紧研究制定之中。

第二，突出重点，统筹解决社会组织改革发展中的主要问题。按照激发社会组织活力，加快建立现代社会组织体制的目标要求，社会组织改革发展法规制度的顶层设计，重点要解决八大问题。一是社会组织的定位，即围绕社会组织是国家治理的重要主体，明确新形势下，加快推进社会组织改革发展的重大意义。二是明确改革时间表、路线图，即围绕建立现代社会组织体制目标，明确改革发展的指导思想、基本原则和总体目标。三是改革登记制度，即围绕分类登记管理原则，明确建立直接登记与双重负责相结合的混合型登记制度。四是监管模式，即围绕放得开、管得住的要求，在明确登记管理机关、行业管理部门、业务主管单位监管职责的同时，建立和完善信息平台，做好第三方评估，拓宽社会监督渠道。五是管理范围，即围绕广视角、全覆盖的立体管理服务思路，将国外、离岸和网络社会组织统一纳入依法管理范畴。六是优化发展环境，即围绕更好地发挥社会组织的作用，着力解决认识偏差、资金人才匮乏、能力不足的问题。七是引入市场机制，围绕去行政化方向，限期与行政机关脱钩，探索一业多会，建立退出机制。八是自治自律，即围绕强化自治功能，完善法人治理结构，建立诚信体系。

第三，协调配合，注重社会组织改革发展任务的落实。全面深化改革，必须立足于我国长期处于社会主义初级阶段这个最大国情。虽然改革开放以来，我国社会组织取得了长足的发展，但整体水平还远远不能适应经济社会发展的需要，认识不统一、登记门槛过高、政社不分、培育发展不足、作用发挥不充分、法律制度不健全、监管不到位等问题还十分突出。所有这些，都需要通过深化改革加以解决。社会组织管理制度改革，牵一发而动全身，时间紧、任务重、要求高。面对复杂艰巨的改革任务，既需要勇气，更需要智慧，对此必须保持清醒的头脑，认真贯彻中央精神，既要做到改革坚定不移，充满信心，克服畏葸不前的思想障碍，又要做到胆子大，步子稳，审慎思考，稳妥推进。

一是必须坚持不断学习，准确理解和把握十八大和十八届二中、三中全会精神。实践发展永无止境，解放思想永无止境，改革开放永无止境。新一届中央领导集体治国理政思想博大精深，改革发展布局充满智慧，社会组织改革发展能否实现预期目标，关键在于对中央精神的学习把握。因此，各级登记管理机关，必须自觉学习，反复学习，深入学习，切实做到用中央精神武装头脑、指导实践、推进工作。

二是必须讲究策略方法，自觉贯彻顶层设计和摸着石头过河相结合的原则。做到先谋后动，动则必成。在系统掌握精神实质的基础上，要全面、周密、精准地谋划和设计好社会组织改革的具体方案，以及政策措施。在社会组织改革操作上，既要正确处理登记机关、行业管理部门和业务主管单位的关系，又要照顾到政府、市场和社会组织的诉求和关切，凝聚共识，形成合力。一定意义上说，这是社会组织管理制度改革新政能否落地生根的关键。

三是必须坚持依法履职，追求改革的最大公约数。没有规矩，不成方圆，新的社会组织改革发展涉及现行法规的调整，所以要先立后破，创制先行。行动最有说服力，无论是修法创制，还是实践落实，首要的是行动。空谈误国，实干兴邦。落实改革任务确实需要发扬钉钉子精神，一鼓作气，善做善成。对看得准、有共识的应不失时机地加以推进，对条件尚不完全具备，认识存在分歧的要把握节奏，先行试点，取得经验后再推开。底线是帮忙不添乱，好事要办好。

"周虽旧邦，其命维新。"当前，在中国特色社会主义伟大旗帜下，中央明确了全面深化改革的伟大任务，创新地提出了推进国家治理体系和治理能力现代化的目标，这必将迎来国家制度层面的革故鼎新。我们坚信，在中央的坚强领导下，社会组织的发展必将日新月异、异彩纷呈，现代社会组织管理制度的构建必将推陈出新、新益求新！

（责任编辑：朱晓红）

做社会治理和社会善治的先行者

——以云南省创新社会治理体制的实践为例

何增科*

20 世纪 90 年代以来，治理和善治的概念在国际社会逐渐流行起来。在关于治理的各种定义中，联合国全球治理委员会的定义更具代表性。其定义为：治理是各种公共的或私人的个人和机构管理其事务的诸多方式的总和。它有四个特征：治理不是一整套规则，也不是一种活动，而是一个过程；治理过程的基础不是控制，而是协调；治理既涉及公共部门，也包括私人部门；治理不是一种正式的制度，而是持续的互动。与政府行政管理和工商企业管理不同，治理的概念及其特征尤其适用于社会管理。社会管理的主体是多元的，包括公共部门、私人经济部门和第三部门在内的各种公私机构和个人都能在规范行为、提供服务、组织协调等方面发挥作用；社会管理是一种过程，是对社会组织、社会事务和社会生活进行规范、协调和服务的过程；社会管理不能等同于社会控制或监控社会，解决社会问题、化解社会矛盾离不开法律规制，但更离不开平等沟通、协商对话、协调、引导、优质服务等柔性办法，没有协调和服务做基础，单纯的规范行为很难奏效，社会管理需要多种方式的综合运用；社会管理是多元行为主体力求通过持续的互动合作维持正常交

* 何增科，中央编译局比较政治与经济研究中心主任、研究员。

往的一种过程而不是一整套规则的简单叠加。正因为社会管理尤其需要
治理理念的指导，社会管理尤其契合治理的特征，所以学者们更愿意把
以治理理念为指导的社会管理称为社会治理。社会治理是在一个既定的
空间范围内由多元行动者运用各自权威对社会组织、社会事务和社会生
活进行规范、协调和服务的过程，其目的是满足社会需求，维持社会
秩序。

社会治理和时下所流行的政府社会管理概念有着重大的区别。社会
管理的主体相对来说单一，主要是指各级党委和政府及其职能部门。而
社会治理的主体则是多元的，党政机关、企事业单位、社会组织、公民
都是社会治理的重要行动主体。政府社会管理的主要内容是政府管理社
会，一些地方和部门甚至将政府管理社会理解为防范管控社会，这种防
控要横向到边、纵向到底，编织一张严密的防控之网将社会一网打尽，
使其一览无余。一些地方和部门将政府社会管理理解为政府对社会组织
和社会成员通过政治动员和行政命令方式达到管理的目的，对方只有服
从和配合的义务而缺少应有的权利。社会治理则强调多元主体通过协商
协作方式实现对社会事务的合作管理。社会治理更强调多元主体之间的
协商协调的持续互动过程，反对单纯的命令和控制，倡导政府社会管理
的透明化、法治化和利益相关方参与社会政策决策。社会治理倡导社会
自治，倡导参与式治理。社会治理强调尊重社会成员的社会政治权利，
主张激发社会成员的权能，使社会成员在社会治理过程中拥有发言权和
影响力。社会管理包含社会服务的内容，但社会成员在政府提供的社会
公共服务中更多的是作为社会服务的对象被动地接受服务而没有更多的
选择权。社会治理倡导社会成员主动表达需求，自主提出所需要的服务
项目，政府则对项目的实施提供资助，社会组织自主组织实施服务项目
并接受资助方的评估。社会成员和社会组织不再是单纯享受社会服务的
被动对象，而是需求的表达者、项目的选择者和服务的供给者。

社会善治是对良好的或理想的社会治理状态的描述。社会善治是国
家和社会在社会生活领域的合作管理，其目的是实现社会公共利益最大
化。将善治的基本要素应用于社会治理领域，结合社会治理的具体内
容，可以推演出社会善治的基本要素。社会善治的基本要素应当包括：

透明、参与、法治、回应、效率、包容、公平、信任、和谐、安全。透明是指有关社会治理过程和结果的信息的公开性和可及性。参与是指各利益相关方或其代表有机会、有渠道就社会事务决策表达意见并受到充分尊重。法治是指参与社会治理各方具有强烈的规则意识并严格依照法律行事。回应是指政府对公民所提出的利益诉求及时给予答复并积极加以满足。效率是指政府能及时高效地提供社会成员所需要的公共服务。包容是指社会政策决策及日常管理中，社会各个阶层特别是边缘困难弱势群体的利益和要求得到充分的考虑。公平是指社会成员在向上的社会流动和社会福利的分配上享有平等的机会和权利。信任是指社会成员彼此之间消除了猜疑和隔阂能够相互信任对方。和谐是指人际关系中消除了冷漠、敌对和冲突彼此相处融洽、相互合作。安全是指社会成员的人身和生命财产免受外部环境的威胁和侵害，基本生存需求得到保障。社会善治为衡量社会治理状况提供了标尺，为提升社会治理质量指明了努力的方向。

从社会管理走向社会治理和社会善治，代表着社会管理的发展方向，也是实现国家与社会的良性互动与合作共赢的必由之路。党的十八大号召加快形成党委领导、政府负责、社会协同、公众参与、法治保障的社会管理体制，这是实现从社会管理走向社会治理和社会善治的根本途径。20世纪90年代以来，云南省在培育发展社会组织、促进各类社会组织集聚发展方面就一直走在西部地区乃至全国的前列，取得了令人瞩目的成就。近年来，云南省委省政府领导在社会管理创新方面锐意进取，先后通过了《政府向社会组织购买服务暂行办法》、《公益慈善事业促进条例》和《关于大力培育发展社会组织加快推进现代社会组织体制建设的意见》等一系列重要的地方性法规。这些法规的颁布和实施有助于社会组织获得自身发展所必需的活动空间、资源保障、权利保障和能力提升，有助于社会组织和社会组织成员参与提供社会公共服务和参与地方层级的社会政策决策，有助于政府和社会组织在社会生活领域的职能互补与合作管理从而形成一种伙伴关系。云南在社会管理体制改革创新方面的这些积极探索使我们有理由相信，云南正在努力做社会治理和社会善治的先行者，云南社会各界都将成为社会治理和社会善治的受益者和支持者。

　　同时，笔者就云南社会组织的健康发展提四点建议。第一，政府和社会组织应该努力构建平等合作伙伴关系。如何解决政府向社会组织购买服务的问题关系到能否建立平等的合作伙伴关系。如果由各个党政机关根据各自的需要提出购买服务清单，并且由它们分别向社会组织购买，最后的结果是什么？很有可能最终形成党政机关、群团组织和事业单位分头去办社会组织，并且使这些社会组织成为自己的下属机构，最后它们有可能力争成为事业单位。笔者认为这种趋势需要警惕。因此正确的做法应该是政府作为一个整体通过基金会向社会组织购买服务，而不是由有关部门各自直接向社会组织购买服务。为此政府可以成立基金会等社会服务支持机构，后者在政府和社会组织之间发挥防火墙的作用，否则直接购买会产生腐败的问题，可能会产生很多的利益冲突和利益输送问题。基金会要发挥好审核项目的作用，相关职能部门比如教育部门负责对服务态度、服务质量进行监管、接受投诉、进行查处，同时要建立独立的评估机构。基金会、有关职能部门、评估机构，应各司其职，分工合作。第二，在慈善公益行业层面，迫切需要明确公益社团法人、公益财团法人、公益企业法人等各自的法律地位、法律权利及义务，对它们依法分类管理。第三，要疏通社会组织参与社会政策决策的渠道，云南省的条例里已专门有这一项规定，希望能够得到落实。第四，目前事业单位分为官办事业单位和民办事业单位。无论是官办事业单位还是民办事业单位，都是公益性的社会服务组织，为什么要分开管理呢？分成两种组织形式呢？目前有官办的福利企业，也有民间的公益企业，无论是官办的福利企业还是民间的公益企业，它们都是社会公益企业，性质是相同的。未来能不能再往前走一步，为官办的福利企业和民间的公益企业创造出平等竞争的法律政策环境，使它们享受同等的待遇，这对于社会企业的健康发展显得尤为重要。

（责任编辑：陈洪涛）

社会组织承接政府购买服务的资质条件*

——基于地方政策文本的分析

伊　强　朱晓红　刘向晖**

社会组织是承接政府购买服务的重要主体，2013 年 9 月公布的《国务院办公厅关于政府向社会力量购买服务的指导意见》（国办发〔2013〕96 号），对承接政府购买服务的主体做了较为宽泛的界定，社会组织和企业、机构具有平等承接政府购买服务的资格。"承接政府购买服务的主体包括依法在民政部门登记成立或经国务院批准免予登记的社会组织，以及依法在工商管理或行业主管部门登记成立的企业、机构等社会力量。"同时，对承接政府购买服务的资质也做了原则性规定："承接政府购买服务的主体应具有独立承担民事责任的能力，具备提供服务所必需的设施、人员和专业技术的能力，具有健全的内部治理结构、财务会计和资产管理制度，具有良好的社会和商业信誉，具有依法缴纳税收和社会保险的良好记录，并符合登记管理部门依法认定的其他条件。"并授权购买主体会同财政部门根据购买服务项目的性质和质量要求确定承接主体的具体条件。而在该文件出台前，各地方政府就已经有序地规划开展了向社会组织购买服

---

* 2013 年民政部民间组织管理局资助项目"承接政府购买服务的社会组织资质条件与目录的中外比较及启示"阶段性成果。

** 伊强，男，北京信息科技大学公共管理与传媒学院副教授；朱晓红，华北电力大学人文学院社会企业研究中心主任，教授；刘向晖，华北电力大学公共政策研究所所长，副教授。

务的实践。截至 2013 年 8 月，我国有 54 个市级以上地方政府出台了政府向社会组织购买服务的相关文件。笔者比较各地对于社会组织承接政府购买服务资质条件的规定，分析其政策意蕴及存在的问题，旨在完善承接服务的资质设定，不断促进和规范政府向社会组织购买服务的行为。

一　地方政府对社会组织承接政府　购买服务资质条件的规定

笔者通过网络、实地调研等方式，收集了市级以上地方政府出台的有关政府向社会组织购买服务的政策性文件，截至 2013 年 8 月，共收集了 54 个各级地方政府出台的相关政策性文件，其中有 52% （28 个）的地方政府对社会组织承接购买服务资质提出了具体要求和规定。地方政府对资质条件的限定主要集中在主体资格、成立时间节点、组织管理、人力资源与财务管理、专业资质以及年检、评估、荣誉等方面，总体来看，资质条件设定门槛不高，同时又通过制度设计与创新保障公共服务质量。

（一）承接政府购买服务的资质条件普遍不高

社会组织承接政府购买服务的资质条件主要集中在承接主体的合法性、信誉、基础条件、人力资源、专业技能、申请获得资质的程序等方面。政策中一般是通过必要条件、优先条件、程序与方式等方面的规定，将这些资质要求清晰明确地呈现出来，如关于主体资格的规定，通常要求依照有关法律法规登记注册，具有独立承担民事责任的能力，具有独立的财务管理、财务核算和资产管理制度，有依法缴纳税收、社会保险费的良好记录，有符合要求的固定办公场所，有合法稳定的收入来源，具备提供公共服务所必需的设备、专业技术人员及相关资质，以及具有健全的法人治理结构、完善的内部管理制度、信息公开制度和民主监督制度等。相关政策规定越具体，越不易产生歧义，在后期政策实施过程中，可操作性也越强。

第一，关于主体资格。在对有资质要求的 28 个地方政府文件查阅中，笔者发现各地均对社会组织的主体资格提出了不同要求，诸如注册形式、法人资格等。具体分析如下：排在前 6 位的主体资格如图 1 所示，89.3% 的地方政府对具备提供公共服务所需的设备、专业技术人员及相关资质做了规定；82.1%的政府规定应依照有关法律法规登记注册；75%的政府规定具有独立承担民事责任的能力；71%的政府规定应具有独立的财务管理、财务核算和资产管理制度；67.9%的政府规定应具有健全的法人治理结构，完善的内部管理制度、信息公开制度和民主监督制度；64.3%的政府规定应符合购买服务主体提出的其他专业方面的合理资质要求。

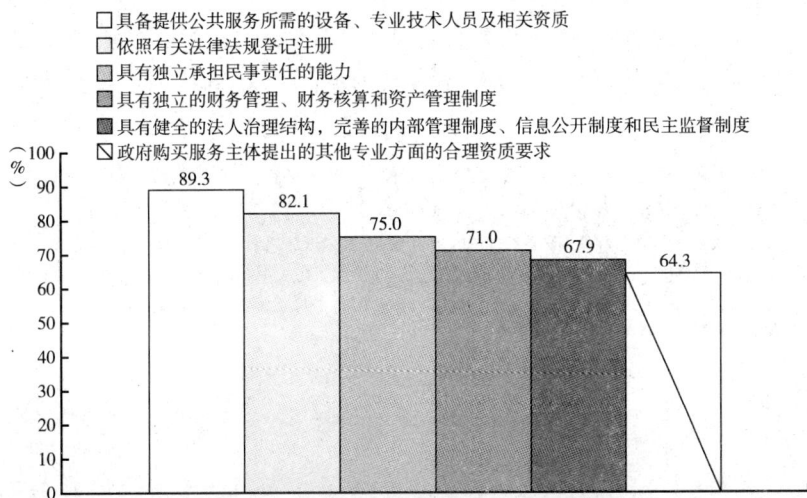

图1　社会组织主体资格限定示意图

相对而言，地方政府对主体资格其他方面的限定较少，仅有25%的地方政府规定购买服务内容涉及领域需与其被核准的业务范围相符，同时规定要有依法缴纳税收、社会保险费的良好记录。有符合要求的固定办公场所方面的规定的仅占10.7%；有合法、稳定的收入来源的亦仅占10.7%。将能够开具发票等条件明确写入文件中的更少。以上数据说明，地方政府购买服务时，重视的是社会组织承接服务的能力以及承接服务的法律合法性。

第二，关于成立及年检的时间节点。调研数据显示，85.7%的地方政府对社会组织相关时间节点做了不同规定。其中在成立时间上，明确规定成立时间1年以上的占3.6%，也有3.6%的政府给新设立的社会组织承接购买服务的机会，但要求必须经过资质审定阶段，才可以参加购买服务活动。还有15%的地方政府把年检作为必要条件，把时间限定在参与购买服务项目之前。11%的地方政府规定在参与政府购买服务项目前2年的年检结果均合格，嘉兴和济南的规定分别为3年和1年。更多的地方政府把社会组织是否有重大违法违规行为作为基本条件。如图2所示，57.1%的地方政府规定在参与政府购买服务项目前3年内，无重大违法违规行为，年检合格，社会信誉良好。仅有7.1%的政府规定在参与政府购买服务项目前5年内，无重大违法违规行为，年检合格，社会信誉良好。还有7.1%的政府对时间没有做限定。另有10.7%的政府规定因成立时间不足3年或因其他特殊原因未能连续参加最近2或3个年度年检的，应自成立以来无违法违规行为，社会信誉良好。

□ 在参与政府购买服务项目前3年内，无重大违法违规行为，年检合格，社会信誉良好
▨ 因成立时间不足3年或因其他特殊原因未能连续参加最近2或3个年度年检的，应自成立以来无违法违规行为，社会信誉良好
▨ 在参与政府购买服务项目前5年内，无重大违法违规行为，年检合格，社会信誉良好
■ 无较大违法违规行为，社会信誉良好

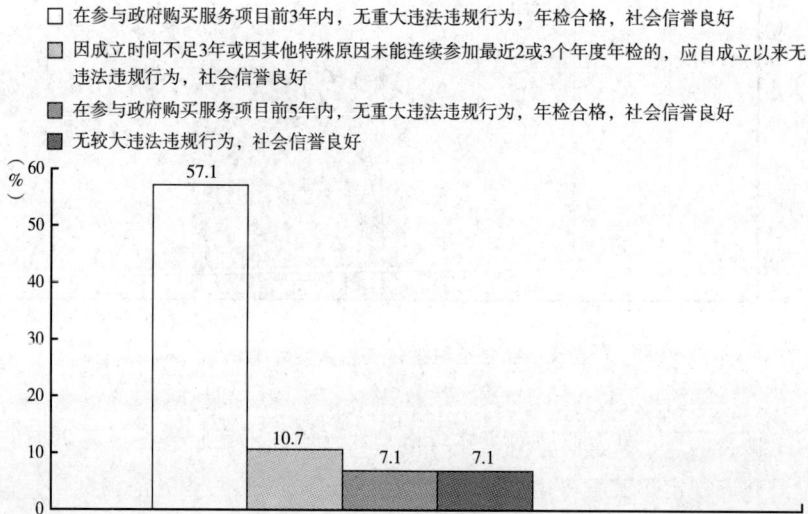

图2　年检时间限定示意图

第三，关于人员资质与财务管理。调研数据显示，有6家地方政府对社会组织提出了人员方面的资质要求，如图3所示。其中，14.3%的地方政府仅笼统规定要有专职工作人员（需提交劳动合同和社保缴纳证明），没有规定具体人数；而有些政府规定人数为1个以上（占比3.6%），或者2个以上（占比3.6%）、3个以上（占比10.7%）；另有3.6%的地方政府提出了政社分开的要求——"没有国家机关工作人员在社会组织中任职，特殊情况确需兼任的，已按有关规定办理了审批手续"。

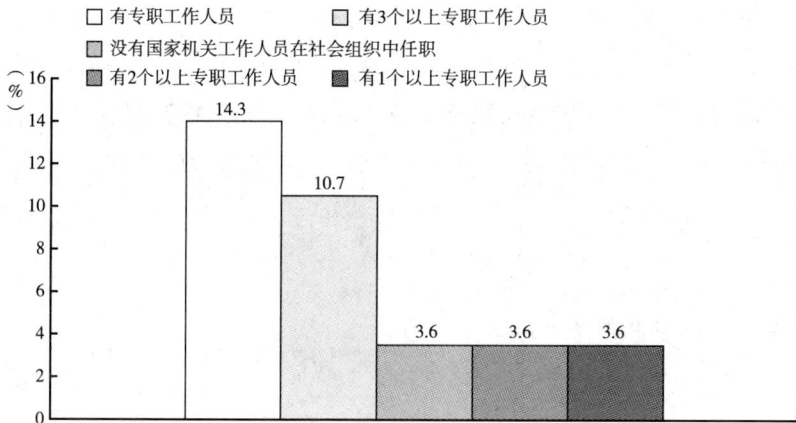

图 3　人员要求示意图

　　政策中规定了购买主体资金方面要求的则仅有佛山市政府一家，要求"年业务活动费用总额不低于注册的活动资金（社团）或开办资金（民非）数额"，其他地方政府则无此方面规定。

（二）通过制度创新等方式对资质条件提出了更高的要求

　　作为购买者的政府部门通常倾向于选择有良好资质的社会组织，并不断尝试通过各种制度创新来实现。深圳市把资质条件区分为必要条件和优先条件，规定了 5 个优先条件，即评估等级在 3A 以上，获得公益性捐赠税前扣除资格和非营利组织免税资格，曾多次承接政府职能转移和购买服务，在国内或本地区内具有较大影响力，在行业内具有较高的公信度和声誉，曾获得部、省、市等荣誉，枢纽（联合）型社会组织。这种制度创制，无形中提高了社会组织承接政府购买服务的入门条件。其他地方政府虽然没有区分必要条件和优先条件，但是也对上述要素有要求。

　　第一，关于评估与年检。调研数据显示，有 42.9% 的地方政府设定了评估等级在 3A 以上的条件，包括广东省、扬州市、无锡市、嘉兴市、上海长宁区、北京市、肇庆市、南京市、温州市、晋城市、吉林省等多个地方政府；10.7% 的地方政府提出评估等级在 3A 以上且年度年检合格；7.1% 的地方政府规定暂未实施评估的社会组织须近 2 年年检均合格；也有 7.1% 的地方政府仅笼统规定参评并获得等级就可以，① 而且该评估既可以是登记管理部门也可以是业务主管单位开展的；另有 3.6% 的地方政府规定"近年内活动正常、年检合格，并曾组织开展过有较大影响的市级以上活动或有重大研究成果和推广应用成果"（见图4）。

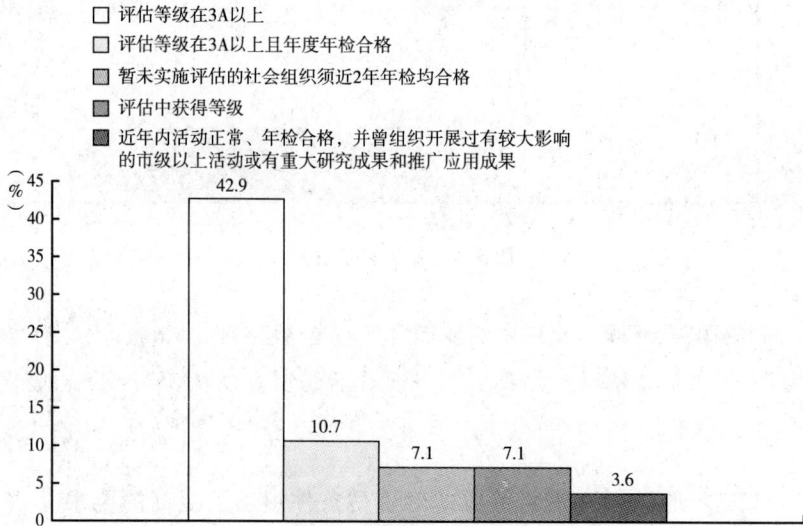

图例：
☐ 评估等级在3A以上
☐ 评估等级在3A以上且年度年检合格
☐ 暂未实施评估的社会组织须近2年年检均合格
☐ 评估中获得等级
■ 近年内活动正常、年检合格，并曾组织开展过有较大影响的市级以上活动或有重大研究成果和推广应用成果

数据：42.9、10.7、7.1、7.1、3.6

图4 评估要求示意图

第二，关于资历与荣誉。54 家地方政府中，提出枢纽（联合）型社会组织的资质条件的有 7.1%；规定曾多次承接政府职能转移和购买服务或具有相关经验的占比 17.9%；规定在国内或本地区内具有较大影响力，在行业内具有较高的公信度和声誉，曾获得部、省、市等荣誉的占比 10.7%（见图5）。

资质条件的提高，一方面，有助于改善公共服务质量并提高效率，降低行政成本，提高行政资金使用效益以及降低政府的购买风险，从而实现政府财政效力最大化。另一方面，还有助于打造政府与社会组织之间新型的伙伴关系。如北京市规定"具有联合其他社会组织共同完成项目的能力，社区社会组织应具备组织协调社会资源、配合项目实施的能

———————————

① 评估结果中除了 1A～5A，还有无评估等级的结论。

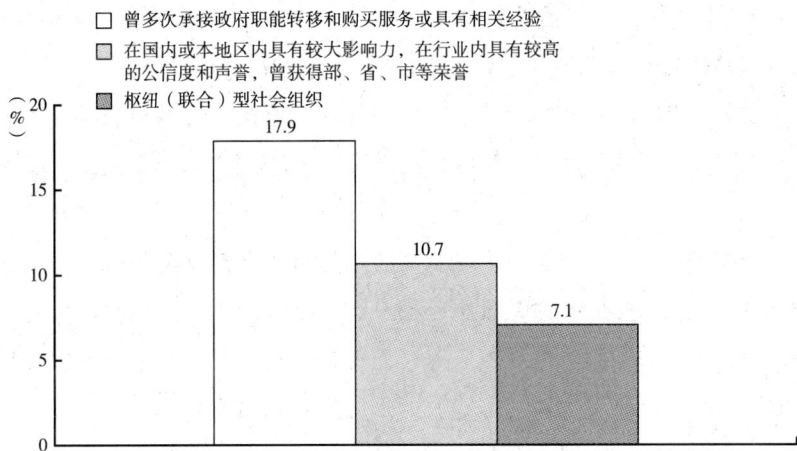

图5　资历与荣誉要求示意图

力"，上海杨浦区提出"鼓励不同类别、不同层次社会组织按照性质相似、功能相近、资源互补、利益共享的原则，组团申请政府购买服务项目"，对服务的提供方提出了更进一步的要求，由此，一些有实力的社会组织除了单向依赖作为购买者的政府提供经费外，还可能利用自身优势，扩大和引入新的资源，使政府与社会组织之间已不再是简单的"委托"关系，从而可能建立起真正意义上的"合作"关系。

二　地方政府对社会组织承接购买服务资质条件规定的政策意蕴

第一，服务资质政策折射出社会治理体系的构建逻辑。社会组织承接服务资质条件的宽松折射出社会多元治理体系的构建逻辑。近年来，政府自主打破提供公共服务生产的垄断性，允许社会组织广泛参与社会治理。可以说，政府向社会组织购买服务，是伴随着政府职能转变和机构改革并以此为基础的放权行动。2013年两会中《国务院机构改革和职能转变》方案提出，加快形成政社分开、权责明确、依法自治的现代社会组织体制。政府职能转变和机构改革过程中，重要的改革路径就是发展社会组织，通过政府购买的方式，把相应职能权力转移给社会。反之，职能转变和机构改革也是政府购买社会组织服务的基础条件，政府之所以要购买社会组织服务，是出于职能转变还权于社会的目的。

在国务院国办发〔2013〕96号文中，对承接购买服务资质的条件做了更大范围的拓展。单从文件名称由该文公示期的"向社会组织购买服务"转为"向社会力量购买服务"，就可以看到这种社会治理主体结构的开放性和包容性。一方面，体现了政府与社会在公共服务领域的互动和良好合作关系；另一方面，政府在越来越多的领域运用市场激励的方法为社会公共服务的消费者提供服务，而仅将自身定位于社会公共服务提供的出资者和监督者角色，恪守服务型政府的职责本分，一改强政府全面支配社会的传统秩序，这个巨大的角色转型，实质上是政府从"官权本位"向"民权本位"，从"全能政府"向"有限政府"变迁的过程。因此，承接政府购买服务的资质条件适当放宽的地方政策体现了社会治理主体从单一中心到多元参与，政社关系从依附关系到合作关系的演变逻辑。

第二，服务资质政策反映了政府扶持培育社会组织的导向。目前，政府购买服务是以扶持培育社会组织为导向的，对承接政府购买服务的社会组织的资质条件总体上规定较为基础与宽松，体现了政府通过购买服务扶持和培育社会组织发展的政策导向。然而，从现有的及未来可能的影响来看，尚存在以下两方面风险：一是服务资质普遍不高会为政府在遴选过程中留下较大的自由裁量空间，有可能导致合作过程的主观性、随意性乃至购买行为"内部化"等不公正的现象；二是资质条件门槛较低会存在因社会组织未充分具备承接政府购买公共服务能力而带来的隐忧，从而影响公共服务的质量和供给效率，并造成公共资源的额外浪费。在面对这两种抉择时，需要以购买服务的目标为原则，对资格条件进行选择确认。

当然，承接政府购买服务资质不高是基于我国社会组织发展现状的务实之举。我国现阶段，社会组织从规模到能力都需要大幅度发展和提升。因此，政府购买社会组织服务有两个目标，一是为社会提供公众所需的公共服务，二是为了扶持培育和发展社会组织。在当前的时代背景下，排在首位的目标是扶持培育和发展社会组织。这是因为相当长一段时间里，我国对社会组织采用了较为严格的双重管理体制，扶持优惠政策少且不到位，社会组织的发展与社会公众的需求相距较远，社会组织在数量和质量上均需要大力支持与制度关怀。

三　地方政府对社会组织承接购买服务资质条件规定存在的问题

第一，政府自由裁量空间过大。如前所述，目前对承接政府购买服务的社会组织的资质条件总体上规定较为宽松。从积极方面看，政府放宽了入门条件，给予社会组织承接政府购买服务的平等地位。从消极方面看，如前所述，这种情况也为政府在遴选社会组织过程中留下了较大的政策空缺，购买行为"内部化"等不公平现象难以避免。

第二，社会组织发展及能力不足。资质条件中必要条件的操作如果标准低，门槛不够高，会带来社会组织在组织资源、组织运作、组织绩效能力不足等方面的现实问题。近年，随着双重管理逐步取消以及政府购买服务的力度逐步加大，各地新成立的社会组织出现了不同幅度的增长，甚至有些组织为了获取承接政府购买服务的资质仓促成立。因此，登记门槛降低的同时，如果对承接政府购买服务的资质条件把握不当，对购买服务监督不到位，将会极大地影响公共服务质量与供给，造成不良的社会效益。

第三，资质条款设定不利于草根组织。调研发现，草根组织在购买服务的招投标中经常处于劣势地位（胡薇，2013）。草根组织由于资金、经验、人员资源有限，在运作和管理方面规范化程度远不如具官方背景的社会组织，笔者在参与对社会组织评估工作过程中，对此点也深有体会。社会组织等级评估中，区分度较高的指标之一是内部治理，具有官方背景的社会组织在内部治理上得分往往较高，包括政社不分的社会组织，获得政府在办公条件、经费、项目等方面支持的组织，也包括领导人具有从政经历的社会组织。以上几类社会组织往往在主体资格、人员资质、财务管理等方面运作比较规范，更容易满足购买服务的资质条件要求，特别是评估、资质、荣誉等方面的条件。

第四，资质认定标准欠缺统一。社会组织承接政府购买服务的资质认定缺乏统一标准。在"具有健全的法人治理结构，完善的内部管理制度、信息公开制度和民主监督制度""具备提供公共服务所必需的设备、专业技术人员及相关资质"等条件中，其中的"健全""必需"没有具体的统一标准。因此，在实际操作中，缺乏依据。各个政府及部门在认识和理解上也存在差异，基本上都是自行进行分类和解释，并无遵循的统一标准。例如，社团之健全的法人治理结构中，会员大会、理事会、常务理事会、监事会、秘书处之间的权利义务怎样分配，如何运作才算是规范？以往的社团管理条例、章程示范文本相关规定不甚详尽，因此各地在制定和执行实施细则过程中会遇到某些混乱或不便，引发理论上的争辩甚至实践中的质疑。

第五，以政策为推进方式的购买服务资质条件相关法律规范工作严肃性与权威性不足。政府购买公共服务，在制度上正日益规范。但与发达国家不同的是，社会组织承接政府购买服务的依据主要是地方政府及部门自行制定的规范性文件，现已实施的《中华人民共和国政府采购法》，并未就政府采购公共服务性产品做出明确规定，并未明示社会组织的供应商地位。以政策推动的方式来完成相关法律规范，与法律衔接不充分，存在严肃性和权威性不足的问题，会表现出某种程度的随意性和多变性的不利方面，政府改革难以获得持久的动力。如各地政府相继制定颁布了《〈关于确定具备承接政府职能转移和购买服务资质的社会组织目录的指导意见〉的通知》（广东）、《深圳市民政局关于深圳市级社会组织申报具备承接政府职能转移和购买服务资质的通知》、《佛山市确定具备承接政府职能转移和购买服务资质的社会组织目录的暂行办法》、《三水区委社会工作部关于申报纳入 2012 年具备承接政府职能转移和购买服务资质的办法》、《珠海市关于政府购买社会组织服务的实施意见》、《东莞市政府向社会组织购买服务工作暂行办法社会组织目录的通知》、《辽宁省政府购买社会组织公共服务实施办法》、《无锡市政府购买行业协会商会公共服务实施办法（试行）》、《嘉兴市关于加快推进政府购买社会组织公共服务的指导意见》、《铜陵市政府购买社会组织服务试点工作实施意见的通知》、《杨浦区政府购买社会组织公共服务实施办法（试行）》和《静安区关于政府购买社会组织公共服务的实施意见（试行）》等。而日本则是通过颁布《公共服务基本法》和《关于在公共服务中导入竞争的法律》等法律先对政府购买公共服务进行刚性约束，再通过地方立法完善相关政策。总之，我国政府购买公共服务有待实现从政策之治向法治之治的转变。

四 完善社会组织承接政府购买服务
资质条件规定的建议

第一，将政府购买公共服务纳入法制化轨道以提高其制度化、理性化水平。有必要制定类似《公共服务基本法》的法律法规，或对现有的法律法规进行调整、修改或补充。如通过立法形式明确社会组织服务资质、标准以及资质确认的原则与方法，同时建立健全后续购买招标制度，完善监督管理机制，建立绩效评估标准体系，以防止运作不够规范现象的出现，防止政府对公共服务管理的失控，从而促使改革从经验型、政策型向法制型、自律型转变，这样，才能够使政府购买服务的过程有法可依、有章可循，使政府行为获得强固的合法性，并彰显其稳定性特征和优势。

第二，加大理论供给和制度供给的力度。政府购买服务相关理论供给不足的现状亟待改善。特别是针对政府购买社会组织公共服务缺少系统和明确的规范等方面问题，有必要进行基础理论的探索。当务之急，是要对指导购买服务的最高政策性规范的实施做好理论和制度跟进，即对国办发〔2013〕96号文所规定资质条件的执行提供实施依据。该指导意见中提出的"独立承担民事责任的能力"、"健全的财务会计和资产管理制度"和"具有依法缴纳税收和社会保险的良好记录"的资质标准易于操作执行，"具备提供服务所必需的设施、人员和专业技术的能力"可由负责购买的具体部门根据所购买公共服务的领域、性质、规模来确认。"具有健全的内部治理结构"这一条件则需要在理论上明晰，在制度上予以规范。如规定会员代表大会之代表的产生方式、代表权等，明确会员（代表）大会、理事会、常务理事会、理事长办公会的职能、选举、议事规则，以及会长与秘书长的责任划分。同时，需要明确要求承接购买服务的社会组织必须设立监事和监事会，这是保障社会组织自律机制的重要途径。资质中关于"具有良好的社会和商业信誉"部分，还需要有关部门对社会组织信息公开制度等进行专门规定，建立购买服务的黑名单制度。在此基础上，各地各部门制定操作细则，再根据具体购买事项和购买程序确定具体承接服务的社会组织名录。

第三，关于服务资质限定的补充建议。在政府向社会组织购买服务过程中，为了便于操作，综合国务院办公厅文件和各地方政府相关政策，参考《2014年中央财政支持社会组织参与社会服务项目实施方案》中对资助条件的规定，建议在《国务院办公厅关于政府向社会力量购买服务的指导意见》对承接政府购买服务资质限定的基础上，补充必要条件，并设定优先条件。

在社会组织承接政府购买服务资质条件中，应该把年检作为必要条件，强调社会组织管理的规范性要达到年检要求。这样既可以提高年检率，又可以为社会组织承接服务增加一道风险规避措施。由于部分地方政府规定评估结果在一定等级以上者，可以免年检，因此这里规定免年检视同年检合格。因此规定："在申请承接政府职能转移和购买服务资质时，两年内均参加了社会组织年检并合格；因成立时间不足两年未能连续参加最近两个年度年检的，应自成立以来无违法违规行为，社会信誉好；根据有关规定免予年检的视同合格。"并不对社会组织成立年限进行设限。从扶持培育角度而言，刚成立的组织更需要政府资金的支持和扶持。因此可以给新设立的组织承接购买服务提供渠道。

同时，为了减少确认购买服务社会组织名录的行政成本，确保购买服务质量和效率，可以参考深圳的做法，考虑把评估、捐赠税前扣除资格和免税资格、志愿团队、荣誉等设定为优先条件。具体如下：

（1）参加了社会组织等级评估并获得评估等级在3A以上。社会组织等级评估能如实反映社会组织的发展状况，由于3A级以下的社会组织从管理到资源整合能力都有待提高，需要加强内部能力建设再承接购买服务。但是由于目前参评率还没有达到100%，因而不能以此为必要条件，可以仅作为优先条件。

（2）获得捐赠税前扣除资格和非营利组织免税资格。获得捐赠税前扣除资格和非营利组织免税资格，也一定程度上说明该组织具备了承接政府购买服务的能力。

（3）有必要的志愿团队支撑。把对社会组织人才队伍建设设立导向性条件作为优先条件，强调有专业团队和志愿者支撑，公共服务的供给质量就有了一定的保障。

（4）在国际国内和省内具有较大影响力，在行业内具有较高的声誉，曾荣获部、省、市人民政府和有关组织等授予荣誉。美誉度和知晓度反映了社会组织的社会公信力，因此可以确认该组织的管理水平与社会影响。

（5）枢纽（联合/支持）型社会组织。倡导发挥社会组织自治功能，通过枢纽型组织、联合型组织、支持型组织，促使不同性质、不同领域、不同功能的社会组织之间通力合作，联合购买公共服务，建立公共服务供给的业态体系。

政府购买社会服务是一个系统工程，对于资质条件的政策规定，还需要很多配套政策和措施，如对于捐赠税前扣除资格和非营利组织免税资格的规定，需要不断扩大相应资格确定的范围，简化申请条件；对于人才的规定，需要辅以配套政策改变社会组织人事政策供给不足的现状。

参考文献

胡薇（2013）：《政府向社会组织购买服务缘何出偏》，《学习时报》1 月 21 日。

（责任编辑：李长文）

从移动人口研究类推可想象的 "量子城市治理" 记述

谷村光浩 著 程雅琴 译 李 涛*校

一 引言

为了寻找具体的对策以使得今后仍将继续深化的"全球化和城市化令所有人受益",尤其是当着眼于人口的流动性问题时,必须突破旧有的既定框架,寻找异于以往的更具弹性和力度的"治理"模式(谷村,2009:51~52)。基于这一问题意识,笔者尝试抛开既有的传统治理理论,创作了《从物理学类推得出的"可想象治理"记述》 (谷村,2009)①。

在此课题的研究中,最核心的关键在于如何对待"并行'居住'"问题。对此,基于在联合国大学(UNU)校长室工作期间的研究(Tanimura,2005:66~67;2006:276),笔者在论文"Beyond UN-Habitat's Classic Framework in Urban Development Strategies"(《超越联合国人居署城市发展战略经典框架的提案》) (Tanimura,2006)中,通过对

---

* 李涛,河北大学副教授。

① 拙著《从物理学类推得出的"可想象治理"记述》 (谷村,2009)在英文版(Tanimura,2009)外,承蒙各位师友的支持,中文版也已经付梓 (Tanimura,2011)。在此,谨对清华大学公共管理学院 NGO 研究所所长王名教授等相关人士深表谢意。

具体案例的考察，受量子力学"多世界解释"的启发，作为可行性对策，提出了"量子城市治理"这一全新的治理理论。在上文《从物理学类推得出的"可想象治理"记述》中，笔者推敲了"并行'居住'"与"量子城市治理"的语义，并给出了相应的暂定定义（谷村，2009：62）。在此，笔者将首先列出相关词语及其含义。

【注】并行"居住"①

"为确保充分的解决方案，个人同时'居住'在由复数个领土/非领土排列成的空间，各'居住'状态呈现出量子力学似的多重叠加状态"（谷村，2009：63）。

【注】量子城市治理

"量子城市治理"是对以近似于可计算的方式来考虑的、被视作"定居"型社会的牛顿经典力学范式的深化发展，它肇始于"并行居住"的概念，是借鉴量子力学的多世界解释，以多"居住"来解释（认为同时共存的多种"居住"状态在整体上实际存在）的城市治理理论提案（谷村，2009：63）。

【注】牛顿经典力学城市治理

源起于古典力学的类推的这一治理方式，包括以下"固态"和"液态"两种思考模式，其世界观是一开始就设定存在"不动不变的'国民国家'的框架"，认为整个社会是一部由国际机构、市民社会组织、企业公民等"行为主体"所构成的精巧机器，"定居"的基本法则支配着这个世界。牛顿经典力学范式的前提是需要将社会以"近似"方式来看待方才有效（谷村，2009：62）。

【注】固体形态"固态"的治理②

指的是"基于现代民族国家的概念，由'固着在'领土内的定居者组成的传统的共同体，它包括地方政府和国家政府等构成要素。致力于加强或巩固基于这一逻辑的国际组织和全球性企业也同样认同这一观点。

---

① 译注：在《从物理学类推得出的"可想象治理"记述》中文版中译为多栖居住。

② 译注：在《从物理学类推得出的"可想象治理"记述》中文版中译为定居治理。

在此，移居者被视为谋求唯一'最佳'解决方案而努力成为新的定居者的人"（Tanimura，2006：295；谷村，2009：51~52）。

【注】液体形态"液态"的治理①

指的是"侧重于流动者的角度的动态观点，它突破了'定居治理'的静态框架，正如那些从作为唯一最佳解决方案的定居地往返穿梭于全球空间的人们，以及那些为寻求定居地而移民的人们交织形成的'跨国主义'，地区共同体在与多元社会的网络状关系中形成"（Tanimura，2006：295；谷村，2009：52）。

基于之前的一系列研究，作为下一阶段的课题，笔者将在本论文中整理并汲取关于移动人口研究的各种视角、问题提出和新的理论，以及它们各自的含义和启示，以进一步推进"量子城市治理"理论的基础性研究。在下文的研究中，除了"'居住'状态"这一关键词外，还追加该领域的研究和文献中经常论及的"身份认同"作为新的线索。

在本论文中，首先，笔者将概览对移动人口研究理论的反思并考察此类研究的范式。其次，通观从"牛顿式世界观"角度描绘的移动人口的"流散""跨国主义""全球化与女性的跨境"的相关论述后，进一步考察作为对"牛顿范式"的挑战性思考所开展的"作为'思考方式'的流散""差异与流动的哲学""作为量子的'我'"等"打破常规"的研究。再次，对本论文的主要课题"量子城市治理"的定义进行补充说明，并针对其核心部分的"'居住'状态"和"身份"在"量子力学"中应该如何解释这一点，在古典力学与量子力学的"拼凑"类推得出的"'居住'状态/身份的随机解释"的基础上，从多重世界解释类推提出"多栖'居住'/多重身份解释"。最后，在论文的末尾，简要阐述本研究今后的研究方向。

二 对移动人口研究理论的反思

迄今为止，无论每个移动的背后有着多么复杂的含义和条件，"当有

---

① 译注：在《从物理学类推得出的"可想象治理"记述》中文版中译为流动治理。

多人重复移动，并且达到一定规模时，这种现象被称为移民现象，'研究者'分析其背景原因，并将其划分为不同的类型"（伊豫谷登士翁，2007：5）。例如，《国际移民的时代》（Castles & Miller，1996：26~27）描述了从短期移民到家人投亲、移居者定居意愿的高涨，再到永住这几个"移民过程"的阶段。也有学者从"劳务移动""人口移动"的角度出发，提出了理想薪资、家庭成员、劳务市场的分层等理论（严善平，2005：12~23；河野，2006：13~18）。总之，关于移动人口，归根结底讨论的都是如何在迁入地"定居"、"市民化"或被"同化"，从而终于获得移动者应该拥有却一直欠缺的权利或社会服务的"故事"（伊豫谷登士翁，2007：9；翟振武等，2008：210~211；严善平，2009：166）。对此，有人提出，这些研究的问题提出的角度都不对，"研究移动这一现象，……就是要从根本上颠覆认识论……从移动这一视角出发，发现它所呈现的新视点"（伊豫谷登士翁，2007：10）。

在本部分中，笔者将彻底反思移动人口研究的理论，尝试"学习放弃"该理论核心的"移民研究"，提出被人的移动以及身份的形成相关联的"唯一的我"所混淆的"我"，并进一步考察重新定义"定居者的世界"的"替代框架/世界"。然后，将其与引言中提到的"可想象治理"相对照，思考它们属于何种范式的思考。

（一）对"移民研究"的"学习放弃"

人口移动研究盛行于各个领域。然而，伊豫谷登士翁（2007：3）则提出，需要在全球范围内反思移民研究的"方法"论。在《作为方法的移民：从移动把握场所》中，他提议"学习放弃迄今为止的移民研究"，并呼吁对现代移民研究进行根本性的变革。

这位从事移动、全球化研究的先觉者指出，现代社会动辄讴歌"移动的自由"，但同时又将人的移动预先限定在国境线等某一范围之内，将"定居"这一"应该存在之处"或是"终将回归之处"作为不言自明的"默认前提"，并且认为只有朝此方向的发展才是"进步"和"文明"的表现。"定居"被视为人们日常生活的"常态""理想状态"，而"移动"，则被视为"从正常状态的脱离"，是"一时的例外"，是"暂时状态"，处于此种状态中的人，被视为迟早会走上定居之路的"野蛮落后者"（伊豫谷登士翁，2007：3，5~6）。

伊豫谷登士翁（2007：9）还指出，传统移民研究"常常受作为政策科学是否有效这一点所左右，把移民当作政策制定的对象来对待"。他将其核心观点阐述如下（伊豫谷登士翁，2007：3~4）。

"脱逸"这一移民研究的课题常常受制于移民研究者的随意性，关于移民政策、移动的目的和动机、输出方/接收方的社会变化等研究，是基于假如未发生移动这一假定出发的。支撑这种随意性的，是将这些移动人口默认为，且在无意识中当成被管理的对象。以移民为研究对象的研究者，视固定于某一领域或某一场所为正常，而视移动的人为例外。

于是，在"从移动拷问空间"一部分中，这位先驱者明确提出，移民研究的立场更值得反思，"不应预设一个位置，并从这一固定不变的位置来思考移动，而应当从移动的角度重新思考场所，从移动的视点重建被称作社会或世界的概念"（伊豫谷登士翁，2007：10）。

在论文的最后，伊豫谷登士翁总结道，今后，移民研究需要面对的具体课题是"质疑囿于国家框架的分析理论……这意味着应研究与所有人都息息相关的课题"（伊豫谷登士翁，2007：19）。

（二）不同于"唯一的我"的另一个"我"

"人为什么要离开生养自己的土地跨越边界移动呢？"对于这一看似非常合理的问题，伊豫谷登士翁（2007：8）也不以为然，"然而，为什么要认为……人们对生养自己的土地就一定怀有某种特别的'热爱'呢？甚至，为什么只有'移动'被看成问题？为什么唯有移动的人的身份不断受到质疑呢？"特别是关于身份，"它绝非固定不变，更无法被国家这一身份所全部涵盖"。

关于人的移动和身份的形成，意大利萨萨里大学的 AMerler（2006）以"作为常态的移动/作为移动之某一片段的'定居'（AMerler，2006：63）这一视角为线索"，"从'混杂、混合、聚合'性的移动看欧洲"（AMerler，2006：67），揭示了无数个"复合的聚合的我（io composito）（AMerler，2006：72）"的生成，提出了极富启示性的论述。

在对那些持续移动者的观察中，人们看到，仿佛在"我"的内心已然存在另一个人格一般，这个"我常常被撕裂"，"无法与自己和解"，于是人们相继提供了诸多"赋权"性质的援助。然而，AMerler这位亲身拥有"移动者"经历的地区社会学者却担心，"无论是制度层面的措施，还是个人的努力，只要它是基于移动者是'分裂的''欠缺的'存在这一认识前提，那么这一切努力都只不过是南辕北辙而已"（AMerler，2006：71，73）。

反过来，AMerler（2006）进一步指出，"复数的我（io plurimo），……并非若干种体验分散地'多元地'杂烩，而是有机结合为一体，由'融合为一体的复数（una pluralità）'形成的'复合的聚合的我（io composito）'"（AMerler，2006：72），并且，"对于只能接受'唯一的我（io unico）'的人来说，要想象包含着复数性的一个我的存在极为困难，他只能理解为这是'撕裂的'存在，……是单一性的人格（面具）……给'复合的聚合的我'带来痛苦，在这种架构下，其出路只能是爆发、脱逸，以及精神病理方面的问题"（AMerler，2006：73）。另外，从这个"复合的聚合的我"来看，被收纳于"单一的世界"或"多元化共生社会"毫无意义，"相反它能够重建新的思考框架……具有将从传统的角度来看绝非正统，甚至异端转换为正统的力量"（AMerler，2006：75~76）。

最近，考察"颠覆尼罗河沿岸国家的市民运动的意义"的中东/伊斯兰研究问题大家板垣雄三（2011）也提出了极具启示意义的观点。他指出，历史上，中东地区，尤其是移动的商人和商业化的农民，远在人们一般所认为的最先发展出现代市民社会/国民国家的欧洲人之前，就已经学会"基于城市间的网络、合作伙伴的组织原理而生活"（板垣雄三，2011：29）。板垣雄三论述道（板垣雄三，2011：25）：

我在很早之前就提出"n区域""身份复合"的概念。"n区域"是像变形虫那样可以迅速扩大变形，或是像飞一般可以自由扩展的土地一样，人们自主选择"区域"生存。"区域"是人们随时可以自由组合重新获得的东西。最小可以是个人的立脚点，n最大可以是地球＋α。"身份复合"指人们从很多个"我"中挑选最适合的那一个来生存。在自我的内心，有多个"我"连接在一起，因此，"我"得以被网络化。人有多个身份并不意味着人的人格分裂。相反，在城市中生活，就意味着活在身份的复合中。

认为人们同时也是"生活在身份的叠加中"（板垣雄三，2011：26）的板垣雄三在《中东与世界的未来》中指出，国籍等等"只不过是无关痛痒的身份之一"，而且"目前中东地区蔓延的革命运动中时常有人祭出国旗，这是象征着抗议者摇身一变成为变革者致力于成为新'市民'（这也与上文提到的'我'有关）的努力，是一种获得过程的特定的（临时性）通过仪式"（板垣雄三，2011：26）。此外，在考察"究竟什么才是'市民'的新意义"（板垣雄三，2011：30）时，板垣雄三指出一个重要的线索是"Tawheed = '多即一'的关系主义的整体论"视角（板垣雄三，2011：31）。①

（三）重绘"定居者的世界"的"替代框架/世界"

AMerler（2006：69，76~77）在"提炼"欧洲的特性是如何形成的时，担忧"'……将多层次的历史简化处理从而抹杀无数的固有特性'所导致的普遍化、系统化危险"，提出原则上应当坚持前文提到的"与具有多个文化复合性、聚合性的'复合的聚合我'对话"和"协作"这一基本方针。但是，他也指出，这"复数个我""并不意味着脱离社会规范的、带有危险性未能充分社会化的'富有斗争性的我（io conflittuale）'"（AMerler，2006：72），在这里，可以感受到 AMerler 希望避免陷入此方面争论的心情。

另外，探讨"新'市民社会'理论"的板垣雄三（2011：30~31）先指出，按照阶级、民族、性别来划分的旧的"社会科学分析方法"，"即使能够部分理解"，"但不可能全部理解"他们，并将在中东实践成功的"千差万别的个人、集体以水平、多元、分权、互动方式创立互相合作的宽大网络，并在整体上形成变革"的"'市民'运动"视为一种"崭新的现象"。板垣雄三还着重指出，正如"修复式司法的思考方法"，并不应该一味去消除恶，而应促进恶的"矫正"。而在"使众人身上的恶转向正向的革命"中，最需要的是开展对话。

---

① 关于 Tawheed，板垣雄三（1993：13）解说道："尽管彻底认同于终极的'一'，但其前提是……强调对森罗万象的特殊性和差异性的彻底认识不可避免。"

另一方面，与这一"规范性"世界的视角形成鲜明对比的是"漂泊者、移动者"的视角。主编《移动的人们与中国的多元社会》一书的中村则弘（2009：299~302）在其撰写的"总论"中指出，王学泰的"游民"研究值得关注。在社会科学院多年从事文学、文化史研究的王学泰在《游民文化与中国文化》（1999）中指出，游民、游民知识分子指脱离了儒家思想倡导的社会秩序的人与知识分子，他们的特征是具有强烈的反社会性以及在社会斗争中具有游击精神，重视团伙，无意于在社会中发挥积极作用等。中村则弘（2009：302）将其观点进一步推论道："中国文化虽然一直具有包容某种非规范性事物的力量，但这种游民文化则将其推向登峰造极的顶峰。"他写道（2009：302~303）：也就是说，放眼中国历史，……基于宗法与宗族的定居者社会是形成正当的社会秩序的基础。另一方面，还有因天灾和粮食歉收，甚至战乱而不得不游离于社会之外的人们……所形成的另一个与之相补充的社会。后者正是漂泊者、移动者的社会，在极端情况下他们以"游民"的形式出现……，"在社会秩序动荡的时候"，他们成为创造新的定居秩序的主力军。

然而，现代所形成的国家权力、市场经济相关制度，无一例外都是以定居为前提条件的制度，是强迫人们定居的制度。这，归根结底不过是我们自身生活的单一化和活力的丧失而已。

中村则弘（2009：311）指出，要讨论"中国社会的多元性"，并不能仅仅停留在民族与区域等表层的多样性上，而应当追索上文的"另一个中国社会"。而且，"此处虽以中国为例，但至少在东亚地区都能够广泛地观察到漂泊者和定居者的活力"。

（四）何种"范式"下的问题提出？

在本小节中，笔者将对照"引言"所提出的包括了"固态"和"液态"的"牛顿城市治理"，以及"量子城市治理"理论，探讨上文所概览的文献研究属于何种范式下的问题。

首先，在被认为需要"学习放弃"（伊豫谷登士翁，2007：3）的旧"移民研究"中，可以发现诸多与牛顿范式，尤其是与"固态"思维方式相通的"思考方式"和词语。预先设定"国家框架"这一"绝对空间、时间",仿佛从一个"被设定的永远不动的位置""向对岸眺望的牛顿"（都筑，2002：143~144）一般——换言之，就像从"一个被固定的观众席上眺望被固定的舞台"一样（竹内，2004：98），尤其是将"从正常脱逸"而出的移动者当作"管理对象"来"观察"，并密切关注每个"输出方/接收方社会的变化"。或是注重"政策"分析的视角，以"劳动"或"人口"为切入点"近似性"地观察移民，认定假如他们不返回"应该返回的地方"，就将"定居"于迁入地——这一新的"应该存在的地方"，因此，在开展研究时，需要不断完善那个"撕裂的/欠缺的存在"，"唯一的我"的，并连续添加"市民化""同化""多文化共存"等等"故事"。

以上这些是对"定居者"而言理所应当的视角，然而，为什么唯独"移动"或者移动者的"身份"就必须受到质疑呢（伊豫谷登士翁，2007：8）？这一问题的提出，令人想起《量子力学的意识形态》中佐藤文隆（1997：61）当初的疑问："那么，为何我们会对虚数的设置感到抵触、困惑……呢？这些感觉本质上都建立在我们'认为实数则毋庸置疑'这样一种前提之下。然而，我们需要审视这种前提本身是否成立。"当然，认为移民研究的立场本身需要反思（伊豫谷登士翁，2007：10）这一观点并非在量子力学范式下提出，根本上，它和与牛顿针锋相对的莱布尼茨提出的"若假定存在绝对空间和绝对时间的外部框架（背景），则会引入原本并不存在的事物而导致做不必要的区分，……这并不合适"（内井，2007：155）的观点不谋而合。

"作为常态的移动/作为移动的一个片段的'定居'（AMerler，2006：63）以及'n'区域"（板垣雄三，2011：25）的视角，超越了"固态"所设定的静止框架，认为地区社会是由无数个"区域"形成的"网络"状关系，也即从流动者的角度来看的动态的"液态"观点。另外，在这些关系中形成的身份，不仅局限于那个司空见惯的"唯一的我"，而且是"包含了多个的一个存在"的"复合/聚合的我"。但归根结底，尽管它也是以"牛顿"之眼在"观察"，但由于它是在"重合中""'选择区域'生存"，"'选择我'生存"（板垣雄三，2011：25），因此假如将它置于"量子力学的量子叠加态"的语境……来解读，则可以说它更接近于被称为量子力学与古典力学的拼凑的"哥本哈根诠释"类推得出的"'居住'状态的随机解释"——在观测的瞬间仅能测定其中的一个"居住"状态，而对该种"居住"状态以外的状态则人为地加以舍弃（谷村，2009：63），从而衍变为"'居住'状态/身份的随机性解释"（此处的"/"指的是"and/or"即"以及/或者"的意思）。但是，无论如何，在"观察"时未能被观测出的观察者的"立足点"的这一"居住"状态，以及观测者自身这个极其特殊的身份的"我"被当成了虚无的存在。又或者，与那些被预期的"理想状态"相比，被"观察"到的事物被当作"微不足道的小事物"，于是时常容易被解读为不过是"临时性的（仅限于当时的）现象"。

"……描述社会的'多样性'"意味着在解读"定居者的社会"的同时，还需要解读"包含了非规范性"的"作为相互补充的另一个社会"的"漂泊者、移动者的社会"（中村，2009：302~303，311）。在这一论断中，呈现了"复数个"社会。然而，这并非是"量子力学性质的叠加状态"。这里所采用的新视角，充其量只比将"规范性"社会当作"舞台"的研究者更进了一小步，只不过是设定了另一个奇异的"舞台"，在这个"舞台"上，"舞台"的"侧台/后台"也被囊括为"舞台"之一部分而已，它仍然是以"牛顿"的方式在"观察"。而"游民、游民知识分子"这种乍看貌似"液态"的"行为主体"的身份，实际上只不过是另一种类型的"唯一的我"，它依然属于"固态"的思维方式。

三　基于"牛顿式世界观"的描述

在本部分中，首先，笔者将通观基于"眺望对岸的牛顿"（都筑，2002：143~144）式的视角所阐述的"流散"、"跨国主义"和"全球化与女性的跨境"。其次，围绕"'居住'状态"和"身份"等对上述研究要点进行整理。

（一）流散

从"移民的比较社会学"角度研究"流散"的 R Cohen（驹井、江成，2009：21）在其著述《全球流散》（原书1997/角谷译，2001）的一开头，在其本人编写的"流散系列"中如下阐述道①：

……移民们只对自己的祖国怀抱忠诚，此种假定已成明日黄花……为了理解这种超越国界的复杂身份，需要根据新的概念重新描绘地图，进行案例研究。此时，"流散"这一概念为我们提供了一个可能的框架。尽管这一词语常常伴随悲剧的离散的印象，但如果扩大解释的范围，在其前面加以交易、帝国、劳动、文化等修饰词，则或许能够更具体地理解在移民的祖国与他们现在工作的地方即定居的社会之间存在的肯定的关系。

RCohen还指出，关于"带修饰词的流散"（驹井、江成，2009：62）这一"分类"，实际上"分类的各类型之间的边界更为暧昧……既有以两重、三重的形式出现的群体，也有随着时代变化改变自身性质的群体"（驹井、江成，2009：13），RCohen考察了民族族群这一代表案例，论述了民族族群的流散（驹井、江成，2009：ch8）。负责校译的国际社会学者驹井洋（2001：iv~v）点评道："本书提出的流散的定义，或许会成为今后此方面讨论的新起点……迄今为止人们只强调了国际移民劳务的一面，本书则提出了新的视点。"

总之，关于"流散"，该书既探讨了移民热爱的"祖国"与迁入地"作为定居点的社会"之间的关系，还介绍了在瞬息万变的当今的国际社会，无法简单套用这一图式的实际案例。譬如，王恩美（2009）通过研究移居韩国的、出生于中国山东省拥有台湾地区户籍的"韩国华侨"的案例发现，对于他们来说，过去，在国共对立时期，"故乡"曾是他们无法企及，甚至无法接纳自己的"外部"存在，而虽从未踏上过国土一步，更不知该如何去爱，但赋予自己参政权利的台湾却一度变成了自己的"祖国"，然而，近年来，随着"'中华民国'的台湾化与华侨政策的变化"（王恩美，2009：277），这一"祖国"却变成了真正的"外部"存在。

---

① 在最近出版的Digital Diasporas（Brinkerhoff，2009：203，221~234）中，针对虚拟空间中被组织起来的流散，面向移民接收国、输出国，以及国际发展专家提出了同样观点的政策建议。

通过解读华侨、华人的跨境移动，陈天玺（2008）认为"漂泊"一词是"流散"（diaspora）的最恰当的翻译，他认为不应拘泥于"不是回到故乡，就是在迁入地生根发芽"的旧有思路，移民们频繁往来于因为某种原因发生联系的地方，虽然有时甚至会受到排挤，但是他们逐渐拥有"超越国境的多个生活据点"（陈天玺，2008：298）。陈天玺将这种生活状态称为有别于国家这一框架的"跨国主义世界观"（陈天玺，2008：305）。

研究中国穆斯林移民的木村自（2009）认为，"流散"既非超越国民国家的界限，它植根于"整齐划一的意识形态"的"想象的共同体"（木村自，2009：255，257），也非完全取代了由"异种混杂性'混合性'"所规定的主体的一体性和均一性（木村自，2009：257），他提出，要理解"流散"这一"共同体"首先重要的是，要理解基于各种状态的，有时甚至是相互矛盾的"多种逻辑的共存"（木村自，2009：257）。

当然，近年来，致力于研究国际社会这一"想象的共同体"，应该如何才能更好地促进接纳移民的学者，将与祖国保持一定关联性的流散，亦包括"双重/混合性、身份"，作为新兴的重要的非国家主体之一来对待（Brinkerhoff，2008：1，5；MEsman，2009：7~8）。康奈尔大学名誉教授MEsman（2009）针对前文提及的RCohen的"带修饰词的流散"，根据移民在迁入国发挥的"功能"，将其分为移入、劳务、创业三类（2009：15，167），论述了移民从势力反转到融入主流，再到消失的变化过程（2009：179~180）。此外，Brinkerhoff研究团队着眼于资金输送回本国和知识的转移等流散的潜在作用，还提出构建国与国之间的合作伙伴关系，以及完善相关国际援助环境等的具体建议（Brinkerhoff，2008：15；Orozco，2008：207，211）。①

（二）跨国主义

在《地区社会学讲座》一书中，在作为重点专题之一的"从移动看

---

① 在最近出版的 Digital Diasporas（Brinkerhoff，2009：203，221~234）中，针对虚拟空间中被组织起来的流散，面向移民接收国、输出国，以及国际发展专家提出了同样观点的政策建议。

区域社会"一章中，广田康生（2006）以"跨国主义"为核心论点，提出不妨采用社会人类学者 NGSchiller 的视角来理解跨境移动者以及他们的生活，并引述如下（广田康生，2006：84）。

"我们希望将跨国主义定义为移民创造性地连接自己的出生国与定居国之间的社会领域这一过程的整体。创造了这一社会领域的移民们被称为跨国移民（们）[transmigrant（s）]。他们创造并保持着多重的关系——家人关系、经济关系、社会关系、组织关系、宗教关系，以及国与国之间的政治关系。跨国移民（们）在两个或两个以上的社会相连接的社会网络中，发展了自己特殊的身份，持有各种关切，实践各种行为"（NGSchiller et al.，1992：1~2）。

关于这一"社会领域"，文化人类学者 PLevitt（2011）指出，跨国的公共圈子（Pubic sphere）的产生，使得移民在"两边的社会"活动成为可能。广田在此基础上进一步论述道，"跨国主义理论的意义在于，它使得既保留各自的据点但又与旧有制度相叠加的各种'另一个公共社会'"这一问题凸显出来，尤为重要的是，他认为"当我们面对今日在日常生活中所接触到的跨境移动者时，必须将其放到上述社会空间背景下才能获得真正的理解"（广田，2006：85）。

当然，关于上文中移民"定居的国家"这一表述，研究华人移民跨国活动的田嶋淳子（2008）指出，"移居过程的最终结果并不一定是定居（settlement）于接纳自己的社会"（田嶋淳子，2008：224）。譬如，移居日本并已经取得日本国籍的华侨并不局限于短期回乡，而是战略性地"再移居"回祖国，他们在两边都有家人，频繁往来于中日两国之间（田嶋淳子，2008：230~231），而且随着信息技术的发展，可以轻易实现"在故乡的生活中有日本，在日本的……生活中有祖国"（田嶋淳子，2008：240）的生活状态。这也就是往返于跨越国境的多个生活据点的"往返移民"状态（伊豫谷登士翁，2001：237）。

此外，研究"旅日华人"的生活形态和多重身份的坪谷美欧子（2008）指出，"尽管有的华人看上去似乎永住日本，但其本人在主观意识上则认为日本只不过是自己'暂时的住处'，'总有一天会回国的'，对于移居者的这一主观认识不容忽视"（坪谷美欧子，2008：33），坪谷在汲取了"跨国主义"研究的启示后，提出了"永远的暂住者"的概念，用以描述介于"暂居者"（暂时停留的人）和"定居者"之间的中间状态（坪谷美欧子，2008：12，29～34）。

另外，泽江史子（2009）提出了"跨国主义政治"的概念，用以解释跨越多个国家——同时又归属于多个国家——而存在的移民产生社会性的重合，并从社会内部发生作用的现象。从移民方来看，为了确保在移居国家的地位和权利，扩大利益，会不断对移居国和出生国提出政治性的要求，而随着移民身份的多元化，他们不仅要求出生国政府"给予保护和支援，甚至还会影响出生国的……国家形态和意识形态"（泽江史子，2009：44），而出生国方面若想将移民"作为经济和外交方面的'海外资产'加以运用"（泽江史子，2009：43），就必须要面向自己的国民所移住的国家开展政治宣传（泽江史子，2009：44）。

另一方面，研究传媒社会学的藤田结子（2008）指出，虽然跨越国境活动的移民状态可用"跨国主义"一词来形容，而同时拥有多个生活据点（故乡）所形成的"多元、多层意识"亦可以用"跨国身份"一词来合理解释，但对于 BAnderson 提出的"远距离国家主义"——有的移民对移住国家毫无好感，相反通过媒体报道等想象祖国近在咫尺，并坚持认为自己就是其中的一分子的想法——应当加以深刻考察（藤田结子，2008：19～21，190～191）。

总之，无论是以上哪种观点，他们的思考都脱离不开"国家"层面。以欧洲城市为例进行研究的 FEl-Tayeb（2007）跳出输出国和接收国这一旧有的模式，关注"在多个接收移民的国家之间……形成多个社区相连接的跨国本土结构"（FEl-Tayeb，2007：205），并进一步提出"这并非一个固定的实体，而是一种作为形成过程的社区"（FEl-Tayeb，2007：208）。

（三）全球化与女性的国境跨越

在国际性人口移动方面开拓了"性别研究的疆域"的足立真理子（2008）指出，要理解现代全球化的最深刻部分，仅仅关注新自由主义以及与之相对抗的"生产领域全球化的双重性和对抗性"（足立真理子，

2008：225）已经远远不够，还需关注"再生产领域'关于生命、人、劳动力的再生产的领域'的全球化"（足立真理子，2008：235）。尤其是家庭组织，"人们常常根据需要改变边境的界限，边境线随着人们'对未来的期待'和'对合理性的判断'而改变"（足立真理子，2008：241）。对于此种"再生产领域的全球化"的新颖之处，伊豫谷登士翁（2011）将其解读为：（1）随着福利国家解体，国家——以封闭性的国家框架为前提——再生产领域的崩溃；（2）新自由主义（实际上由国家间接管理）治理下再生产领域——护理、家务劳动的彻底的市场化；（3）承担再生产的女性劳动者在全球范围内的重新发现——无数女性的动员成为可能（伊豫谷登士翁，2011：300，303～308，311n25）。

那么，"女性究竟在哪里"（Morokvasic，2005）？该书在"移动"这一章中如此设问，并收录了"在移动中定居"（Morokvasic，2005）这一富有启示性的论述。长期"观察"波兰移民的 Morokvasic（2005）对于穿梭往返于国境线的女性的短时跨境现象——稍不注意，就容易被仅关注保持长期关联性的"跨国主义"所忽略的现象（Morokvasic，2005：155）——描述如下（Morokvasic，2005：162）。

在国外工作的波兰女性大多从事家务劳动或看护老年人等再生产劳动。若干位女性组成一个轮班小组，从而在工作的同时还能很好地照料自己的家人。轮班制度是波兰女性将"国外"赚取薪金的再生产劳动与"国内"无报酬的再生产劳动机会的最大限度优化，将损失减至最低而发展出来的一种机动的"自主管理"轮班系统，它建立在成员之间的连带和互惠、信任的基础上。

轮班制度很好地缝合了女性们"国内的"与"国外的"生活，它不仅使得跨国的双重存在（double presence）成为可能，而且为她们创造了行为主体的自主机会。

对于波兰女性这样不愿选择移居国外，而是通过往返跨境——"在移动中定居"（Morokvasic，2005：157）——来维持和提升自己在本国的生活品质的人们，Morokvasic 将其表述为"生活于两个世界之中/之间"（Morokvasic，2005：161）。

另一方面，工藤正子（2008）通过对"日本巴基斯坦穆斯林移民的妻子"这一群体的考察来研究跨越国境"拥有复数个据点的家族"（multi-sited family）的形成过程时发现，"从结婚之初开始，分娩和育儿使得她们的周边形成了叠加社会，随着它们的叠加交叉，女性们也完成了复杂的自我变化过程"（工藤正子，2008：243）。之所以没有表述为多层的，是因为"她们的日常生活不仅跨越国境，而且还承担着层与层之间的媒介作用，如此，多个层之间不仅自律存在，而且彼此相互叠加，相互影响"（工藤正子，2008：247）。工藤进一步论述道，"生活在多元化社会中的个体……不仅拥有可在多个场合自由切换的多个身份，而且还具备衔接不同社会的能力，以此积极开拓自身周边多种关系的新视野"（工藤正子，2008：248）。

此外，从事研究如何提升国际竞争力的安里和晃（2009）从国家与区域经济政策这一传统视角出发，在研究了新加坡和中国香港"护理与移住劳动者"的案例后提出，"女性的高学历化、高收入化与雇佣'外国'家务劳动者，无论对女性还是对国家都是一个福音"（安里和晃，2009：93）。他总结道，在政策制定上，考虑到今后的老龄化社会与护理人员的紧缺难题，能够提供的选择项自然是越多越好，因此应当将移民与外国的劳动者也一并吸纳进来（安里和晃，2009：104）。另外，研究菲律宾的劳务输出国家战略的小谷千穗（2009）指出，令那些呼吁加强保护海外劳动者权利的移民劳动 NGO 始料未及的是，它们自身实际上成了加强"技能化"这一新自由主义政策的帮凶（小谷千穗，2009：94，109），而且，包括海外投票在内，劳务输出国方面已经开始有意识地"将海外移民纳入到国家发展战略之中"（小谷千穗，2009：110）。

（四）何为"牛顿式世界观"所描绘的"'居住'状态"与"身份"？

在上文中，围绕移动人口，笔者概览了从"眺望对岸的牛顿"（都筑，2002：143～144）式视角展开的各种论述。的确，无论对于需要关注的还是想要唤起的"对象"——在某个特殊时点被"随意"识别挑选的事物——以一种眺望"对岸"的视角去"观察"并仔细描绘，这是这些论述的殊途同归之处。在这些论述中，能够被轻而易举地分辨出属于

"固态"的 BAnderson 的"远距离国家主义"自不必言，即便是从"液态"的视角提出的基于流动者角度的"跨国主义"等动态词语，也与"国际移动/移民""出生国/接收国""跨境"等词语一样，原则上，无外乎都是以"国家框架"这一"绝对空间、绝对时间"为前提的。

从以上视角出发，在考察移动者的"'居住'状态"时，重点在于"在哪里"以及属于何种移动"类型"的考究上。除了离开"祖国"生活于"定居地的社会/移居国"之外，即便"不一定定居"，"频繁地往来/往返/穿梭/摆渡/轮换"于"跨越国境的多个居所/生活据点"，生活于"多层的/两边的社会"这样的表述，人也仿佛"粒子"一般，仍然与被"观察"时的所在地——一般指所在国联系在一起。例如，作为"对象"的人如果在日本被"观察"到，那么他就是"在日本"，"旅日"，其"'居住'状态"只能按照"既定"的制度被"近似性地"表达。

关于"身份"的描述，在作为"想象的共同体"的国家或民族族群这一基础上，无论是从"液态"视角出发的"双重/混合身份""跨国身份"等"复杂的/特有的"身份说，还是根本就未脱离"固态"思维框架的"祖国……的一员""××人/侨"的身份说，看上去都似乎是一针见血地切中要害的论述。并且，根据"观察"者关注的重点，作为移动人口的"我"事先就已经被预设了"移民""劳动者""女性/妻子"等身份，并在前面被冠以"出生国"的名字或是"在/旅××"之类的修饰词。

这些以"牛顿"式视角进行"观察"的研究者，如同"直到 19 世纪末，……认为整个宇宙是一个巨大的精巧装置……可以精确探查事物之间的因果关系"（Lindley，1997：16）的物理学家一样，他们工作的目标是努力寻找瞬息万变的现代社会中的"新齿轮"（谷村，2009：62）。发明"带修饰词的流散"（RCohen，2001：62），以及作为"中间性存在"的"永远的暂住者"（坪谷，2008）等词语，努力进行更详细的"分类""观察"，或是寻找能够被"近似性地"分类整理出来的"类型"，这些都可以理解为是牛顿范式下创造出来的新智慧。在此，"有利"于政策的新"齿轮"会被当作新的政策实施的"主体"而备受关注，而"跨国政治"（泽江，2009）一词，恰恰可以解读为新旧"齿轮"咬合在一起形成的新的"机械装置"。

另外，在上一部分的考察中，笔者提及"'居住'状态/身份的随机解释"，在本部分亦可以见到它的身影。让我们来看看以下关于"流散"的几种观点。即：木村自（2009，257）提出它既非"一体性或均质性"，亦非"异种混同性"，而是"多种逻辑的共存"；Morokvasic（2005：162）以女性的"往返运动"为例提出"跨国性的双重存在"；工藤正子（2008：243，248）着眼于"拥有多个据点的家庭"，强调"叠加的社会"以及生活于此种状态的人们"根据不同情况自由切换多个身份"，且"具有衔接彼此的能力"。这几种观点的共通之处是，尽管它们看上去有些类似"量子力学的叠加状态"，但一旦进入"观察"状态，则仿佛"哥本哈根诠释"那样，同时共存的多个"居住"状态/身份中的某一个被选取，而除此之外的其他则被抛弃。在研究方法上则是先通过多次"观察"获得典型案例作为个案，然后再描述它们的"叠加"，"根据不同情况切换"这一表述，类似于假定在"观察"的瞬间出现了"波的塌缩"，从此种解释出发，其结果必然导出"在此期间"这一人为做作的表述。

四　对"牛顿范式"的挑战性思考

　　在本部分，作为对"牛顿范式"的挑战性思考，笔者终于将要概览"作为'思考方式'的流散""差异与流动的哲学""作为量子的'我'"这些——或许会令人感到"打破常规非比寻常的"观点。在本部分，笔者同样也将围绕"'居住'状态"与"身份"展开论述。

（一）作为"思考方式"的流散

　　作为"现代思想的关键词"（上野俊哉，2000），与上文提出"带修饰词的流散"并将其概念分门别类的 RCohen 不同，从文化研究角度解读"流散"的上野俊哉（2000）引用文化研究与后殖民主义思想家 PGilroy 的论述后指出，"从各种流散现象中，可以找到对资本主义霸权，劳动至上主义（生产力主义），性别及'人种'导致的分工歧视，支撑它们的国家主义……等要素的批判，以及与它们相抗衡的契机"（上野俊哉，2000：47）。在《流散的思考》（上野俊哉，1999）中，上野总结道，流

从移动人口研究类推可想象的『量子城市治理』记述

41

散是自然而然地存在于近代性（现代性）中的"不同的思考与经验"
（上野俊哉，1999：250），并做如下阐述（上野俊哉，1999：33）。

被迫流亡的文化中产生的思想并不一定就是流散的思想。毋宁说，
持有某种特定的想法而无法融于普通的思想方式或生活方式，竭力想要
从这些方式中摆脱的姿态或是采取的行动，如此形成的思想才是真正的
流散的思想。持有批判思想的人，不可否认，无论其个人意志如何，他
不得不脱离他所在的地方（譬如国家这样的时空）。

流散的身份指"将想象的共同体在别的方向……重新编织的网络"，
即它具有所谓"跨地方"的特征（上野、毛利，2000：200）。它呈现复
数，而且不会终止于一次性的构建，它处于不断的更新状态之中，仿佛
"燃烧的炭火"一般，是不断"变化的同'质物'"（上野，1999：81；
上野、毛利，2000：201）。

关于此种作为"思考方式"的流散，加利福尼亚大学洛杉矶分校
（UCLA）的 RBrubaker 也在《"流散"的流散》（原版 2005/赤尾译 2009）
一文中追问它究竟"是一个实体？还是一种态度？"（RBrubaker，2009：
392）。他指出，近年来，"流散"一词泛滥，其含义也不断发散，但无论如
何，其基本要素为：（1）空间上的离散；（2）"乡土"情节；（3）保持边
界（RBrubaker，2009：382）。因此，用与国民、民族同样的"实体"语境
来描述的流散，只是被当成由许多个可以被逐一统计的个体组成的一个单
一主体而已（RBrubaker，2009：393）。RBrubaker 提出了异种混杂性等概
念，以替代这一具有边界的实体的概念，但同时他也尖锐地指出，尽管流
散的每个个体既有共同体的共性又具有各自特性，但其背后仍然脱离不了
"集体主义"的角力（RBrubaker，2009：395~396）。RBrubaker 如此描述作
为"态度"的流散的重要性（RBrubaker，2009：396）。

要克服此种集体主义问题，我们与其将其看成从实质的观点出发划
出的有边界的实体，不如将其视为习语、态度、主张等。首先，流散应
被看作实践的范畴，在此基础上，才能思考流散作为分析的范畴是否
具有多种形式的应用，以及如何才能使其得到此种应用。流散常常是
一个伴随着强烈的规范变化的范畴。流散不仅仅在记叙世界，更欲重
建世界。

并且，RBrubaker 还提醒研究"流散"的理论家不应陷入基于本质主义而提出的"觉醒"这一词语陷阱（RBrubaker，2005：398～399）。

与此同时，研究犹太、以色列之谜等欧洲现代社会思想史的早尾贵纪（2009）抛出的问题是，与其思考何为脱离原本状态的流散的本质，不如思考"伪装成无色透明状"的"本来属性""原本的国民"究竟是何物（早尾贵纪，2009：166～167）。早尾指出，尽管依然在"支撑现代世界认识论基础"的是"处于黑格尔思想圈的内部"（早尾贵纪，2009：168），被设定的国家这一"绝对空间"，以及直线发展的"进步史观"（早尾贵纪，2009：170～171），但是，流散的思想就是要对"国民国家"，甚至是在无意识中对"国民的本来属性给予持续性地批判"（早尾贵纪，2009：205）。

（二）差异与流动的哲学

文艺批评家竹田青嗣（1990）在介绍以反人本主义、反西欧中心主义、反理性主义为旗帜的"后结构主义挑战"时，在前言中直截了当地写道，"德里达的'解构'、德勒兹的'块茎模式'① 这些现代性的概念，近似于先设立普遍性的'意义'，再直观从其出发所面临的窘境和困难时所发出的呐喊"（竹田青嗣，1990：182）。世界为何存在？人类因何生存？不依赖于"上帝"，确信能够完全遵照"理性"达到合理的、普遍性的认识，在这一认识基础上建立起来的现代社会里，追求完整答案的"现代性的'知'（形而上学、辩证法）的欲望"，"具有一种常常试图将世界看成是分门别类整理过的事物的脆弱"（竹田青嗣，1990：192），德勒兹的这一观点很明显来源于尼采体系（竹田青嗣，1990：191～192）。竹田总结道，"后结构主义"的基本框架正是从根本上质疑这种人类对待"知"的态度，"而绝非展示一个全新的世界观"（竹田青嗣，1990：193）。

在《哲学的历史》（鹫田清一编，中央公论新社）一书中，编写第12卷"总论现代与后现代"的篠原资明（2008）写道，"后结构主义"，

---

① 块茎这个概念是德勒兹和伽塔利在他们合著的《千座高原》中提出来的，用来形容一种四处伸展的、无等级制关系的模型。

尤其是德勒兹的思想，它始于否定将差异看作是"A"与"非 A"的否定式二元对立，而以肯定的方式将差异视为其自身的"强度性质的"差异（2008：26~27）。泽野雅树（2004）在介绍吉尔·德勒兹所著的《差异与反复》（原著 1968/财津译 1992）时，对"差异"做了如下的解说（泽野雅树，2004：217）：

……不能将差异混同为否定或对立，也不应将强度混同为特定的尺度或程度。在理论上，"强度的差异"无法被感知，因为差异尚未形成与其他事物的差异，所以一切尚还停留在潜在的状态。当我们要了解某一事物时差异被减少，当我们确认某一事物时差异被去除。因此，所谓强度……是指一个无法被感知的潜在状态的概念。

关于"潜在的"这一词语，德勒兹（1992）指出，"潜在的事物，并不与实在的事物相对立，它只不过与现实的事物相对立。潜在的事物，只要它处于潜在状态，就保有某种完完全全的实在性（1992：315）"。

于是，在《差异与反复》中，"游牧民的状态"作为替代性选择项被提起。篠原资明（2008）指出，"相对于定居的分配，德勒兹提出了游牧民的分配。如果说定居的分配是仅仅服从同一性（identité）和表象＝再现（représentation）的存在的分配的话，那么游牧民的分配则意味着无位阶化的无政府状态的分配"（篠原资明，2008：40）。另外，宇野邦一（2001）在描绘德勒兹的"流动的哲学"时指出，关于游牧民的分配的思考，就是摈弃按照某种"共同物"（表象），"像树木那样，从树干到树枝，呈现出序列化的分类表一样的差异性分配"（宇野邦一，2001：92），而是"肯定甚至过度地肯定所有差异，开放差异"（宇野邦一，2001：94）。

另外，关于游牧民，德勒兹在与伽塔利合著的《千座高原》（原书 1980/宇野等译 1994）中描述道：游牧民移动的地点只是作为中转点而存在，其生活方式就是一部"间奏曲"（德勒兹、伽塔利，1994：436），他们保有"一个平滑的空间，通过立足于这一空间，……成为游牧民"（德勒兹、伽塔利，1994：538）。即使在城市这一条框化的（被区分的）空间中，平滑地居住，在城市中也可以"成为游牧民"，从而揭示了原本处于对立的事物的混合、转变与叠加（德勒兹、伽塔利，1994：537~539）。

对于此种"成为游牧民"的思考的质疑之声并不鲜见。从事文化研究的上野俊哉、毛利嘉孝（2000：204～205）指出，如同"成为流散"一样，此种思想容易陷入"某种概念或立场的浪漫化"陷阱。而从事性别理论社会学研究的 CKaplan（原版1996/村上译2003）也批评德勒兹所提出的沙漠等"形象化的比喻"，恰恰容易"延长某种殖民主义学说的寿命"（CKaplan，2003：164）。

（三）量子的"我"

上文着重介绍了"成为游牧民"的思考，那么，这个"我"是如何被阐述的呢？在"德勒兹的哲学"（大塚直子，2002）中，大塚直子（2002）恰好以"何为德勒兹的主体"为题，剖析刻画了摒弃那个始终保有同一性的"固定的'我'"，或是那个不受任何变化影响永远存续的"思考的'我'"——笛卡尔的我（大塚直子，2002：214～215）——相反，她肯定差异，认为潜在事物终将现实化德勒兹的主体论（大塚直子，2002：217，220）。她对何为"'我'的复数性"阐述如下（大塚直子，2002：225）。

肯定根据事物的变化而随时发生变化的"此性"，"某一个'我'"接受仅仅在那一场合的个体的存在，使得从同一性的固定的自我中的逃脱成为可能。由神的永久性所确保的"我"已经成为幻想。现在，"笛卡尔的"我出现了罅隙。时间流入其中，于是自我成为可变的偶然物。

在偶然的相遇中，褶子"潜在的事物"如何被延展，或是如何被折叠呢？人之所以成为主体，正是由于这种褶子的作用，因此，它无法容纳不变的真正的自我。

更为意味深长的是，在新锐的物理学家中也有人提出了"意识的量子力学理论"。在哲学和宗教学方面造诣颇深的 DZohar 在其著作《量子自身（量子的自己）》（原版1990/中岛译1991）中提出，意识也是像物质一般的"量子式的存在"——其存在基础为"不确定性概率的迷宫"（DZohar，1991：21、30），并参照波粒二象性描述如下（DZohar，1991：184）。

根据量子物质的粒子性，任何一个个体，无论在多短的时间内，都具有可以固定的身份特性。而根据它的波动性，这些个体之间会产生相关性,其结果是构成要素间波动函数的叠加形成了新的个体。由于波动函数具有叠加性,因此,量子体系产生了"进入"彼此……这一创造性的内部关系。

如此,若将量子力学引入人的"意识"中,则不仅仅"我是我(全部的我下位的我的统一体)",而且"我也是我——你〔与你的统一体〕"(DZohar,1991:208)。这个"你",甚至包括了"过去的人们——逝者",且它"并非回忆,而是我就是他们〔的一部分〕"(DZohar,1991:206),从而发现那个交织于历史之中的"我"/"我们"自己。

(四)何为挑战"牛顿范式"思考的"'居住'状态"或"身份"?

在上文中,笔者介绍了提出应当反思移民研究的立场的伊豫谷登士翁(2007:10)的观点和与牛顿针锋相对的莱布尼茨的思考(内井,2007:155)不谋而合,这一关联性也同样适用于对"作为'思考方法'的流散"的考察。"国民国家""国家主义""本来的国民"等植根于"国家框架"的"绝对时间、空间"——有时甚至会被加以"觉醒"这样的词语——学说逐渐被"批判性"地看待。当然,这一作为"态度"的流散,比任何观点都更强调"重建世界"的"实践"的重要性(RBrubaker,2009:396)。

假如此种"斗争"成为讨论的基调,那么来源于"国家"一词并从"跨国"这一概念衍生出来的"跨地域"(上野、毛利,2000:200)的概念岂非也岌岌可危?不知不觉中它会被与"本来的""区域"拼凑在一起,从而招致始料未及的误解。如何表达"不得不移动的"人的"交涉立场"看上去似乎是一个艰难的课题。另外,关于"变化的'同样的事物'",它并非"不变的本质",而是"未被物化反复再进化而已"(上野,1999:81),它的意思是,这个"同"并非具备"复数性"的"一个存在"。尽管如此,它也仍然是动辄容易被认为是"本来的""一"的恼人的用词。不管怎样,这应该被视为与"(跨)区域""同"这些顽固概念所做的"抵抗/实践"性质的思考。

作为挑战"牛顿范式"的另一种解读,量子力学式的思考与"差异与流动的哲学"和"量子的'我'"具有相通之处。根据德勒兹的核心观点，尽管"潜在的事物"具有"实在性"，但是，"当'差异'被'缩减'，该事物得以被确认"（泽野，2004：217），如此，假如只着眼于"观察"的瞬间，则"波的塌缩"被假定发生，某一状态之外的其他状态都被人为舍弃，这仿佛是"哥本哈根诠释"的"雏形"。提出"意识的量子力学理论"的 DZohar（1991：30）虽然也提及了实在性，但使用的是"'不确定性概率'似的迷宫"这类独特的解释术语。

在此，笔者想总结一下上文讨论的从"哥本哈根诠释"的启发所推论出的"'居住'状态/身份的随机解释"。首先，所谓"哥本哈根诠释"，它是一种认识论上的实证主义，但如上所述，这些讨论的观察被"切换"为实在主义而进行。然而，在"观察"的时候，哪种状态被选取，会产生什么结果，则完全取决于被如何"解释"。

另一个值得关注的现象是，在"作为'思考方法'的流散"中也提及的作为"态度"的语法，这在德勒兹的"定居""游牧民"中亦有出现。尤其对于"成为游牧民"这一提法，先学们的研究中甚至不乏值得倾听的批评声音，然而，假如没有留意到处于"量子叠加状态"的"我"，其实是预先按照"哥本哈根诠释"来"观察"的典型的"一个状态"；这个状态以外的其他状态，在被"观察"的瞬间消失这一表述的话，那么无论是对其的赞誉褒贬甚或是反对都成了无的放矢。在德勒兹那里，"同一的固定的/不变的真正的自我"被摈弃，只有当"褶子"这一"潜在的事物"被"观察"时，通过"现实化'波的塌缩'"，才能发现"当时产生并不断变化的此性"以及"仅在那一刻呈现的个体"。

如果将"潜在的事物"仿照 DZohar 的"我——你"等量子叠加纠缠状态做意味深长的解释，这个"我——你"若进一步推论，则为"处于某一地点的'居住'状态与在其他地点的'居住'状态——虽然有时候被简单处理为一种怀念过去/故乡之"处境/状态"，但现在则可以解释为实际上一直保有其"实在性"。如此，不得不说，或许，对于"我是我（全部的我的下位的自己的统一体）"（DZohar，1991：208）这一描述，假如将其置于"量子叠加态"下看待的话，则"下位"这一暗示着位阶性质的词语也将变得不合时宜了吧？

五 "多重'居住'/多重身份解释"式解读

在撰写《从物理学类推得出的"可想象治理"记述》（谷村，2009）一文时，正如在该文的引言中开篇所介绍的：首先，在从古典力学类推而来的"牛顿式城市治理"中，不论"固态"还是"液态"的治理模式，都是从一开始就先预设一个"不动不变的'国民国家'的框架"，将社会整体视为由各种"主体"组成的精致机械，从而推导出支撑人们"定居"的基本法则支配着整个世界（谷村，2009：62）。在本文"【3-4】何为'牛顿式世界观'描绘的'"居住"状态'与'身份'"中，笔者对与以上推论相类似的、貌似非常"有道理"的解释做了详细的展开。

而关于与牛顿相对立的莱布尼茨的观点的"切入口"，则正如在"【2-4】究竟是何种'范式'下的问题提出？"以及"【4-4】何为挑战'牛顿范式'思考的'"居住"状态'以及'身份'"中所阐述的，它与"应该反思移民研究的立场"的观点以及"作为'思考方法'的流散"的视点不谋而合。

在本文的最后部分，笔者将一边留意以上观点，一边对本论文最主要课题的"量子城市治理"的语义做补充说明，并进一步解读其核心部分的"量子力学式的理想状态"。

基于迄今为止的考察，笔者首先要提出，"量子城市治理"是"对所谓的'定居'社会做'近似性'解读的牛顿范式的深化，它模仿多世界解释，按照复数个'居住'状态/身份这一量子叠加纠缠状态提出多重'居住'/多重身份解释的城市治理提案"。并且，如同上文所述，此处的"/"指"and/or"，也即"以及/或者"之意。

接下来，笔者将整理由被批判为量子力学与古典力学的拼凑的哥本哈根诠释而类推得出的解读——"'居住'状态/身份的随机性解释"，并参照其解释，进一步提炼完成从多世界解释类推得出的记述——"多重'居住'/多重身份解释"。当然，笔者并不排除了"居住"与"身份"外还有其他事项也有必要加以考察，总之，这一新的视角，终究只不过是仍需进一步研究的初步提案而已。

【注】"居住"状态/身份的随机解释

在此，笔者首先对"'居住'状态的随机解释"（谷村，2009：63）的定义进行版本的升级。

在这一"'居住'状态/身份（个体的存在状态）的随机解释"中，量子力学性质共存的复数状态/处境不是被当成"虚构"，而是被视为"实在（潜在的事物）"。

然而，在观测的时候，观察者"随机"选定某一种"'居住'状态/身份"，而除了这一状态/处境以外的其他都加以舍弃。也就是说，假定存在"'居住'状态/身份的塌缩"，无论观测对象处于何种叠加或纠缠的状态，实际上，它只不过是一个个被分别捡拾起来处于"既存范式"的延长线上被观察到（或是能够被观察到）的典型的"一个个状态/处境"的"拼凑"而已——对于观察者来说"无意义"的状态/处境，实际上极有可能被当作虚无的、仅限于当时出现的细枝末节的现象而加以处理。

另外，有时候"最正确"的状态/处境，实际上并非指实体，而只不过指一种"态度"。

【注】多重"居住"/多重身份解释

对于"多重'居住'解释"（谷村，2009：63），笔者也对其定义做版本的升级。

在此处的"多重'居住'/多重身份（个体处境）解释"中，量子力学中共存的多重状态/处境的整体被作为多世界解释所阐述的——超越了古典论性质的实在的——"实在"。

在观测的时候，观察者将成为哪种"居住"状态/身份的观察者，和其与各状态/处境的相互依存程度密不可分。观察者完全不考虑"'居住'状态/身份的塌缩"的影响，认为其他未被观测到的状态/处境也同时并存。

不预先设定自己想要观测的立场，不希望成为任何一种例外，由此出发，假如梳理一下上文所述，则"个人在 A 处的'居住'状态与在 B 处的'居住'状态相叠加、纠缠"的情况下，在观测时，在某一个分支上，观察者会看到某个人在 A 处"居住"；而在另一个分支上，同一个观察者，则会看到其在 B 处"居住"。

另外，在"个人具有的 X 这一特征与 Y 这一特征相叠加、纠缠"的情况下，在调查时，在某一个分支上，观察者会看到其具有 X 这一特征；而在另一个分支上，同一个观察者，却会看到其具有 Y 的特征。

总之，由于各个观察者都认为自己是唯一的存在，因此，他们会认为自己观察到的那种"居住"状态/身份的结果是一种偶然。然而，假如放眼"现实"整体，则可以看到实际上各种可能的状态/处境皆在同时发生。另外，推而论之，即使有人认为某种"居住"状态/身份不是实体，而是一种"态度"，那么其他的状态/处境也必然是同时共存的。

最后，笔者将本文所思考的"量子城市治理（多重'居住'/多重身份解释）"的要点归纳如下。

第一，无论是牛顿范式的思考（包括"固态""液态"的视点），还是与牛顿相对立的莱布尼茨路线，从"多重'居住'/多重身份解释"思考的"实在"来看，两者无一例外都是通过"人为地""观察"选取特定的分支而做的解读。假如认识到"量子城市治理"理论并非范式的转换，而是"范式的深化"，则可以理解为量子城市治理是包括了以上两种"观察"的治理理论。

第二，人们为了确保自己的生活能够获得"充分的解决方案"所做的"斗争"，正是在"量子力学中共存的复数状态/处境的整体"下所展开的，假如能够理解这一点，则将会产生截然不同于以往的"问题意识"与"政策直觉"。迄今为止，人们所谈论的相互博弈的"立场/个体的处境"，说起来，那不过是观察者仅立足于自己所选定的"显著"分支上的"故事"新编而已。即使对于"故乡""共同体""历史"这些词语，假如联想到"叠加纠缠"状态下的"实在"，或许能够创造出新的"抵抗/实践"性质的思考或"治理观"。

第三，按照剔除了"'居住'状态/身份的塌缩"的"量子城市治理"理论，特别是对于那些主导公共政策的人士而言，他们所在尝试的"观察"，观察得到的结果，甚至是提出的政策建言，或许都应当参照"多重'居住'/多重身份解释"重新加以深思熟虑的补充吧。

综上所述，在本论文中，为了进一步深化迄今为止的治理理论，构建"量子城市治理"理论，笔者以移动人口的相关研究为线索，展开了一些基础性的研究工作。笔者时时不忘"全球化、城市化应当使所有人从中受益"这一目标，今后将在包括城市、区域发展，以及治理和国际合作领域的前辈们的研究基础上，继续深化推进这一研究。

参考文献

〔日〕安里和晃（2009）:《为确保护理引发的人的国际移动》,《现代思想》,（Vol. 37，No. 2）,青土社，第91～105页。

Brubaker, R（2009）:《"流散"的流散》,赤尾光春译，赤尾光春、早尾贵纪编,《从流散读懂世界》,明石书店，第375～400页。

〔日〕板垣雄三（1993）:《都市性与比较》,板垣雄三、后藤明编,《伊斯兰的都市性》,日本学术振兴会，第3～16页。

——（2011）:《中东与世界的未来》,《现代思想》,（Vol. 39，No. 4）,（临时增刊）,青土社，第24～32页。

Castles, S & Miller, M J（1996）:《国际移民的时代》,关根政美、关根薰译，名古屋大学出版会。

陈天玺（2008）:《漂泊的华侨·华人新时代的越境》,高原明生等编,《越境》,庆应义塾大学出版会，第297～324页。

Cohen, R（2001）:《全球·流散》,角谷多佳子译，明石书店。

〔法〕德勒兹，G（1992）:《差异与反复》,财津理译，河出书房新社。

〔法〕德勒兹，G、伽塔利 F（1994）:《千座高原》,宇野邦一等译，河出书房新社。

〔日〕都筑卓司（2002）:《不确定性原理》（新装版）,讲谈社。

〔日〕大塚直子（2002）:《何为德勒兹的主体》,《现代思想》,（Vol. 30，No. 10）,青土社，第214～227页。

El-Tayeb, F（2007）:《城市、流散》,村松美穗译，伊豫谷登士翁编,《从移动质疑地点》,有信堂，第201～233页。

〔日〕广田康生（2006）:《跨国主义所导致的地区社会的当前课题》,新原道信等编,《地区社会学讲座 2 全球化/后现代与地区社会》,东信堂，第81～97页。

〔日〕谷村光浩（2009）:《从物理学类推得出的"可想象治理"记述》,《名城论丛》,（Vol. 9，No. 4）,名称大学经济·经营学会，第51～66页。

〔日〕工藤正子（2008）:《越境的人类学》,东京大学出版会。

〔日〕河野稠果（2006）:《世界人口的动向与国际人口移动》,吉田良生、河野稠果编,《国际人口移动的新时代》,原书房，第1～24页。

〔日〕驹井洋（2001）:《监修者序》,角谷多佳子译，R Cohen 著,《全球·流散》,明石书店，第3～4页。

〔日〕驹井洋、江成幸（2009）：《序论》，驹井洋、江成幸编，《欧洲、俄罗斯、美国的流散》，明石书店，第11～27页。

Kaplan，C（2003）：《移动的时代》，村上淳彦译，未来社。

Lindley，D（1997）：《量子力学的奇妙之处并不奇妙》，松浦俊辅译，青土社。

〔日〕木村自（2009）：《离散与集合的云南穆斯林》，赤尾光春、早尾贵纪编，《从流散读懂世界》，明石书店，第220～257页。

Merler，A（2006）：《世界移动与定居的诸过程》，新原道信译，新原道信等编，《地区社会学讲座2 全球化/后现代与地区社会》，东信堂，第63～80页。

Morokvasic，M（2005）：《在移动中定居》，本田央子译，《现代思想》，（Vol. 33，No. 10），青土社，第154～171页。

〔日〕内井惣七（2007）：《量子重力与哲学》，《现代思想》，（Vol. 35，No. 16），青土社，第152～165页。

〔日〕坪谷美欧子（2008）：《"永远的暂住者"中国人的身份认同》，有信堂。

〔日〕上野俊哉（1999）：《流散的思考》，筑摩书房。

——（2000）：《流散》，《现代思想》，（Vol. 28，No. 3），（临时增刊），青土社，第44～47页。

〔日〕上野俊哉、毛利嘉孝（2000）：《文化研究入门》，筑摩书屋。

〔日〕田嶋淳子（2008）：《跨越国境的社会空间的生成与中国移住者》，高原明生等编，《越境》，庆应义塾大学出版会，第223～242页。

〔日〕小谷千穗（2009）：《劳务输出国菲律宾的战略》，日本比较政治学会编，《国际移动的比较政治学》，密涅瓦书房，第93～113页。

〔日〕篠原资明（2008）：《总论现代与后现代》，鹫田清一编，《哲学的历史》（第12卷），中央公论新社，第19～46页。

〔日〕宇野邦一（2001）：《德勒兹流动的哲学》，讲谈社。

严善平（2005）：《中国的人口流动与民工》，劲草书房。

——（2009）：《从农村到城市》，岩波书店。

〔日〕伊豫谷登士翁（2001）：《全球化与移民》，有信堂。

——（2007）：《作为方法的移民》，伊豫谷登士翁编，《从移动质疑地点》，有信堂，第3～23页。

——（2011）：《作为全球化研究与课题的性别》，粟屋利江、松本悠子编，《人的移动与文化的交叉》，明石书店，第295～312页。

〔日〕中村则弘（2009）：《总论》，根桥正一、东美晴编，《移动的人们与中国的多元社会》，明石书店，第293～319页。

翟振武等（2008）：《人口移动的高峰》，袁媛译，田雪原、王国强编，《中国的人力资源》，法政大学出版局，第165～215页。

Zohar，D（1991）：《量子自身》，中岛健译，青土社。

〔日〕足立真理子（2008）：《再生产领域的全球化与家庭维系（householding）》，伊藤琉璃、足立真理子编，《国际移动与“连锁的性别”》，作品社，第 224～262 页。

〔日〕竹田青嗣（1990）：《后结构主义的挑战》，小阪修平等，《简明易懂现代思想·入门》，宝岛社，第 182～193 页。

〔日〕竹内薰（2004）：《改变世界的现代物理学》，筑摩书房。

〔日〕早尾贵纪（2009）：《流散与本质属性》，赤尾光春、早尾贵纪编，《从流散读懂世界》，明石书店，第 166～206 页。

〔日〕佐藤文隆（1997）：《量子力学的意识形态》，青土社。

〔日〕泽江史子（2009）：《关于移民的跨国政治与出身国》，日本比较政治学会编，《国际移动的比较政治学》，密涅瓦书房，第 37～68 页。

〔日〕泽野雅树（2004）：《〈差异与反复〉吉尔·德勒兹》，《现代思想》，（Vol. 32，No. 11），（临时增刊），青土社，第 214～217 页。

Brinkerhoff, J. M. (2008), "The Potential of Diasporas and Development", in J. M. Brinkerhoff ed. , *Diasporas and Development*, Colorado: Lynne Rienner Publishers, Inc, pp. 1 – 15.

—— (2009), *Digital Diasporas*, New York: Cambridge University Press.

Esman, M. J. (2009), *Diasporas in the Contemporary World*, Malden: Polity Press.

Levitt, P. (2001), *The Transnational Villagers*, Berkeley and Los Angeles: University of California Press.

Morokvasic, M. (2004), "Settled in Mobility", Vol. 77 *Feminist Review*, Palgrave Macmillan, pp. 7 – 25.

Orozco. M. (2008), "Diasporas and Development", in J. M. Brinkerhoff ed. , *Diasporas and Development*, Colorado: Lynne Rienner Publishers, Inc, pp. 207 – 230.

Schiller, N. G. et al. (1992), "Transnationalism: A New Analytic Framework for Understanding Migration", in N. G. Schiller et al. Eds. , *Towards a Transnational Perspective on Migration*, New York: The New York Academy of Sciences, pp. 1 – 24.

Tanimura, M. (2005), "Development and Urban Futures", No. 54 *The Journal of Social Science*, Tokyo: International Christian University, pp. 49 – 72.

—— (2006), "Beyond UN-Habiatat's Classic Framework in Urban Development Strategies", No. 57 *The Journal of Social Science*, Tokyo: International Christian University, pp. 275 – 304.

—— (2009), "Descriptions of 'Conceivable Governance' by Analogy with Physics", Vol. 10 No. 2 *The Meijo Review*, Nagoya: The Society of Economics and Business Management, Meijo University, pp. 27 – 46.

（责任编辑：林志刚）

论非公募基金会的类型正当性[*]

李政辉^{**}

【摘要】作为新兴的慈善组织，非公募基金会正在承受主体性拷问——非公募基金会究竟是否为适格的慈善组织类型。从起源上考察，非公募基金会在我国的出现是历史逻辑、现实场景与外来移植的综合产物。作为基金会类型区分的关键词汇，公募并非一种权利，而是职责。非公募基金会现存的问题在于偏重概念而忽视制度，解决之道为构建完善而清晰的制度，从而形成有机的慈善组织体系。非公募基金会在既有主体理论中难以获得支撑的事实反映了主体法律制度变革的必要性。

【关键词】非公募基金会 公募权 主体 制度

一 问题的提出

自 2008 年汶川地震以来，我国慈善事业进入高速发展阶段，慈善组织的数量大幅增长，动员能力显著提高，其中非公募基金会的突起最为明显。作为 2004 年《基金会管理条例》所创设的一种新型组织，非公募

---

* 本文为国家社科基金青年项目"非公募基金会的基本矛盾与规制研究"（11CFX030）的阶段性成果。

** 李政辉，浙江财经大学法学院教授。

基金会只用了短短 7 年时间，在 2010 年就从数量上超过了公募基金会，并保持了迅猛发展势头。到 2013 年 10 月，我国共有非公募基金会 2037 家，而公募基金会只有 1369 家（基金会中心网，2013），两者在数量上已经拉开了距离。虽为慈善界新兵，但非公募基金会已负载了厚望：徐永光称非公募基金会"将背负起中国第三部门希望"；金锦萍从宏阔的历史视野分析，认为这样一种制度创新本身具有"慈善史上划时代的意义"①；北京师范大学王振耀带领的研究团队认为，"非公募基金会成长加速，行业结构变革在望"，而构建现代慈善三大路径之首即"推进非公募基金会发展和公募基金会转型"（北京师范大学中国公益研究院，2012：70、206）。在 2009 年首届中国非公募基金会发展论坛上，民政部负责人称"非公募基金会的出现在我国社会组织发展历史上是一次重要的制度创新"。②

依此发展则一切都显得顺理成章，非常美好。但在非公募基金会的发展过程中，公募与非公募间区分的合理性逐渐浮出水面：公募基金会和非公募基金会"有什么本质区别？这种区别的正当性和它的法理基础是什么？"（基金会中心网，2012）。对此根本问题，实践似给出了否定回答。常见的情形为，非公募基金会通过网络募集、现代金融工具等手段模糊公募与非公募的界限，如非公募基金会——上海真爱梦想公益基金会通过中信银行发行"真爱梦想公益信用卡"，由持卡人捐款。公募基金会与非公募基金会的区分在法理上亦未见深入研究，反有混用的趋势。在一项由福特基金会资助的对非公募基金会的调研中，基金会的筹款状况是调查内容之一。针对基金会筹集善款的影响因素，调查问卷设计的选项包括基金会的主动宣传、基金会本身的社会公信力（刘太刚，2009：115），问卷的设计者似并未意识到"主动宣传"已是公募的范畴，调查问卷的设计反映出学者对非公募基金会本质属性的漠视。有学者将非公募基金会不得公募上升到慈善组织的去行政化与平等竞争的高度，"通过开放民间组织公募资格，……在于慈善整体平等竞争机制的营造和中国

① 金锦萍（2009）：《金锦萍：专家看非公募基金会是慈善转型表现》，参见 http：// gongyi. sohu. com/20090707/n265041381. shtml。

② 孙伟林（2009）：《论坛组委会顾问、国家民间组织管理局孙伟林致辞》，参见 http：//news. 163. com/09/0702/21/5D8DAAVA0001376P. html。

慈善事业的良性发展"(北京师范大学中国公益研究院,2012:164)。这或者正是实践与理论上混淆两者的基础所在。

可以给现状做一个小结:一方面我们对非公募基金会寄予了厚望,认为其承载着慈善事业未来发展的组织使命;另一方面我们却对非公募基金会赖以成立的根本特征予以漠视甚至否定,混淆非公募基金会与公募基金会的区别。上述两个方面相互冲突,在非公募基金会的内部造成紧张关系,阻碍了非公募基金会的制度完善,更进一步关系到我国慈善组织类型的应然设计。故而本文对作为一种慈善组织类型的非公募基金会展开学理分析,展示其得以存立的制度背景,并论证其正当性的理由与完善的方向,以便将非公募基金会复归于恰当的制度定位。

二 非公募基金会主体地位的确立

非公募基金会作为主体类型首现于 2004 年通过并实施的《基金会管理条例》。回溯该行政法规的立法史,其实立法者创设该种主体类型所秉持的理念基础颇为单薄。作为《基金会管理条例》的前身,1988 年颁行的《基金会管理办法》规范的是官办色彩明显的基金会,民间力量较难进入,法律规范与社会现实出现脱节。对此做出的直接改进就是《基金会管理条例》将基金会区分为公募基金会与非公募基金会,这也被认为是新法区别于旧法最为显著的特征(李本公,2004)。整理立法者并不十分明确的立法理由,可将非公募基金会的主体正当性归纳为如下几点。第一是为民间公益意愿设置一种组织类型。在将当时已存的基金会归于官办公募的基础上,非公募基金会作为一种新主体类型成为引导涌现出的民间慈善资金的制度通道,"条例通过对基金会进行分类管理,采取区别政策,大力发展民间基金会,促进社会力量对公益事业的参与"(朱卫国,2007)。对于中国经济高速增长以及相伴随的公益行为激增的美好预期,同时达成的对"政府办、社会有限度退出"的共识,是非公募基金会产生的思想基础。第二是对国际经验的吸收。如何吸引民间慈善资金是一个技术性问题,立法者认为国际经验提供了答案。在肯定基金会作为一种外来制度的基础上,美国的私人基金会进入立法者视野,"在美国，主要依靠公众募捐的社区基金会基本上规模较小，不依靠公众募捐的私人基金会（类似于我们这里提到的非公募基金会）则可以达到很大的规模，而且财力雄厚，工作效率和社会效益都很高，是最重要的公益组织之一"（马昕，2004）。第三是对公益资金募集的管控。在《国务院法制办、民政部关于〈基金会管理条例（草案）〉的说明》中，基金会类型区分的理由是"为了加强基金会管理的针对性，限制向公众筹款的公募基金会的数量，防止募捐活动中的不良竞争和不规范行为，促进社会力量参与公益事业，草案根据基金会管理的实际并借鉴国外经验，把基金会分为可以面向公众募捐的基金会（简称公募基金会）和不得面向公众募捐的基金会（简称非公募基金会）（第三条）"。① 这份未公布于媒体的文件其实更具有权威性，将管理慈善募捐的目的放置于立法理由之首，反映出行政管理者的真实想法。如上三点关于非公募基金会的立法理由其实并不充分：一方面，该三点所需的理论资源未深刻挖掘，如作为国际借鉴的样本——美国私人基金会的历史、功能及相关制度构成都欠缺研究，私人基金会更多地是作为一种理念的移植；另一方面，我国立法者选择采用非公募基金会其实有着更为复杂与宽广的背景。

本文认为，"非公募基金会"这一特定名称的组织类型在我国的出现是历史逻辑、现实场景与外来移植的综合产物。

（一）非公募的历史逻辑：公募的缺位

在中国历史中，"募"是一种陌生的社会资源动员方式，不但对于社会及其主体如此，对于国家也如此。纵览中国历史，一俟灾荒，急迫的社会问题就是农民困顿、流离失所，此时政府处在绝对的主导位置，为此所发展出的应对体系称为"荒政"。荒政为政务的常规组成部分，甚至被唐太宗上升到"载舟覆舟"的高度，也是各级官员考核任免的重要依据。从本文角度看，在政府主导救灾事务的过程中，值得关注的是政府

① 国务院法制办、民政部（2001）：《国务院法制办、民政部关于〈基金会管理条例（草案）〉的说明》，参见 http：//law. npc. gov. cn：87/page/browseotherlaw. cbs？rid = bj&bs = 148167&anchor = 0#go0。

动员资源的方式。以宋朝为例，学者将宋朝赈灾救荒措施从性质上分为三类：纯行政性措施、市场性措施与社会性措施（张文，2003），该种分类方式所传达的观点是，自宋朝起中国的救灾已具有市场与社会因素的共同参与的特征，但该种观点经不起分析。纯行政措施包括政府作为施舍者的赈给、施粥，也包括减免税赋，此为政府主导当无疑问。市场性措施并非今日所理解的平等主体的市场行为，而是政府通过暂停收购粮食（罢籴）、放松对垄断品的管制（驰禁榷）、允许通商（招商）、雇佣饥民从事劳务（以工代赈）、强制米的自由流动（禁遏籴）等措施来完成，市场只不过是政府主导之下所运用的一种工具。社会性措施本有望与今日的慈善募捐接轨，但历史实情却并非如此。政府采用道德说教的方式进行社会动员，以期能募得钱款，但在政府总揽一切事务的格局之下，救灾作为政府的分内之事就理所当然，分散的社会主体难以启动。所以，宋、明等朝代的"劝分劝籴"更多地表现为"纳粟补官"，这其实是政府用官职或荣誉与富者所做的交换，而富家大户用市场法则与政府进行交往，重点并不在灾荒，故而会演变为讨价还价的闹剧，"更可笑的是，大灾之年尽管封建国家有官职出售，但买者惜钱，政府还要压低价格"。（周致元，2007）学者所称的社会性措施虽然具有募集的意味在其中，反映了政府对社会资源与力量的倚重，但政府并不承认社会的自主性，而是通过行政资源的交换来达到自身救助灾害的目的，与现代意义上社会主动而为的慈善捐赠有实质上的差异。仔细分析学者所归纳出的各类型赈灾措施，其实徒具形式上的分别，内在的政府主导型结构则是一致的。在思想上，政府主导、臣民受恩的观点居于主流地位，对宋元救荒著作做出整理的《救荒活民补遗书》言：王者之养民犹乳母之于婴儿也（周致元，2007：101）。固化于统治位序的王与臣民的上下关系自然延伸到救荒之中，不可动摇。

当然随着历史的发展，民间力量在灾荒中也开始展现实力。但直至近代，中国民间主体加入到赈灾或慈善之中都具有两个特点：一是以自己的力量从事相应活动；二是活动的范围具有地域性。如以今日之公募作为标准，则前者否定了"募"，后者否定了"公"。中国的官吏、富商大户做出慈善义举都是以自己的财富而为之，如元朝的救灾物资有九种来源，排在末位的就是"官民个人财产"。富者凭一己之力从事救灾的事例在史书中不胜枚举，可被视为中国的传统。所以，民赈的地位是，"在县以下局部性灾害发生时，由民间义士自愿捐粮捐款赈济……它具有分散性和自发性"（杨鹏程，2003）。官绅在当地以一己之力完成慈善，在某种意义上是中国基层乡绅治理模式在灾荒时的特殊表现形态，同时，中国历代限制民众自由流动的户籍、里甲制度强化了慈善的属地性质。可为我国缺乏"募"之佐证的是慈善事业的主体——宗教，在印度以化缘为生活来源的佛教传入中土后转变为自耕为主。对此，潜伏在史实之下的观念颇值探究，中国近代以前的社会贤达为何不能广泛募集资源，从而更好达成目的的问题甚至都未见提及。

公募为何不现于历史，根源在于我国从秦朝直至清朝两千年高度专制的封建王权以及由此所发展出的观念。就封建统治而言，灾荒之年正是统治者最为不安之时，政权稳定的要求不容个人的动员能力。故而，富家大户与王权达成的默契就是：富者以一己之力救灾，而政府用官职、荣誉等利益作为交换。这已是主宰一切公共事务的统治者所能达到的最远行为边界，是对政府自身力量不足的一种补充，是一种不得已而为之的权宜之计。在观念史上，沟口雄三考证我国的"公"，认为到唐朝达到的认识是"将'公'归结为统治者的君主一己的道德性"（沟口雄三，2011：9），这呈现出集中的趋势。将"公"的主动权交到民之手是宋明之后漫长的观念进化，与"公"之观念进化相伴随的正是社会力量逐渐加入慈善事业的进程。只是，王权统治限制了社会主体的动员可能，在根本上是政府垄断了以天下为视域的"公"，民间慈善一直处于被动、有限与从属的地位。亦有学者明确提出中国古代有丰富的促进公益募捐的思想文化资源（李永军，2011）。只是其提出的儒家的仁、墨家的非攻、道家的无为以及佛道等宗教思想应归入一般的人生观，与公募并无关联。真正值得认真对待的是关于以善堂善会为募捐主体的观点。据日本学者夫马进考证，明末的同善会起于"吕坤和其他数人捐出自家剩余的米谷，共同创建的"，在扩展到各地后也出现过通过集会向会员收集捐赠的活动，但此类活动面对的人员有限，难言为公募，因而这种方式遭到淘汰，取而代之的是"用同善会的名义设立不动产是一种当然的方向"（夫马进，2009：80、90）。用今天的标准衡量，同善会更类似于非公募组织。

公募缺位于中国历史，这作为一般命题是可以成立的。

（二）非公募基金会的现实需求

非公募基金会的出现是基于我国经济发展与行政体系转型所带来的慈善机遇，也因为固有慈善组织的行政色彩与市场经济的建设不相适应，更因为作为支撑性制度的金融与刑事法律的辅助与制约。

经济发展与慈善出现具有显著的正相关性。作为发展的普遍规律，经济发展有赖于自由主义为主导的竞争阶段，自由竞争带来的是社会贫富分化的扩大，自由与平等的矛盾在此表现无遗。对于贫富分化的矫正，除了政府干预，社会主体自身的调整也是重要的组成部分，富裕阶层与企业的捐赠就是弥合贫富分化的重要机制。以美国为例，基金会的出现可算是经济发展的成果之一。基于宗教因素，美国社会一直存在捐献传统，但以组织形式固化财产、范围覆盖全国、持续运行的基金会则是工业革命的产物，它的必要条件之一就是财富的巨额积累。以钢铁大王卡内基为首的百万富翁相信，他们控制的财富承载了道德义务，"虽然美国的慈善家在19世纪只建立了五家基金会，但卡内基和洛克菲勒并不仅仅是激励了企业巨头式慈善家的产生，他们发明了20世纪组织化的慈善"（Marsh，2002：143）。20世纪上半期是美国经济繁荣时期，同时也是基金会发展的高峰，最为典型的是福特基金会。20世纪50年代美国基金会发展进入"爆发期"。与经济条件相伴随的是政治条件，即政府对基金会等慈善组织功能的认知，进而采取允许与鼓励的态度，这方面我国台湾地区可作为例证。台湾地区基金会的成立从20世纪70年代开始，到20世纪90年代达到高峰，这一时段正是台湾地区政府实行改革，大力进行社会建设的时期。驱动基金会出现甚至大发展的政治经济条件，在我国制定《基金会管理条例》时都已具备，改革开放20余年的发展主要体现在民营企业的突飞猛进，成功企业家拥有的财富足以回馈社会，而政府职能向服务型转化也势必催生社会的发育成熟。这一思路在上文引用立法理由时被反复表达，它是发展规律的体现，也展示了我国立法者的前瞻性。

但非公募基金会的出现还归因于既有基金会的功能单一、表现欠佳。

我国 1988 年制定的《基金会管理办法》（以下简称《办法》）将基金会界定为"对国内外社会团体和其他组织以及个人自愿捐赠资金进行管理的民间非营利性组织"，2003 年前民政部在统计上一直将基金会归入"社会团体"（中国民政统计年鉴，2005：6），有学者指出"将基金会归属于社团法人显然是不合适的，这会造成管理上的缺陷和混乱"（王名、贾西津，2003）。基金会在定位上的无所适从或不被重视的真实原因在于基金会具有较强的行政色彩，"公募基金会是指现在各个部门主管的、行政色彩较浓的基金会，它们可以面向公众募集基金"（李本公，2004）。脱胎于行政机构，在登记上实施主管机关与登记机关双重管理的体制，维系和强化了已有基金会的行政属性。这些基金会在运行中存在一系列的问题：有的基金会违背《办法》的规定投资办实体；有的现职政府人员在基金会中兼职，募捐时搞行政摊派；有的基金会没有专职管理人员，多年不开展工作；有的基金会管理混乱，规章制度不健全（杨岳、柴梅，2003）。这些弊端的存在都与基金会的行政属性存在关联。所以，在制定《基金会管理条例》时，"去行政化"成为立法者与学者的共识。由此，需对已有基金会做出整理，改革公募基金会；① 但更为有效的方法是建立一种与已有基金会相区分的新基金会类型，这就是非公募基金会出现的特有条件。

民政部门在立法中曾将新型基金会命名为"私立基金会"（杨岳、柴梅，2003），这是对美国私人基金会的直接借鉴，但最后立法选取的是"非公募基金会"之名。法律为何选择该名称，换言之，立法者为何如此重视从募集的角度对基金会进行分类？从下文可知，从募集角度对基金会做出分类并不能在比较法中找到直接依据。追问以公募作为区分标准的来历，可以探析非公募基金会取得"准生证"的真正原因，这也是一直隐而未发的原因。在《基金会管理条例》（以下简称《条例》）的立法说明中，两种基金会区分的理由被解释为释放民间慈善意愿与控制公开募捐之间的平衡。② 其实，两者间并非排斥关系，如美国的私人基金会并

---

① 所以，依照民政部门的统计年鉴，2004 年的基金会数量为 892，少于 2003 年的 954 家。参见《中国民政统计年鉴 2005》，第 6 页。"行政化"几乎成为公募基金会的固有特征，而"去行政化"的任务至今仍未完成。参见徐永光（2012）。

② 民政部（2004）：《民政部就〈基金会管理条例〉政策答问》，参见 http://www.chinanews.com/n/2004-03-29/26/419036.html。

不受非公募的限制，所以"非公募基金会"的名称其实反映出监管者对公募行为的重视与管控。在《条例》制定过程中，原有的基金会借助行政体系进行募集所带来的弊端，成为首先需要防范的对象，这将"公募"放置在新制度设计的重要位置。

公募成为基金会区分标准更可能是借鉴了已有的制度实践，对此能够提供直接制度与智识支持的就是金融业中公募与私募的区分。金融业专职处理资金的筹集与流动。我国从20世纪90年代初开设证券市场以来，通过公开发行证券募集资金的公募成为主流，但作为非公开发行的私募几乎同时进入理论与制度视野，并很快形成了多层次的含义与复杂的实践操作。私募的含义既可指面向少数特定投资者的发行，也可指通过私募方式所形成的证券投资基金或股权投资基金。到2000年前后，私募基金已经脱离了非法的阴影，金融业中的公募基金与私募基金相辅相成已成为基本业态。作为资金筹集方式的基金被区分为公募与私募是《条例》制定者所处的社会现实，而金融作为专业、高端的领域，其对于基金的分类具有溢出效应，也就是会为其他处理资金募集的部门所借鉴。虽然没有直接证据证明《条例》制定者吸收了金融实践成果，但同为资金集合体，并且同样具有区分资金来源的制度需求，相对成熟的公募与私募基金分类应是基金会立法者可直接借鉴的资源。对基金会分类构成影响的另一制度是我国对集资活动的严格管制。我国金融机构对资金筹集的垄断必然使得法律对民间的资金筹集持否定性评价，甚至使企业间的资金借贷都承受无效之后果。因此，我国的"集资"往往与"非法"连用，尤其是面对不特定对象时更是如此，最高人民法院1996年在《关于审理诈骗案件具体应用法律的若干问题的解释》中给"非法集资"下了定义，"法人、其他组织或者个人，未经有权机关批准，向社会公众筹集资金的行为"。《刑法》专门设有非法吸收公众存款罪、集资诈骗罪以惩处相应的集资行为。对集资态度严厉的法律环境必定导致基金会立法者对公募的重视。如果说金融业将基金区分为公募与私募是对基金会立法者的正向启发，那么与集资有关的刑法规范则是一种反向提醒——需要将募集资格进行限缩。根本上，金融业与《刑法》提供的知识是相通的，即我国的资金筹集是处于法律的严格管控之下的，这甚至延伸至主体类型设计时的考量。

值得一提的是，立法者并未直接借鉴"私募"概念从而创设出"私募基金会"，而是采用更类似于我国证券立法的"非公开发行"，使用了"非公募基金会"这一称呼。[①] 为了与"公募"相对，立法者采用"非公募"的用语，这可从逻辑与价值两个方面做出解释：在逻辑上，公、私已经难以形成对社会全体的完整覆盖，在资金募集上同样如此。资金募集除了公募之外并非只有向特定主体募集这一种形式，它还包括来源于公却并非募集的情况，"它并没有排除非公募基金会接受来自社会的不特定群体的捐赠"（陶传进、刘忠祥，2011：15）。在价值上，公、私除了标明社会不同的领域外，汉字的"公"与"私"有价值评判的意味在内，私"在《说文解字》中解为'奸邪'之意"（沟口雄三，2011：1）。故而，作为名称的"非公募基金会"在逻辑上更有包容力，在价值上更倾向于正面。

（三）作为制度借鉴的美国私人基金会

我国立法者在创设非公募基金会时肯定了移植因素，借鉴的对象无疑就是美国的私人基金会。但必须明确的是，非公募基金会并不是美国私人基金会的简单平移，它更可能是带有误读成分的移植。

组织形态划分的基金会带有强烈的美国特征，被认为是"美国所特有的机构"。基金会的基础是一项基金，只是加入了美国工业革命成功的密码——专业化、高效管理、组织化，从而成为独立的法人。基金会在美国按照不同的标准有很多种分类，通行的分类方式是美国基金会中心的分类，其将基金会分成四种：独立基金会、公司基金会、运作型基金会和社区基金会。调控慈善组织的联邦税法将慈善机构仅分为两类——公共慈善组织与私人基金会，这种分类的历史并不长，是美国 1969 年税法改革的产物。以税法的两分法作为鉴别标准，则独立基金会、公司基金会与运作型基金会归入私人基金会，而社区基金会则属于公共慈善组织。

---

① 采用否定性名词可否视为我国立法的用语习惯？在 2012 年 12 月通过的《证券投资基金法》中，基金被分为公开募集基金和非公开募集基金。但在证监会通过的行政规章中，私募也作为法定用语，由此带来一定的混乱。

必须明确的是，私人基金会作为税法的产物并非基于制度设计的结果，而更接近于演进形成。在"二战"后的基金会成立高潮时期，民间怀疑基金会成为避税工具的声音逐渐高涨，1950 年杜鲁门总统抱怨基金会是"可疑的商业投资的披风"。为此，早在 1950 年，国会就对慈善组织进行区别对待（The Revenue Act of 1950），将从事禁止性交易（有利于捐赠者的特定行为）、持有数量或持续时间不合理的未分配利润、从事危及免税目的地使用资金或投资活动的慈善组织取消免税资格，但学校、教堂、医院不在此列。虽然国会并未言明后者为何可以免予审查，但制度设计的目的在于防止慈善组织受到特定捐赠者的不当利用，这开启了慈善组织的分类。1954 年国会将个人对教会、教育机构与医院捐赠在个人所得中的抵税上限从所得的 20% 调高至 30%，1964 年国会允许对所有"公共支持"的慈善组织所做捐赠的抵税上限都调高至 30%，如此，法律势必要区分出公共支持的慈善组织。最终，1969 年的《税制改革法》完成了私人基金会与公共慈善组织的分类，这部法律意味着美国政府从对慈善组织的放任向加强监管转化，之前美国法律因为营利组织利他主义的光环似都不愿承担监管之责。1969 年的《税制改革法》直指私人基金会，因为这种组织类型更易于被主要捐赠人控制与滥用，税务部门难以行使对非营利组织的监管职责。

可以得出的结论是，美国私人基金会与公共慈善组织的分类并非出于事先的设计与规划，它是税务政策调整与明确的一种自然结果。在组织形式的认定上，美国采用的做法是先以《美国税法典》第 501（c）（3）来认定是否具有免税资格，然后再以第 509（a）作为标准识别出公共慈善组织。由此，私人基金会是符合免税资格的预先推定，而公共慈善组织是私人基金会接受公共资助率测试并通过的结果，两者具有内在的相通性。美国区分私人基金会与公共慈善组织的考虑在于"以两者的区分作为控制捐赠人在捐赠后仍控制相应财产并享受税收减免的一种方式"（Marsh，2002：143）。美国税法为两者的区分发展出系统的制度，包括识别制度与税收政策的差别制度。

我国作为基金会区别之标志的公募在美国受到言论自由的宪法保护，标志性的是 1939 年 Schneider 案，"美国最高法院认为对包括募捐行为在内的行为采取审查许可的方式侵犯了公民的言论自由"（吕鑫，2011）。

故而，以获得公共募捐的多寡作为区分私人基金会与公共慈善组织的标准是一种事后的区分，这与我国将可否公募作为预定的组织区别标准截然不同。并且，私人基金会与公共慈善组织的区分几乎只在税收政策上才具有意义，学术界、实务界对基金会的多角度分类并未局限于此。由此观之，我国在创设非公募基金会时所借鉴的美国私人基金会可能只限于概念层面，采用了拿来主义，而未在制度整体上考证主体的生长路径与功能区分。

综上，非公募基金会被创设出来，这契合了我国缺乏公募的历史传统，吸收了金融界区分公募与私募的制度成果，顾及了我国对于集资活动严格管控的现实，而美国私人基金会的主体类型则为我国制度建设直接提供了移植对象。依赖美国基金会制度的发达地位，私人基金会甚至赋予了非公募基金会某种历史必然性的话语权。

上文所论三方面主要是在观念层面促进了非公募基金会的出现，但对挑战非公募基金会主体正当性的观点而言，却不无可置疑之处。公募历史的缺乏作为一种传统与现实法律的关联机制何在？换言之，即使缺少公募的文化基因，制度是否必以此作为条件？更加之，缺乏公募的历史与我国当下对于集资的严格态度间有内在的关联，这样上文所举的前两方面可做出合并，归纳为我国文化的某种特质。在传统与法律的关系上，支持与反对的意见激烈对立，构成了法理学的核心问题，"法律哲学中的争议在很大程度上已经聚焦于'什么构成了法律规则的有效渊源'这一问题"（塞缪尔，2012）。对于理性主义者而言，法律正是规划未来的方案，社会可由此获得与传统告别的契机。现代社会科学越来越证伪了这种"白纸上描绘蓝图"的可行性，社会学家爱德华·希尔斯有个著名的判断"现在总处在过去的掌心之中"（希尔斯，2009：208），由传统所构筑的文化范型综合体既是法律发挥作用所必需的条件，也是法律创设时有意无意所借取资源之处。问题不在于对过去是否采取决绝的态度，而在于细致识别出影响当下的因素，并做出判断与取舍。

三　非公募基金会的类型价值与完善

作为慈善组织类型，非公募基金会的正当性源自有机的慈善组织体系。为慈善组织设定有机体系的目标，是希冀该体系包含功能协调、转化自由的各类型慈善组织，单个慈善组织的制度价值与使命依托于该体系获得证明。以慈善组织体系为视角考察非公募基金会足以脱离现实场景的考量，构成非公募基金会正当化的理性说明，同时也指明了现有制度的不足与改进方向。本文的分析从当前流行的"公募权"概念入手。

（一）公募权：似是而非的权利类型

在对非公募基金会与公募基金会的讨论中，"公募权"成为业界与学术界分析的关键词汇。公募权起于对公募基金会的分析之中，公募基金会享有的对公众募集的资格被界定为公募权，如麦肯锡公司受民政部政策法规司委托撰写的《发展中的中国慈善事业》称"（大型基金会）凭借特有的公募权和税收优惠权所募集的慈善资源全部用于自身的项目开展"（民政部政策法规司，2009：26）。学者也运用该词语，清华大学创新与社会责任研究中心主任邓国胜认为应"降低慈善组织的登记门槛，适度放开慈善组织的公募权"（中国总会计师，2010）。2012 年 5 月，媒体与行政主管机关对《广州市募捐条例》的解读大量使用"公募权"，《法制日报》为该条例刊发的新闻为《民间组织获得公募权》[1]，广东省民政厅政策法规处处长王先胜解读该条例为"没有取得公募权"的民间组织提供了解决方案（潘芝珍、殷航，2012）。进而，该词汇成了学术研究中用于分析现有慈善管理制度不足的用语。[2] 但该词汇的构成与功能却并未经受分析。

在拉丁词源中，权利与法是同一个词，后世对法采用自然法学或实证法学的观点也可在权利理论上得到体现。从自然法学观点来看，权利来自天赋，有一个不容置疑的至高权威，但理论毕竟要说明该最不可挑战的力量的实质。"格劳秀斯把权利看作'道德资格'。霍布斯、斯宾诺

---

① 邓新建（2012）：《民间组织获得公募权》，人民网，http://legal.people.com.cn/GB/188502/17994745.html。

② 相关论文如朱向东：《公益捐赠法有待完善和细化》，《中国发展观察》2010 年第 11 期；孟庆瑜：《论个人参与第三次分配的法律机制及其制度完善》，《法治研究》2012 年第 9 期；葛睿：《我国慈善事业民间化发展的思路探析》，《牡丹江大学学报》2012 年第 7 期。

莎等人将自由看作权利的本质，或者认为权利就是自由。康德、黑格尔也用'自由'来解说权利，但偏重于'意志'"（夏勇，2004）。自然权利理论导向的是个人主义，自由、意志与单个主体更易发生直接关联，权利由此也更容易获得解释。作为自然法学之组成，天赋人权理念在启蒙时代为个体解放发挥了重要作用。但自然法指导下的权利理念过于宏观，在立法、司法等运行环节发挥具体作用则显得心有余而力不足。实证法学的权利观从利益入手，并以实定法作为权利主张的依据，即客观意义的法与主观意义的权利。耶林称"客观的抽象的法和主观的具体权利的关系就像从心脏流出又返回的血液循环一样"（耶林，1994：36），由此强调权利来自法律。法律中权利通过要件事实与责任体系的支撑具有现实的可操作性，民法成熟的债权、物权体系无不依此建立。从权利理论看，"公募权"主张显然来自自然法学，认为所有公益组织都可自由向公众募集。支撑公募权的理念是自由，自由的基础在于公益事业的道德定位。只是将公益与道德画上等号经不起推敲，我国的"郭美美事件""河南宋庆龄基金会事件"都不断警示两者的差异之处，此道理中外皆然。不仅如此，更进一步的是，"不论是政治制度还是经济制度的设计，都只能采取先小人后君子的做法，这并不是经验判断，而是一个逻辑判断"（秦晖，2007：25），秦晖的总结是对公募权道德正当性的否定。

公募权不但在自然法的道德高地上无法立足，在实证法的分析层面也不能成立。以霍菲尔德的分析作为原型，他将权利分解为要求、自由、权力、豁免。公募权对照这四种权利享有的情形都难获解释。（1）"要求"指向的是一种利益主张，需要有义务人，典型的如债权。公募向何人主张，不获满足是否有法律保护？勉强成立的回答是公募权向政府主张。但如果公募权已经规定在法律之中，从而成为慈善组织的行为范围，它无须向政府主张这种权利。悖论在于，如果每一个慈善组织都可以公募，就没有存在公募权的必要。（2）自由是主体的行为边界，公募并非局限个人自由，而是将对他人利益产生重要影响，它超出可单纯主张自由的范围。（3）权力是对对方的一种优势地位，这是与公募权相距最为遥远的权利内涵，获得公募资格的主体对于捐赠人并无任何强迫的可能，相反却要承担捐赠所引发的后续任务。但现实中却不乏混淆公募权

（利）与公募权（力）的事例，"公募慈善基金会实际上是在使用法律或政策赋予的、面向民众募捐的'公权力'"（庄发琦、王梦婕，2011），由此也可见公募权理论的薄弱与不成熟。（4）豁免在霍菲尔德的话语体系中是"与无权力相关（disability or no-power）而与责任相反，或者说是对责任的否定"（霍菲尔德，2007：90），与公募权并无牵连。可见，预想中的公募权难以放置进平等主体间的民商法权利体系中，而无论财团法人还是赠与都是传统民商事法律制度。故而在已有运用公募权的场合，该词语陷入某种混乱，如前述《发展中的中国慈善事业》界定公募权为"只有一部分官办基金会拥有向社会大众公开募款的权力"（民政部政策法规司，2009：27），权力与权利不分。

本文认为，慈善组织从事公募并非享有一种权利，而是一种职责。（1）公募不能称为权利，最主要的是对从事公募行为的主体而言，这并非利益。公益组织从事募捐所得，应运用于组织目的或活动设定的用途，并非组织所获利益。法律规定公募基金会的年度支出比例及慈善组织终止时的财产处理规则都显示了这一点。在英美法中，管理募捐所得的慈善组织处于信托受托人的地位，与利益享有者判然有别。权利的内涵包括利益为各派权利理论所认同，正是公募所得不得构成慈善组织所获利益这一公益组织特有的现象，为公募的权利之路设定了主要障碍。（2）各国对募捐多伴以行政许可等监管措施。英国、新加坡都是一募捐一许可，美国的募捐也有登记要求，很难想象权利的行使需要行政权力如此监管。（3）信息公开。权利的主观属性决定了主体对权利行使的选择自由以及相关信息的控制权，而募捐的全过程需要公开信息以接受监督，主管机关有终止的权限。从分析可见，公募应该是职责，相应组织承担责任而无自身利益在其中，即募款所得多寡并不决定组织所得，更与组织内部工作人员的报酬无关。"职责"一词在我国最常用于政府，以明确具体部门的职能与责任，扩展开来看，其实处于受托人地位的主体多可归为职责的承担者，如破产管理中的清算人职责。

现有的"公募权"主张以自然法作为当然基础，以公益作为权利正当性来源，用意虽好，结果却难以预测。正如监护，我国民法学界将其界定为权利，但缺少利益内核而徒留责任的监护陷入愿意享有者寥寥的困境。公募权如能成立，实践完全可能走向理论提倡者的反面，即出现众多公益组织从事公募。在我国理论与实践运行都未准备充分的情况下，公募泛滥最后损害的是慈善本身。只有更多地从责任角度理解公募，以此作为出发点方可理顺相应制度。

（二）非公募基金会：从概念到制度

"非公募基金会"作为一个人造词汇结构复杂。从语言学分析，"非公募基金会"属于扩展词组，具有层层累进的嵌套式结构：整体上，该词组是名词性偏正词组，由"非公募 + 基金会"构成；"非公募"又是个名词性偏正词组，"非"是否定副词；"公募"是动词性偏正词组，由"公 + 募"构成。将"非公募基金会"拆卸可得四个基本词汇，可见该词的复杂。并且，该词组是否定性表述，它没有从正面规定组织的特性，而是从反面规定组织不得从事何种行为，如同"非营利"概念"天生的语义模糊"一样（税兵，2010）。"非公募基金会"作为组织名称的模糊与结构复杂带来两方面问题：一方面界定不易，该组织的特性究竟为何？另一方面是否定不力，非公募否定的究竟是何种行为类型？

症结在于，围绕"非公募基金会"的争论可能陷入概念游戏，而法律上的概念却并非仅仅只是一个名字。法律是调控共同体以形成秩序的规则集合，概念是对具有相同功能、目的规则的抽象与简化，"我们已经看到概念形成的方法和目标，即寻找我们对其有认识之兴趣的对象的共同特征"（齐佩利乌斯，2013：5）。概念是以相应法律制度为依托的理论结晶。但是概念作为抽象思维的反映与成果，一旦完成则易于遮蔽其赖以形成与依托的制度基础。所以，当我们完成了抽象，并不满该抽象时，我们应该回到的是制度。制度法学者称，"并不是'合同'、'条约'、'竞赛'或'比赛'这些概念的本身存在。这些概念是通过传统和规则才使之具有意义和可以理解的……制度——概念是与特定的规范体系相对存在的，而且决定在该体系中存在什么样的制度的可能性"（麦考密克、魏因贝格尔，2004：16）。

从非公募基金会的研究来看，概念得到了极大的强化，而制度本身被有意无意地忽略了，其表现形式就是对基金会、公募与非公募基金会、公募权概念的热烈讨论，而已有的法律制度是如何规范的、不合理性是什么、改进方案如何设计则无人问津。或许有观点会反驳，认为非公募基金会只是一个纯粹的人工词汇，对其的讨论基于词语本身已经充分。只是，词语都是人类认识的产物，以"失业"为例，这也是晚至19世纪末才由学者所创设出来并衍化为体系性的保障与救济制度（瓦格纳，2011：142~143）。回到语言哲学，对语言的研究有两个面向，一是作为人工语言的"理想语言"，二是一般性的自然语言。在法律领域，这两个面向是相互影响的，"在理想性语言方向，哲学家的任务是将语言净化，在规则性语言方向，语言有相反的任务，要将哲学净化"（考夫曼，2004：173）。这里对语言研究的路径判断用于非公募基金会再贴切不过了，也就是说即使是源自理论设计的词汇，其也需面向制度实体寻求基础。

以同样作为组织体的公司为参照，法律对组织的规定一般分为设立、运行、终止三个环节，这也是法人生命历程的体现，法律另需设定责任以保证规则的执行。在不同种类组织相对存在的场合，如公司分为有限责任公司与股份有限公司、基金会区分为公募基金会与非公募基金会，通过上述几个环节体现出不同组织间的区分才具有理论深度与说服力。换言之，主体差异就奠立于这些具体而微的区别之上，这就是概念与制度的关系。以设立、运行、终止、责任四部分为标准，我国现行法规对非公募基金会的规定不但过于简单，甚至有空缺之处。以公募基金会与非公募基金会的区分作为前提检视我国现有立法，则可以发现：（1）在设立上，公募基金会与非公募基金会的设立条件未有实质性差异，《条例》第8条区分两者之处仅在于成立时的原始基金。姑且不论原始基金本身的合理性，单就公募与非公募区分而言，原始基金完全不具有区分功能，能否公募不取决于原始基金的多寡。事实上，民政部对基金会设立时所使用的《基金会章程示范文本》并不做出区分，只是在具体条文中稍有区别。可见在设立之初，两者的区分就被模糊，区分的理性基础未得到有效阐明。（2）运行阶段的区别过于简单。《条例》对公募与非公募基金会的运行区分主要就体现在理事任职条件（第20条）与公益事业支出比例（第29条）上，美国法中涉及私人基金会的自我交易、超额持股限制、税收政策的区别在我国都付诸阙如。（3）缺乏两者的转换机制。

因为设立条件含混不清，所以本应具备的非公募基金会与公募基金会组织形态转化条件与程序缺失。非公募基金会如何转为公募基金会完全委诸于行政机关的自由裁量，这在壹基金的案例中得到体现。相互转换制度的空白影响较大，它割裂了两种主体类型，制造出对立，使得整个制度僵硬而缺乏灵活性。（4）责任缺失。法律的生命在于强制执行力，否则就转为道德说教。非公募基金会如有违公募禁止，《条例》的责任不过是给予警告、责令停止活动，情节严重的，可以撤销登记（第42条）。对涉及公共利益与大量财物募集的违法活动，这种处罚过于轻微，并无威慑力，也不能体现出行为与责任的对等。可以看出，《条例》虽然将基金会区分为公募与非公募，但并未在非公募基金会的制度建设上做出体系性设置，更多的是对行政化的公募基金会的制度固化。这是造成非公募基金会主体特征不明显，成立理由不充分的根源。

考夫曼称"所有的法律概念，都会充满'规范性的精灵'"（考夫曼，2004：150），脱离了具体规范的概念无从证明自己的正当性。"非公募基金会"作为组织类型不能只局限于概念层面的争论，而应深入制度内里，进行结构的搭建与完善。未来的制度完善可考虑从如下方面着手：（1）在类型上，非公募基金会与公募基金会不应解读为私与公的区分，更不能成为固有体制的延续。法律应明确两者的区别，在设立上采用不同的做法，可考虑对公募基金会采用许可制，而对非公募基金会采用准则制，以放宽非公募基金会的准入门槛，创设出开放的慈善组织集合。（2）法律应界定募捐并设计相应规则，引入商业劝募人，从而使公募基金会的行为规则明晰起来，同时为非公募基金会设立行为边界。这有助于对非公募基金会的违法行为做出认定并设定法律责任。（3）设计两种基金会的转换机制，消除两种基金会间的隔阂，建构有机的组织类型体系。（4）设计适合于非公募基金会的制度构成，如借鉴、吸收美国的相关规定。

耸立于结构完整、内容合理的有机体系之上的非公募基金会才是自足的，这也是应对质疑之声的正确方向。

（三）非公募基金会的类型价值

制度建构的是非公募基金会的"体"，而非公募基金会的最终归依是价值正当性，这是"神"。以现代社会组织发达作为背景，非公募基金会因独有的功能成就了慈善组织的类型完整性。

现代化是对传统的击碎，家庭、种族等血缘组织趋于瓦解，在世界各地皆如此。城市化、工业化将人积聚到城市中，人的存在表现为原子化，"广泛的人类群体在纯粹的简单的城市生活中趋向分散"（哈布瓦赫，2005：121）。某种意义上，宗教改革、人文主义对应增强的就是人的原子化趋势，人被解放的同时也就有了孤立的可能。但另一方面，人类通过组织来对抗这种不断被抛出传统的离心力，市民社会、结社自由反映了另一种努力方向。正是在现代化的过程中，组织成为主角，政治领域的民族国家、经济领域的公司与合伙、公益领域的基金会等几乎同时登上舞台。以美国为例，理查德·布朗将独立战争的后果归结为"人格和社会的现代化"（布朗，2008），这里人格实际所指的是组织体的崛起。他发现，"在19世纪的最初几十年里，美国人组织了成千上万的机构以致力于五花八门的目的"，既有利他的公益组织，也有利己的、以提供公共服务为内容的公司，两者都成功了，"现代的目标和动因在激烈的竞争中把公众的利益与个人的发迹完全结合在一起了"（布朗，2008：90）。美国的路径其实具有普遍性，它只是在较短的时段中浓缩了组织支撑现代社会的历史过程。在社会科学领域，国家、市场、社会的三分法逐渐成为常识，而每个领域都是以组织为主体。基于人类历史不断发展、预设的"社会有机体"观念，成为解释现代社会的主流理论。从社会进化理论的早期代表——斯宾塞开始，社会的有机构成就意味着主体类型的多样化，"一开始社会群体的异质性在数量和程度上都不显著。但随着社会人口的增多，分工和亚分工越来越多，越来越明确"（狄肯斯，2005：21~22）。这一表述体现了斯宾塞对社会构成的典型理解，即一个社会需要有异质性主体，异质性主体的多寡是判断社会为简单社会还是复合社会的标准。涂尔干将现代社会界定为"有机团结"，基础在于主体的功能分化与相互依赖，其异于传统社会之处在于"新的组织结构替代原来的环节结构，使以往在'环节'之间相互分离的个人也日渐在实际生活中被联系在一起。这就是新型的组织社会"（高丙中，2006）。功能各异的组织体取代了全能型家庭成了个人的归宿，这可能是不同流派社会学家都能够承认的事实。

与社会学相呼应，法律主体类型的增多成为共识，并且组织与非组织的边缘趋于模糊。组织类型的扩张同时出现于传统的民事与商事领域。就民事领域而言，市民社会的建立直观表现为组织的涌现过程，基金会、社会团体、极富中国特色的民办非企业单位已由相应法规颁发了准生证，但仍有大量的民间组织处于非法状态。对商事主体，王利明教授总结，"从世界民事立法来看，现在呈现公司和合伙形态多样化的发展趋势，公司和合伙的类型越来越多"（王利明，2007）。传统民法所持的自然人与法人的主体二分法不断受到质疑与挑战，以合伙为代表的组织冲击着法人的制度边界，主体地位实际已得到确认。较之确定的组织类型的冲击，组织与非组织的边界模糊是对法律主体制度更大的挑战，最为明显的就是信托制度。信托与公司等商事组织都具有资产分割功能从而具有可替代性，而我国并不认为信托是主体，由此金融领域借助信托开展了一系列创新，并获得了极大成功。在历史上，"信托在推动商事组织形式的演进过程中扮演了重要的角色"（李清池，2008：242），有理由相信它在我国也将发挥同样的功能。组织类型的增多源自社会功能的细分，故而，目的范围不同的组织被创设并组成有机的社会整体。除此，支撑组织成立的因素还有：（1）管理革命。单纯人员与物的集合并不足以成立组织，如同微型的社会，组织的成立需凭借管理。从泰罗开始，管理学成为专门学科，在静态方面对组织结构、运行程序、人员选拔等方面做出了规范分析，在动态方面构建了绩效考核的评估体系。重要的是，管理学成果具有普适性，明显的例证是公司治理结构对政治分权学说的借鉴，同时又影响、塑造着现代公益组织。（2）信息技术。信息传递的可能与便捷是决定组织规模的重要外部条件，公司成立的特许制、许可制与准则制的模式变迁后即有信息技术的功绩。这在慈善组织中尤为明显，公募基金会的成立与运行需要有效的信息体系的配合，包括登记信息、募集信息、资金运行，信息不仅要易得，更要可靠。（3）法律制度。经济学家所理解的组织不过是"生产要素的所有者之间配置风险"的不同形式，则"合约，分成制，合作社，公司，保险，公共社会安全计划"就具有可通约性，从而可以流动（舒尔茨，1994）。但正是作为制度的法律赋予了组织以主体地位，构筑了经济长期发展的基础。对于组织体而言，法律制度分为直接规定组织形态的法律与辅助性法律，前者易于理解，而后者同样不可或缺。非公募基金会正是因为缺少如关于募捐、税收等辅助性法律制度而受到质疑。

面对不断增长的组织，法律面临的问题是类型的划分与各类型之间的关系整合，对此的解答是功能视角与有机体系。任何一类组织体都可依据不同标准做出不同分类，形成细分的种类，法律只能依其中之一种分类做出规范。这意味着不同分类方式之间存在竞争关系，并且这种分类的非唯一性也造成了具体类型法定化后的不足。以公司为例，在公司法制定之时，有学者质疑公司形态两分法，"中国《公司法》破天荒地将公司分成有限责任公司和股份有限公司，使外国人难以明白，因为有限责任公司和股份有限公司事实上是一回事"（杨光斌，2005：264）。在现行公司分类制度运行了二十年后，王保树教授对公司类型又提出改进意见（王保树，2012）。细究公司法的分类，可以发现与公募基金会、非公募基金会相似的逻辑理路：股份有限公司作为一种类型，主要目标在于控制股份募集；有限责任公司则扮演了激活民间投资的角色。

故而，一种组织类型被法律固定下来的原因在于该组织类型的功能契合了时代的要求，"在既有的多种特征组合中，我们选择哪一种来形成我们的概念，是一个合目的性问题"（齐佩利乌斯，2013：6），这是对非公募基金会价值正当性的最终回答。（1）在显性层面上，切断了公募可能的非公募基金会具有封闭性，从而对公共利益造成损害的可能性降低，这种封闭性又可满足个人或企业实施具有个性特征的慈善行为的需求。它实现了一种个人愿望发展与公共利益之间的平衡。这种与有限责任公司如出一辙的功能对应的是经济发展之后个性化的公益通道。（2）在潜在层面上，基于我国政府及社会公益供给不足、现有公益供给低效的现实，非公募基金会更具有时代价值。非公募基金会的价值体现在对于慈善组织有机体的形成上。合理的慈善组织应由合理分类的异质性组织构成，各组织间的功能相互区分，但在整体上又相互配合以满足社会。一个必须注意的事实是，正因为有了非公募基金会，公募基金会的存在才具有价值，募捐的管制才具有意义，否则基金会的分类系统将不复存在。从系统有机性来判断，缺乏非公募基金会的慈善组织类型显然不是一个良性的发展结果，也不是现有社会条件可支撑的结果。（3）非公募基金会的正当性也在于其符合我国法律制度发展的趋势与设计。对于主体制度的理想状态，民法学家江平教授建议，"我们要制定一部开放型的民法典，而主体地位和资格的开放应该是整个民法典成为开放型的基础"（江平，2003）。开放、多元成为民事主体制度改革的导向，这是给不同的社会潜在需求以制度出口。如果组织类型多样并存，则非公募基金会所彰显的就不是限制募捐，而是为社会提供了一种可供选择的组织类型。即使从发展的角度看，它可能并不永存，却不能否认其在当下所具有的价值与意义。

总之，在我国社会建设的当下及未来相当长的时期内，被制度摒弃公募职责的非公募基金会作为主体类型对于公益组织体系的完善具有重要价值，它将释放我国社会中特定主体的慈善意愿，构筑出良好的慈善生态。值得关注的是，非公募基金会的完善方向在于制度体系的架构而不是单纯的词汇争论。

四 结语：主体制度的重构

语言哲学家认为：要制定出一种摆脱依附于平常用法的一切情感价值的逻辑语言是困难的（辛普森，2008：218）。"非公募基金会"作为一个人造词可为该判断提供最好的例证：一方面，它的否定式结构带来了内涵的不确定；另一方面，它又不可能完全脱离语境，无论从制定者可依凭的资源，还是后来者的解读都是如此。公益募捐所具有的道德优势将非公募基金会作为一种主体的正当性置于岌岌可危的地步。本文的分析表明，对非公募基金会的讨论应从名称进入制度，论证与重构非公募基金会的主体地位将是体系性任务。

在对非公募基金会的研究中，民事主体制度提供的制度资源非常稀薄，民事主体理论对公益法人所能提供的支撑相对有限。在民法庞大的体系中，非公募基金会属于财团法人的属概念。财团法人属于法人概念的最高抽象。拉德布鲁赫认为法律有三个最高目的：个人主义的、超个人主义的与超人格的，可分别对应法人理论中的拟制说、实在说与目的财产说。仅仅财产的集合就具备法律人格的财团概念超越了法人理论中拟制说与实在说的争论,"财团法人的概念将法律人格的理念发展到了极致"(胡岩,2011)。从另一方面看,以财团法人检验民法,可反衬出民法主体制度的理论基础薄弱与体系不周延。民法体系对法人的包容力一直不强,这深刻地源于民法的规范原型为自然人,萨维尼论道"法律人格(权利能力)是在每个个人的意义上被表达的"(漠耘,2012:208),这可视为民法历史路径的另一种表达。故而简单移植了自然人权利能力、行为能力、责任能力体系的法人理论并不能有效解释现实,如公司的经营范围属于权利能力还是行为能力?作为法人的发源地,《德国民法典》"缺少对法人的一般性规定……导致了德国法中对法人学说贯穿整个二十世纪乃至现在仍未终结的含混不清"(托马斯·莱赛尔,2001)。毫不奇怪,主要的法人制度都是在民法典之外发展起来的,"民法中的法人理论基本上是对公司理论的概括"(徐国栋,2007:266)。对于公益性的基金会来说,民法主体制度更显陌生,这从民法的语源可得一窥。民法应为"市民法",而市民的基本属性是以交换为常态的经济人。日本神田秀树教授依据功能将私法整理为三种类型:个别交易法、市场法与组织法(薛夷风,2011:3),私法围绕着交易行为展开。民法的经济人假设在我国《合同法》中的表现非常醒目,买卖合同为其他合同的一般援引对象,而无偿性的赠与合同不但规定较少,并且易于陷入与主流规定相矛盾的境地。公益法人——非公募基金会如同一面镜子照出了传统民事主体理论与制度的缺失。

实际上,"主体就是自然人"是近代以来社会科学的基本假设。恩斯特·卡西尔所言的"人对自己的知识"(卡西尔,2006:3)不但是知识的起点,也是知识的终点。"经济人"假设的大行其道是自然人形象雄霸天下的最好展示。在此思潮之下,民法对组织持有一种冷漠的态度。即使在法人本质争论以后,学者认为"法人只是一种社会产物,由于法律使它可能形成独立于各个成员的意思的'总意思',也可能通过为它设置的个人('机关')而活动"(拉伦茨,2003:181),从中不难看出法人的虚无性以及法律对法人的主宰地位。及至现代,民法秉持平等价值对法人作用颇为警惕,相应问题被表述为"法人主体对自然人主体的欺压"(王春梅,2011:197)。薛军在综合了个体主义与团体主义之后,强调的是人的伦理价值（薛军，2012：218～219）。

现代社会不能否定自然人的基本地位，法律价值取向也应坚定保护自然人，但这并不意味对组织的熟视无睹，甚至是否定与排斥。如果法律需要保持与社会的融洽，从而有效发挥调控功能，它就不能忽视组织。组织是现代社会必不可少的组成，正如帕森斯所指出的，组织"为我们实现那些仅凭个人力量根本不可能实现的目标，提供了重要的机制和手段"（斯科特，2010），在这个意义上，现代社会应归功于组织，甚至将国家、公司与非营利组织所主导的现代社会称为"组织社会"也不为过。

在具体的组织体的分类与规制上，我国未来法律应以营利为标准（李政辉，2012）。将营利内涵的判断扩张到所有的主体，并将各主体各安其位地归属于国家（政府）、公民社会与市场，采用单一标准将极大地提高制度效率。该种改革建议并非完全的理论构想，以日本为例，其以营利作为区分概念的改革已初具雏形，"总之，《公司法》和《一般法人法》的制定，使得日本的法人制度形成了营利法人和非营利法人的基本分类"（神作裕之，2009）。

在以营利作为区分标准之后，非公募基金会归属于非营利组织，从而可以借助于非营利组织的一般性规定，并集中力量发展独特性的规则，从而在非营利组织内获得完整的规则体系。这当然是法律发展的绝好机会。可是以自然人为本位的法律体系似乎尚未转型，这才有了上文所分析的现象，即非公募基金会的组织名称存在但制度内容没有充分发展。以组织为规制对象，则有机的组织类型的设置、组织运行配套制度的建构等方面都对现代法律提出了巨大的挑战，这是一项系统工程。对于法律而言，这是一场势在必行的转轨。毕竟，由君主、雇佣兵队长、红衣主教、廷臣、哲学家和巫师等个体组成社会的文艺复兴时期已经一去不复返了（加林，2003）。

参考文献

〔美〕爱德华·希尔斯（2009）：《论传统》，傅铿、吕乐译，世纪出版集团、上海人民出版社。

〔英〕布赖恩·辛普森（2008）：《法学的邀请》，范双飞译，北京大学出版社。

〔德〕彼得·瓦格纳（2011）：《并非一切坚固的东西都烟消云散了：社会科学的历史与理论一探》，李康译，北京大学出版社。

〔英〕彼得·狄肯斯（2005）：《社会达尔文主义——将进化思想和社会理论联系起来》，涂骏译，吉林人民出版社。

北京师范大学中国公益研究院（2012）：《走向现代慈善：2011 中国公益事业年度发展报告》，北京师范大学出版社。

〔德〕恩斯特·卡西尔（2006）：《论人：人类文化哲学导论》，刘述先译，广西师范大学出版社。

〔日〕夫马进（2005）：《中国善会善堂史研究》，伍跃，杨文信，张学锋译，商务印书馆。

〔日〕沟口雄三（2011）：《中国的公与私·公私》，郑静译，生活·读书·新知三联书店。

高丙中（2006）：《社团合作与中国公民社会的有机团结》，《中国社会科学》，（3），第 110 ~ 123 页。

〔美〕霍菲尔德（2009）：《基本法律概念》，张书友编译，中国法制出版社。

〔英〕杰弗里·塞缪尔（2012）：《认识论与比较法：来自科学与社会科学的贡献》，载〔比〕马克·范·胡克：《比较法的认识论与方法论》，魏磊杰、朱志昊译，法律出版社。

基金会中心网编（2012）：《中国基金会发展独立研究报告（2012）》，社会科学文献出版社。

江平（2003）：《制定一部开放型的民法典》，《政法论坛》，（1），第 3 ~ 8 页。

〔德〕卡尔·拉伦茨（2003）：《德国民法通论》（上），王晓晔等译，法律出版社。

〔德〕考夫曼（2004）：《法律哲学》，刘幸义等译，法律出版社。

〔德〕莱因荷德·齐佩利乌斯（2013）：《法哲学》（第六版），北京大学出版社。

〔德〕鲁道夫·冯·耶林（1994）：《为权利而斗争》，胡宝海译，载梁慧星主编《民商法论丛》（第 2 卷），法律出版社。

理查德·布朗（2008）：《现代化：美国生活的变迁 1600 ~ 1865》，马光译，世界知识出版社。

李本公（2004）：《以规范管理促进基金会健康发展——民政部民间组织管理局局长李本公答记者问》，《中国民政》，（4），第 32 ~ 33 页。

李永军（2011）：《我国古代公益募捐事业若干问题研究》，《广西社会科学》，（12），第 94 ~ 98 页。

刘太刚（2009）：《非营利组织及其法律规制》，中国法制出版社。

李政辉（2012）：《论作为基础区分概念的营利》，《法学论坛》，（4），第 59 ~ 64 页。

李清池（2008）：《商事组织的法律结构》，法律出版社。

吕鑫（2011）：《慈善募捐的自由与限制——美国经验的启示》，《浙江学刊》，（4），第 144 ~ 152 页。

〔法〕莫里斯·哈布瓦赫（2005）：《社会形态学》，王迪译，上海世纪出版集团。

马昕（2004）：《非公募基金会及其管理体制研究》，《中国民政》，（6），第 40 ~ 41 页。

民政部政策法规司编（2009）：《中国慈善立法课题研究报告选编》，中国社会出版社。

漠耘（2012）：《主体哲学的私法展开：权利能力研究》，法律出版社。

〔美〕尼尔·麦考密克、奥塔·魏因贝格尔（2004）：《制度法论》，周叶谦译，中国政法大学出版社。

〔意〕欧金尼奥·加林主编（2003）：《文艺复兴时期的人》，李玉成译，上海三联书店。

潘芝珍、殷航（2012）：《募捐不再只姓"官"民间组织获公募权》，《新快报》4 月 27 日，A27 版。

秦晖（2007）：《变革之道》，郑州大学出版社。

〔日〕神作裕之（2009）：《一般社团法人与公司法人——营利性与非营利性》，许长帅译，载梁慧星主编《民商法论丛》（第 42 卷），法律出版社。

税兵（2010）：《非营利法人概念疏议》，《安徽大学学报》（哲学社会科学版），（2），第 109 ~ 116 页。

〔德〕托马斯·莱赛尔（2001）：《德国民法中的法人制度》，张双根译，《中外法学》，（1），第 26 ~ 35 页。

陶传进、刘忠祥编著（2011）：《基金会导论》，中国社会出版社。

T. W. 舒尔茨（1994）：《制度与人的经济价值的不断提高》，载〔美〕R. 科斯、A. 阿尔钦、D. 诺斯等《财产权利与制度变迁——产权学派与新制度学派译文集》，上海三联书店、上海人民出版社。

〔美〕W·理查德·斯科特（2010）：《制度与组织——思想观念与物质利益》，姚伟、王黎芳译，中国人民大学出版社。

王保树（2012）：《公司法律形态结构改革的走向》，《中国法学》，（1），第 106 ~ 116 页。

王春梅（2011）：《民事主体的历史嬗变与当代建构》，人民出版社。

王利明（2007）：《我国民事主体制度的发展》，《中国工商管理研究》，（3），第 18 ~ 21 页。

王名、贾西津（2003）：《基金会的产权结构与治理》，《经济界》，（1），第 40 ~ 45 页。

薛军（2012）：《批判民法学的理论建构》，北京大学出版社。

薛夷风（2011）：《民商事组织形态法律制度的研究》，法律出版社。

夏勇（2004）：《权利哲学的基本问题》，《法学研究》，（3），第 3 ~ 26 页。

徐国栋（2007）：《民法总论》，高等教育出版社。

徐永光（2012）：《公募基金会改革转型：困境与创新》，载杨团主编《中国慈善报告（2012）》，社会科学文献出版社。

杨光斌（2005）：《制度的形式与国家的兴衰——比较政治发展的理论与经验研究》，北京大学出版社。

杨鹏程（2003）：《中国古代赈灾研究——以湖南为例》，《阴山学刊》，（4），第 70 ~ 74 页。

杨岳、柴梅（2003）：《我国基金会管理及其法律环境的现状和近期发展》，《中国民政》，（10），第 25 ~ 26 页。

张文（2003）：《两宋赈灾救荒措施的市场化与社会化进程》，《西南师范大学学报》（人文社会科学版），（1），第 124 ~ 130 页。

中国民政统计（2005）：《中国民政统计年鉴 2005》，中国统计出版社。

中国总会计师（2010）：《壹基金陷入慈善体制困境》，《中国总会计师》，（10），第 167 页。

周致元（2007）：《明代的赈灾制度——以凤阳一府为例》，《安徽大学学报》（哲学社会科学版），（4）。

周致元（2007）：《明代荒政文献研究》，安徽大学出版社。

朱卫国（2007）：《理念的转换和制度的创新——评析〈基金会管理条例〉》，《中国非营利评论》（第一卷），社会科学文献出版社。

庄发琦、王梦婕（2011）：《中国慈善基金会"去行政化"势在必行》，《中国青年报》8 月 12 日，第 3 版。

Marsh, T. D. (2003), "A Dubious Distinction: Rethinking Tax Treatment of Private Foundations and Public Charities", 22 *Va. Tax Rev*, p. 143.

Private Foundations：A Legitimate Form of Charitable Organization？

Li Zhenghui

【**Abstract**】As a relatively new phenomenon to China, the

private foundation (lit: "non public offering seeking foundation") is currently facing questions over its very existence as a legitimate form of charitable organization. On closer inspection of the origins of the private foundation in China, it becomes clear that this is the product of a combination of the logic of history, the reality of the present, and influences from abroad. As a key concept differentiating between types of foundation, the "seeking of public offerings" is not a right but an obligation. The current problem with private foundations is in that there is an overemphasis on conceptual issues while the system itself is overlooked. The solution to this problem is to build a more sound system characterized by greater clarity. From this, an organic system of charitable organizations can take shape. The very fact that we are hard pressed to draw on existing theory to support the notion of the private foundation reflects the necessity of reforming the current legal system.

【Keywords】Private Foundation (non public offering seeking foundation); The Right to Seek Public Offerings; Subject; System

NP

(责任编辑: 陈洪涛)

企业家培育社会企业的动力和策略研究[*]

——基于福州蓝丝带社会企业的探索性案例

徐 正　朱晓红　林志刚^{**}

【摘要】社会企业已经成为解决中国社会难题的一种新型组织形态，而公益创投则是培育社会创新的有效方法。本论文聚焦于企业家孵化的创新，提炼出企业家运用公益创投方法培育此类社会企业的初步理论假设。为了更加深入地探讨企业家的创新举措，文章使用了一家扶持青年创业的社会企业"福州蓝丝带商务会展有限公司"的案例来阐述可能存在的因果关系。文章最后得出了三个理论假设。一是解释了企业家愿意发起社会企业的原因：志愿文化和志愿者网络培育了企业家的主体性，使得企业家从志愿者转变为公益项目的主导者，从而升华为社会企业家。二是探索了企业家运营社会企业的策略：在社会企业的起步阶段，他们倾向于首先尝试尽可能多的发展方式，然后选出最合适的业务模式。三是企业家运用社会企业来连接商业和公益的网络，社会企业在这种生态系统中更加容易生存，

---

* 本研究得到清华大学 NGO 研究所、创新与社会责任研究中心的资助。

** 徐正，清华大学公共管理学院创新与社会责任研究中心博士研究生；朱晓红，华北电力大学社会企业研究中心主任，教授；林志刚，清华大学公共管理学院创新与社会责任研究中心博士后，副教授。

生态系统也变得更加稳定。

【关键词】 社会企业　公益创投　孵化培育　志愿者网络

一　研究背景

近几年，公益领域的两种创新尤其引人注目，其一是社会企业对传统慈善运营方式的变革，社会企业是现代公益视角下的一种组织类型，它将商业模式创新与公益创新紧密结合，同时追求可持续的发展模式（杨艺，2012）；其二是公益创投对传统基金会资助模式的创新，它借鉴了企业风险投资的经验，可以弥补非营利组织在资金和能力建设上的不足，赋予非营利组织更加可持续发展的能力（吕纳，2012）。社会企业和公益创投有一个共同点，即它们深受企业家或企业家精神的影响，通过借鉴企业的做法来改革传统的公益模式。如果要探索这两种复杂现象的本质，我们不妨把目光聚焦于企业家群体。本论文关注这样的企业家群体，他们运用公益创投的方式培育社会企业，并试图回答：企业家在公益创投中的创新动力何在？他们运用何种策略达到预期的效果？他们如何挖掘商业网络和公益网络的潜在资源？

与社会企业的讨论热潮（如乜琪、李勇，2013）相比，学者对公益创投的研究才刚刚起步。在现有的文献中，讨论公益创投概念和模式的文献占据了主要的部分。综合各类文献，由公益创投产生的社会企业一般具有三个特点：第一，这类社会企业由企业或基金会投资成立，由专门的经营团队运营；第二，投资方不仅出资协助成立社会企业，还"提供综合的专业服务、建立密切互动的伙伴关系、培育社会组织可持续发展的能力"；第三，社会企业的利润一般要回馈给特定的公益组织或项目（官有垣，2007；刘新玲、吴丛珊，2011；Jain & Monika，2012）。在界定概念的基础上，莫尼罗依据慈善家对投资结果的期望，绘制了"慈善的回报期望连续统"。传统的基金会处于连续统的左端，他们期待投资的社会回报，但是不对受助者的组织能力进行投资；风险资本家处于连续统的右端，他们期待投资得到经济上的回报，他们和投资对象进行交流，鼓励进行能力建设上的投资，建立评估体系，从而控制风险；公益创投位于中端，它又可以细分为几个更小的类别，总体来说，随着投资者从投资的社会回报转向经济回报，他们的期望就越能够得到衡量，他们的投资行为就会出现更多的参与、支持和评估（莫尼罗，2010）。

总体来看，文献对企业家在公益创投初期中的动力和有效性等问题的关注较少，而这些问题对社会企业的成功都至关重要。

二　研究方法和数据来源

本文采用案例研究的方法。根据 Yin 的界定，案例研究是探索难以从所处情境中分离出来的现象时采用的研究方法（Yin，2009：11），探索性案例研究被看作是进一步的社会研究的（而非只是其他案例研究的）前奏（Yin，2009：13）。案例研究适合于研究新的领域，适合于探索"为什么"和"如何"等问题。

国内由企业家发起社会企业的案例并不多见。我们选择福州蓝丝带的案例，主要是因为该案例对提炼企业家如何培育社会企业的假设有所帮助。该案例符合这些标准：（1）社会企业的所有发起人，共十位，都是企业家，他们运用社会投资的方法，并协助经营团队来发展社会企业；（2）发起人已经在基金会提供了八年的志愿服务，该社会企业也已经成立三年，因此有足够多的素材和证据来提炼理论假设。

研究使用了多样的数据来源，包括：参加一次由蓝丝带承办的会议，感受蓝丝带的服务；参加 YBC（中国青年创业国际计划）福建的奥运冠军代言发布会；进行 YBC 福建办公室主任访谈（共 3 次），YBC 福建导师访谈（7 次，包括李老师、林老师、吴老师、陈老师、许老师）；列席工作例会（1 次）；蓝丝带工作人员访谈（3 次）；参观和访谈了蓝丝带帮扶的青年吴为健和他的"海上农场"（1 次）（见表 1）。其他材料包括：YBC 福建的早期研究报告，媒体报道，最近三年的年度总结材料；蓝丝带的年度报告和下一年度计划材料。

表 1　访谈列表

単位：次

访谈对象	访谈数量
五位发起蓝丝带的企业家	7
海西基金会主任	3
蓝丝带总经理和两位管理者	5
一位创业青年	1

三　案例描述

在论文的案例描述部分，主要介绍两家解决青年创业难题的组织——福建省海西青年创业基金会（以下简称"海西基金会"）和它孵化的蓝丝带社会企业。中国也和其他国家一样，面临着失业率较高的社会难题。国内外经验表明，鼓励青年创业是解决青年失业问题的有效手段，有助于促进经济发展和维持社会稳定。然而，创业并非易事，虽然我国20%的青年具有创业潜质，但是青年创业企业的存活率只有3%。如何有效帮扶处于失业、半失业或待业状态的创业青年，提升青年创业的存活率，以创业带动就业，是21世纪中国解决青年就业与创业问题的关键（谷丽萍，郑凤勤，2011）。为此，海西基金会和它的企业家志愿者们探索出了新的方法。

（一）福建省成立海西青年创业基金会，运用公益方法扶持青年创业

为了探索青年创业的新模式，2005年，福建团省委决定将YBC扶持青年创业的项目引进福建，并在三年后注册成立了"福建省海西青年创业基金会"。YBC是中国青年创业国际计划（Youth Business China）的简称，它坚持公益的理念，为创业青年提供以下帮助：（1）提供无利息、无抵押、免担保的创业启动资金借款；（2）招募企业家等人作为导师志愿者，在青年创业的每一个阶段提供咨询培训和"一对一"陪伴式导师辅导；（3）传递和分享商业经验，引导青年进入互助式的创业商网。

截至 2012 年底，海西基金会在全省范围内吸引了 1030 名活跃的企业家成为志愿者，这些志愿者为创业青年提供了数以万计小时的志愿服务，累计扶持青年创业企业 428 家，青年创业企业存活率高达 92%。

在扶持青年创业方面，海西基金会除了采取 YBC 的统一扶持模式外，还根据福建自身的特点，探索了一些扶持青年创业的创新做法。企业家以志愿者的身份加入基金会，成为扶持青年创业的导师，他们为基金会建立了健全的培训体系，引入了 ISO 9001 质量管理体系，还发起了"蓝丝带"社会企业。下面，重点分析"蓝丝带"的案例。

（二）海西基金会的企业家导师发起"蓝丝带"社会企业，运用商业方法解决青年产品销售难题

初创期的青年面临的最大挑战之一就是产品的销路问题。初创企业的规模小、产量少、资金量小，如果没有能力做好销售，企业就很难继续存活，这也是各国青年创业存活率很低的主要原因之一。

YBC 福建办有一个导师俱乐部，导师们比较活跃，经常聚会和讨论这些问题，有的地方的做法是把青年产品推荐给导师，但是这种做法是偶然的，往往难以持续。如何帮扶青年提高销售就成为福建导师团队思考的问题。恰逢此时，福建导师团队读到了尤努斯的新著《企业的未来》①，非常有启发，因此，导师们决定发起成立一个社会企业，帮助创业青年搭建销售平台，使得创业青年货真价实的产品进入这样的平台，从而一步步将青年领进商业网络。2010 年 11 月，10 位企业家导师发起人共同出资 50 万元注册成立了"福州蓝丝带商务会展有限公司"（以下简称蓝丝带）；2012 年底，蓝丝带董事会吸纳了 2 名新的导师，形成了现在的董事会规模。

蓝丝带的团队由董事会和经营团队组成。其中，董事会由发起蓝丝带的企业家导师组成，目前共有 12 名成员，其创业经历涉及生物科技等

---

① 根据访谈录音，导师提到尤努斯的《企业的未来：构建社会企业的创想》出版于 2011 年，晚于蓝丝带的成立时间。因此，此书疑为《新的企业模式：创造没有贫困的世界》（穆罕默德·尤努斯著，鲍小佳译，中信出版社，2008 年 10 月第 1 版）。——笔者注

10 多个领域。董事会与经营团队没有人员上的重合。表 2 介绍了发起人的基本情况。

表 2　蓝丝带发起人企业家的基本情况

类别	基本情况
企业家人数	10 人(2010 年) + 2 人(2012 年)
对蓝丝带的投资	人均 5 万元
志愿服务的平均年限	5 年
商业实践的平均年限	15 年
企业家的专业领域	生物科技,法律,汽车,投资管理,教育,个人护理和服务,房地产,能源,农产品和农资供应,国际贸易,市场营销

蓝丝带的经营团队包括 5 名全职员工和 1 名兼职会计。其中,全职员工包括总经理(同时兼任培训主管)、商务主管、产品销售总监、产品销售专员和行政出纳人员(详见图 1)。

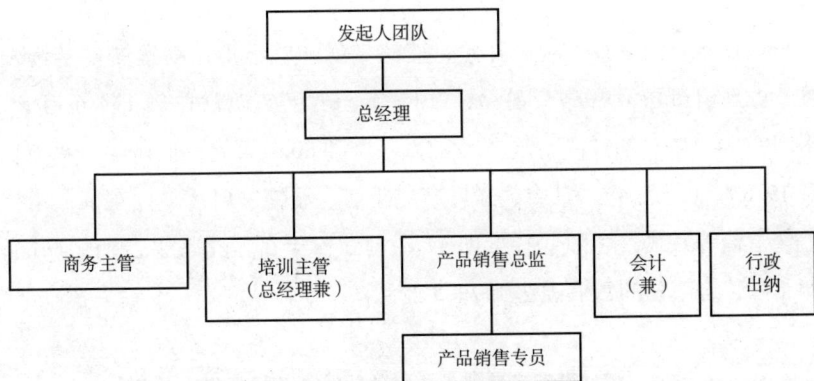

图 1　蓝丝带董事会和经营团队结构图

2011 年和 2012 年是蓝丝带开始运行的两年,蓝丝带开始在以下四个业务领域探索自身发展的道路:协助创业青年销售产品、组织商务考察、组织导师俱乐部活动、提供创业培训服务。表 3 介绍了蓝丝带的四项业务领域。

表 3　蓝丝带的四项业务领域介绍

业务领域	业务介绍
搭建青年产品销售平台	蓝丝带面向 YBC 导师、导师所在的企业、导师居住的社区,提供销售服务,开发企业礼品、员工福利及日常消费的市场,推广和销售创业青年的产品。
商务考察	蓝丝带对接全国各地 YBC 办公室以及 YBI 成员国*,组织商务考察,分享各地辅导青年创业以及导师队伍建设的经验,同时促进各地导师企业间的交流学习。
YBC 福建企业家导师俱乐部活动	蓝丝带作为 YBC 福建企业家导师俱乐部秘书处,组织商务酒会、户外郊游、主题沙龙等丰富多彩的活动。让导师们在感受轻松与愉快的活动的同时,实现互动交流、资源共享。
培训服务	对接 YBC 企业家导师团队的培训资源,承办面向导师的"导师第一课"和面向青年的"创业 MBA"等各类创业培训,与 YBC 大家庭一同探讨帮扶青年创业的规律与模式。

　*YBI 是 Youth Business International（青年创业国际计划）的简称,由英国查尔斯王子基金会在 2000 年成立,网络成员遍及全球 35 个国家。

　　从财务方面来看,从一开始,蓝丝带就能够维持自身运转并持续发展,做到自负盈亏并略有盈余。2011 年,全年实现营业额 179.6 万元,毛利率 14.1%;2012 年,全年营业额下降到 80.4 万元,但是毛利率增长到 19.8%（见表 4）。其中,通过产品手册、展销、短信邮件营销、年货整合营销等方式,导师们共帮助 47 位创业青年在蓝丝带平台销售产品,两年间,这部分的营业额达到 79.5 万元。

表 4　蓝丝带的主要业务和财务状况（2011～2012 年）

单位: 万元, %

业务模块	2011 年		2012 年	
	营业额	毛利率	营业额	毛利率
协助创业青年销售产品	65.7	6.8	13.8	18.9
组织导师开展商务考察	77.1	10.6	9.2	14.4
组织导师开展俱乐部活动	8.4	32.4	6.8	34.4
提供创业培训服务	28.4	34.9	50.6	19.0
总　计	179.6	14.1	80.4	19.8

进入 2013 年之后，蓝丝带开始收缩它的产品线，专门聚焦于搭建创业青年销售平台的努力。一方面，蓝丝带集中主要精力搭建一个从线上到线下（Online-to-Offline）、对接双方需求的销售平台，让消费者能够通过"线上订购、线下提货"的方式，便捷地享受到放心优质的产品。这一销售平台具备了诸多的竞争优势：首先，海西基金会扶持的创业青年能够提供许多特色的农产品、工艺品和其他商品；其次，企业家以及他们所在的住宅小区和商业企业也有很大的市场需求，遍布福州的企业家和创业青年的实体店面都有可能成为产品的提货点；最后，在蓝丝带的公益品牌下，大家更加信任彼此。另一方面，前两年的尝试表明，蓝丝带在商务考察等方面没有核心的竞争优势，比如说，2012 年国庆期间，蓝丝带组织了 YBC 福建导师"香格里拉行"活动，导师们参观了 YBC 丽江办公室和迪庆办公室，与当地导师和青年展开交流，寻求在旅游、旅游地产和矿业等方面的合作，这种商务活动虽然非常个性化和定制化，但是要比旅行社组织的商务考察花费更多。因此，从 2013 年起，蓝丝带主攻产品销售平台，在其他几个业务模块上主要配合基金会的活动安排。

（三）蓝丝带社会企业追求经济目标和社会目标的平衡

作为一家社会企业，蓝丝带追求经济目标和社会目标的平衡。所谓经济目标，是指公司按照市场的规则进行运作，先要维持企业的生存和可持续发展；同时，员工工资要有竞争力，能够吸引和留住人才。所谓社会目标，蓝丝带"扶持帮助 YBC 资助的创业青年个人和企业成长，创造就业机会，舒缓就业难的社会问题"，以"是否符合社会责任标准，是否符合 YBC 公益文化理念"作为确定公司主营业务方向的标准。①

作为社会企业，蓝丝带董事会成员承诺永不分红，但是蓝丝带的利润分配兼顾公益的目标和员工的激励。具体来说，企业利润的 30% 用作经营团队的绩效工资，用于激励员工努力工作，从而更好地实现经济目标；其余 70% 则捐赠给福建海西青年创业基金会，并设立蓝丝带专项基金，用于扶持青年创业的公益事业。同时，为了保证蓝丝带不偏离公益

---

① 参见福建海西青年创业基金会、中国青年创业国际计划（YBC）福建办公室《2011年度"蓝丝带"社会目标效果评价报告》，2012 年 2 月 8 日。

目标，蓝丝带邀请独立第三方对蓝丝带的社会目标效果进行评价，并发布专项审计报告，从而获得社会的认知和认可。

四　分析和讨论

基于对文献的回顾和对上述海西基金会和蓝丝带社会企业解决青年创业问题案例的分析，我们将进一步回答以下三个问题：企业家如何成长为社会企业家，即企业家成立社会企业的动力何在？他们为什么能够通过社会企业来解决问题，或者说，他们运营社会企业的策略有哪些？最后，社会企业如何与环境互动（尤其是和基金会、企业互动），从而获得更加稳定的发展？

（一）志愿文化和志愿者网络促成社会企业家的诞生

我们提出的第一个问题是：企业家如何逐渐成长为社会企业家，或者说，他们主动成立社会企业的动力来自哪里？一般认为，社会企业家是比企业家或公益者更高的层次。比如，王名和朱晓红认为，"社会企业家……在社会企业的实践中达到了一种高于市场经济的境界，也达到了一种高于通常意义上的公益的境界"（王名、朱晓红，2010）。但是，王名和朱晓红并没有指明从企业或公益达到社会企业家具体的路径。林志刚等（2012）指出，通过从事志愿服务实践，企业家可以转化为社会企业家。这种说法很可能是对的，但是，他对从志愿者到社会企业家转变过程的描述不够具体，以至于我们无法解释为什么还有那么多其他的志愿者没有转变为社会企业家。

我们的研究表明，在志愿者和社会企业家之间还存在一个阶段，叫作公益项目的主导者。换句话说，社会企业家的一种成长路径可以表述为：企业家首先成为公益项目的志愿者，然后转变为公益实践的主导者，最后升华为社会企业家（表5）。我们访谈了五位蓝丝带社会企业的发起人，他们都有一个共同的经历：他们原来都是成功的企业家，在经营企业之余偶尔从事慈善行动，比如，为自然灾害捐款；后来，他们加入了海西基金会的志愿者群体，更加持久地投入到扶持青年创业的志愿服务当中，甚至成为公益实践的主导者；最后，他们发现还可以用自身的商业经验进一步帮助青年成长，于是成立社会企业来解决创业的社会难题。这一结论还得到了 DSI（探索社会创新）团队负责人刘玄奇的佐证，他将公益创业者划分为类似的成长阶段。①

表 5　从志愿者到社会企业家的转变

身份	特　征
志愿者	企业家被介绍到公益项目当中，以公益的方式帮助青年创办企业；企业家在公益项目中互相结识。
公益项目主导者	企业家在创业评审过程中决定是否以及如何帮助青年创业；企业家帮助海西基金会制定规章制度(如在基金会导入 ISO 9001 质量管理体系)；在自我净化的志愿者网络中，企业家彼此成为好朋友。
社会企业家	企业家发起蓝丝带社会企业，用商业的方式协助青年的企业销售产品；企业家大方、合理地使用志愿者网络的资源，助力蓝丝带社会企业的成长。

　　我们会进一步问，是什么因素促成了企业家从志愿者到公益项目主导者再到社会企业家的转变？在蓝丝带的案例中，企业家将扶持青年创业的工作当成自己的事情加以重视，他们不是消极地参与，而是积极地投入到公益事业当中。访谈表明，背后的推动因素可能包括两个方面：倡导平等、自由、开放和互爱的志愿文化；自我净化的志愿者网络。

1. 志愿文化

　　导师志愿者将公益之事当成自己的事情加以重视，这种主体性扎根于 YBC 的文化，YBC 的公益理念激发了导师志愿者的志愿精神。福建的企业家将这种志愿精神描述为：平等、自由、开放和互爱。因为这一志愿精神，福建的导师们在参与志愿扶持青年创业的活动中，感受到快乐，建立了信任，实现了自身的价值。

　　这种志愿文化具体表现为：（1）平等。平等是指导师志愿者在参与

---

　　① 刘玄奇，展示材料，2013 年中国公益创业周发布会，北京：工人体育馆，2013 年 3 月 25 日。

YBC 活动中的身份、地位平等。无论导师的职务和身份的高低，他们在YBC 都能得到一视同仁的对待，他们拥有同一个称呼：志愿者。（2）自由。自由是指导师志愿者自愿、主动参与到 YBC 扶持青年创业的活动当中。因为自由，导师志愿者可以力所能及地贡献自己的时间、经验、技术等各种资源，而不会感到压力和胁迫，更不是行政摊派；因此，导师参与志愿活动也更加积极。（3）开放。开放是指 YBC 的志愿平台面向所有志愿者开放。可以有新的企业家、政府官员和学者加入 YBC 的志愿大家庭，成熟的导师志愿者可以成为核心导师，大家都可以为 YBC 的发展贡献自己的想法和资源。（4）互爱。互爱是指 YBC 大家庭成员之间的相互爱护。YBC 的成功之处，在于为企业家提供了实现个人价值的平台。每一位导师都经历过筚路蓝缕的创业历程，他们既体会过创业的艰辛，也了解成功的企业家可以为社会带来的贡献。相比其他人群，企业家导师更懂得如何去扶持创业，他们也更加关心创业青年。同时，YBC 倡导青年对导师的感恩，并鼓励青年在成为成功企业家之后，也加入导师志愿者的队伍，扶持更多的创业青年。

YBC 福建企业家的志愿精神来自 YBC 福建的"基因"，福建的 YBC 项目虽然由福建团省委牵头引进到福建，但是团省委只是引导者，企业家才是整个公益项目的主导者。相比于其他某些地方的项目办公室，YBC福建的行政色彩较淡，企业家十分活跃。这就是福建企业家能够发起社会企业、实现社会创新的一个原因。

2. 自我净化的志愿者网络

志愿者网络的公益性质也是确保导师志愿者主体性的必要条件，因为只有在以公益扶持青年创业为目标的网络当中，导师志愿者才有可能为着公益目标持续地付出，才能发起社会企业，而不是商业公司。从案例的情况来看，海西基金会的志愿者网络保持着公益的性质，其原因在于导师志愿者的社会网络可以实现良性循环。具体来说，招募具有公益心的人士成为 YBC 的导师；导师之间经常互动，不断自我净化，共同为着纯粹的公益目的而贡献各自的力量。归根结底，基金会的成功在于这些机制恰当地处理了公益目的和商业意图之间的关系。

基金会在招募导师志愿者的时候就考虑到了导师的公益性。不少企业家是经过导师志愿者的推荐而加入的，这些企业家往往是"有公益心、有爱心、有责任感和有能力，并且是基于对 YBC 认同，不是为谋取个人利益而参与进来"的人。他们因为信任朋友（导师志愿者）而信任整个 YBC 的志愿工作网络，而且由于这种推荐，他们也可以更快地融入这个网络中来。

当然，新导师在进入志愿者网络之初，难免带着一些商业目的。但是，当新导师看到这个圈子的志愿者都在纯粹地做公益，比如，在创业计划书的评审会上，老的导师会引导新的导师将话题集中在讨论青年的创业计划上面，而不是只顾谈论自己的生意。只有在自我介绍的环节，导师才会谈起自己经营的生意，在其他时间，导师们谈论的是如何更好地扶持青年创业。这样，新的导师也开始主动屏蔽自己的商业意图。

实际上，公益性的"志愿者网络"背后有一个更加深层的问题——导师应该怎么对待公益行为背后的商业意图？调研表明，大部分导师志愿者在公益扶持青年创业的活动中不带有商业目的，但是"福建又恰恰是导师之间业务往来合作最多的（一个省份）"。这种看似矛盾的现象背后蕴藏着一个简单的道理："在商不言商。"大家因为公益的目的而进入这个社会网络，又在纯粹践行公益服务的过程中建立信任、产生友谊，那么，在公益之外，网络中的企业家开展商务合作，生意自然而然就来了。

就在这样一个纯粹的志愿者网络中，企业家们不断讨论着如何帮扶青年创业的话题，将自身的经验和智慧投入到公益事业当中，最终，几位核心导师萌生了创办社会企业的想法，并付诸实践。

因此，我们得出了第一个假设：

Proposition 1. 志愿文化和公益网络培养了企业家的主体性，使得企业家将公益的事当作自己的事来看待，并促成企业家从普通的志愿者成长为公益项目的主导者，最终成为社会企业家。

（二）企业家使用尝试的策略来保障创新的有效性

在分析企业家发起社会创新的动力之后，我们将进一步分析：企业家如何确保社会创新的有效性？早在 1997 年，莱茨等人发表了有关公益创投的开创性文章《美德资本》，他们指出，为了寻求更加有效的慈善资助模式，基金会开始向商业创投学习经验，包括：主动承担并控制创业的风险、注重那些能够促进长期发展的绩效考核、投资者和创业机构形成紧密的工作关系、投入足够的资金、双方维持数年的合作关系、有明确的退出策略（Letts et al.，1997）。那么，除了上述几点，面对初创期的社会企业，企业家有没有运用一些独特的策略？

调研发现，除了莱茨等人所说的六种做法，企业家导师在蓝丝带的发展初期还使用了反复尝试（Trial and Error）的策略。也就是说，在蓝丝带的最初两年，它同时尝试了以下四项业务：（1）青年产品销售；（2）商务考察；（3）导师俱乐部活动；（4）培训服务。到 2012 年下半年，导师发现，蓝丝带在组织商务考察和提供培训服务两个方面没有特别的竞争优势，比如说，商务考察的营业额从 2011 年的 77.1 万元急剧减少到 2012 年的 9.2 万元。由于蓝丝带在商务考察方面的利润率较低，在提供创业培训方面人手不足，因此在 2013 年，它准备维持原有的业务量，而不再扩张这两方面的业务。相反，经过两年的尝试，蓝丝带逐渐摸索到了建立青年产品销售平台的门道，而且在 2012 年底，蓝丝带的发起人邀请了在电子商务和市场营销方面具有丰富经验的导师志愿者林熙明老师，并请林老师直接担任蓝丝带的执行董事。所以，从 2013 年起，蓝丝带的主要精力将投入到建设一个"从线上到线下"的电子商务平台上来。

对比企业家在解决其他问题时的表现，我们发现，"反复试错"是他们在创办社会企业时独有的做法。在企业家解决他所熟悉领域的问题时，他并不使用尝试的策略，而是使用"借鉴成熟经验—发挥资源优势—建立规章制度"的策略。举企业家为基金会引入 ISO 9001 质量管理体系的例子，2009 年，导师发现在基金会中，青年创业项目的审批周期太长，青年还款的效率较低，李凤老师很快就想到要借鉴企业当中质量管理的做法。李凤老师不仅想到了解决方案，还请了中质协质量保证中心福州审核中心的高级审核员赵铭老师，请他为基金会提供相关的帮助。2012 年，基金会获得了中质协质量保证中心颁发的

ISO 9001：2008认证证书，从此建立了规范管理和持续改进的工作制度。最后，基金会的面貌有了很大的改观，审批创业项目有标准可以遵循，审批速度也更快了，同时，青年的还款比例从2009年的67.4%提高到了2011年的80%。

为什么创办社会企业需要运用"反复试错"的策略？原因是，虽然企业家在商业领域具有丰富的经验，但是，蓝丝带扶持青年创业的做法既区别于商业创业，也有别于传统的工作整合型社会企业（Work Integration Social Enterprise），没有成熟的套路可以遵循。同时，"反复试错"也是摸清市场需求、不断进行创新的做法。因此，尤其在探索业务模式的最初几年，组织适合采用尝试的策略，找到商业和公益的最佳结合点。反复尝试的策略也印证了文献的说法，比如Dees把社会企业家比作"社会的学习实验室"，他们发展、测试并提炼出解决社会问题的创新方案（Dees，2011）。

此外，"反复试错"也存在弊端，而蓝丝带则设法规避它所带来的负面影响。"反复试错"意味着组织要投入更多精力去尝试更多未知的业务领域，这对组织来说是有风险的，因为，此时组织尚未形成清晰的远景规划，组织的结构和人员都处在变动当中，而一旦所尝试的业务失败，前期的投入将化为泡影。所幸，蓝丝带努力降低了"反复试错"带来的负面影响。在2011年和2012年，蓝丝带形成了两项比较稳定的业务，即提供培训服务和开展俱乐部活动，它们每年都能为蓝丝带带来12万元人民币左右的利润。到了2013年，有了稳定的业务作为支撑，蓝丝带才将主要资源投入到搭建青年产品销售平台上面。先求稳，后求新，这是蓝丝带的经验。

因此，我们认为：

Proposition 2. 即使企业家有很丰富的商业经验，但是在社会企业发展的最初几年，他们也要先探索尽可能多的发展方式，然后再从中选择出最适合的业务模式。

（三）企业家营造社会企业的生态环境

社会企业的发展离不开政府、企业、基金会等大型机构的支持。布鲁克斯表明，在社会创业初期，慈善机构的捐助和政府的补贴对社会企业尤为重要，因为这个时期机构没有什么可赢利的产品（布鲁克斯，2009）。社会企业需要的远远不止是资金，它需要依靠多种资源来实现它们的目标，包括销售产品、获得公共财政的支持和获得志愿者的资源（Gardin，2006）。杰夫·摩根则进一步认为社会创新需要蜜蜂和大树两方面的联盟，因为蜜蜂"行动迅速而富有弹性"，而大树"创造力有限，但是却在执行力、持久力和使得事情发生的根基方面占有优势"（Mulgan et al.，2007）。

然而，在中国，处于成长初期的社会企业面临诸多的挑战。一方面，社会企业家精神并没有得到足够的关注和社会支持，不少人认为社会企业不过是打着公益的旗号来赚取利润，因此，社会企业没有得到政府的政策优惠，它在与普通企业竞争的时候也承受着额外的社会成本。另一方面，创办社会企业也是创业的过程，就像很多创业故事所描述的那样，新的组织非常容易在启动的前三年陷入发展的瓶颈，因为从萌发创业的点子到探索出一个成熟的商业模式，中间需要很多资源的支持，而目前，国内对创业初期的社会企业的支持并不充分。

那么，蓝丝带是怎么解决发展初期面临的挑战的呢？研究发现，从蓝丝带的诞生之日起，企业家就将它嵌入到了公益与商业的生态系统当中，无论是海西基金会还是企业家所在的商业网络，都在支持着蓝丝带的成长。蓝丝带在这种多样的生态环境下更容易存活。

蓝丝带在一开始就与海西基金会建立了非常良好的合作伙伴关系，两者的职能相互补充——基金会用公益的方式去扶持青年创业，蓝丝带用商业的手段扶持青年创业，可以形成帮扶的合力。具体来说，基金会和蓝丝带的相互支持表现为以下两个方面：

第一，蓝丝带是由导师发起、由基金会孵化的社会企业。蓝丝带是十位核心导师志愿者在长期志愿实践的过程中发起的接力扶持青年创业的社会企业，这些导师用丰富的创业经验来指导蓝丝带的初期成长。基金会在蓝丝带成立的最初几年，给予了蓝丝带很大的帮助，包括让蓝丝带承接基金会的内部培训、论坛等活动，为蓝丝带带来业务。

第二，蓝丝带成长之后，将成为基金会的造血机构。未来的蓝丝带将给基金会带来稳定的收入来源。蓝丝带的导师发起人规定，蓝丝带利润的 70% 将回捐给福建海西青年创业基金会。如今，在基金会的收入结构中，约 30% 的收入来自政府拨款和购买服务，约 70% 来自企业捐赠——这两种收入来源都具有一定的波动性。如果蓝丝带发展壮大，或者成立更多的社会企业，那么，它们将给基金会带来更加稳定的资金来源。实际上，基金会还将成立更多的社会企业，包括树叶网、八方人才等机构，可以可持续地达成扶持青年创业的公益事业。

蓝丝带也在试图连接导师的企业和青年的企业，形成一个更大的商业网络。它尝试利用企业家志愿者所在的企业资源，来支撑创业青年和蓝丝带自身的发展。就如蓝丝带的发起人所说，他们成立蓝丝带的目的之一，就是"要大大方方地利用这个资源"，要用它来协助创业青年更好地成长。比如，蓝丝带可以把创业青年的优质农产品、商务礼品推销给成功的企业家，它还利用导师和青年的实体店面，建立"从线上到线下"的销售渠道。同时，当创业青年的小企业成长之后，它也有机会成为导师企业的合作伙伴，实现互利共赢。

可见，蓝丝带和环境的关系已经超越了简单的联盟。蓝丝带已经开始连接基金会的公益网络和福建企业的商业网络，成为整个生态系统中的一员，从中汲取营养，并为它造血。整个系统也因为蓝丝带等多家社会企业的加入而变得更加可持续。因此，我们得出了新的假设：

Proposition 3. 企业家用社会企业连接起商业和公益的网络。在这个多样的生态系统中，社会企业更容易存活，整个系统也更加稳定。

五　结论

企业家在培育社会企业的过程中发挥了独特的作用，本论文用福建企业家发起蓝丝带的案例来阐释他们所扮演的角色。文章用三个假设归纳了在社会企业成立过程中，企业家、社会企业和整个生态系统发生的变化（图2）。假设1回答了企业家发起社会企业的动力机制问题，指出志愿文化和公益网络是培养企业家主体性的要素，它们促成了企业家从志愿者到公益项目主导者再到社会企业家的转变。假设2回答了企业家如何培育社会企业的策略问题，虽然企业家拥有很丰富的商业经验，但是也倾向于采用试错的策略来确定社会企业的业务模式。在假设 3 中，企业家将社会企业放到一个更大的生态系统当中，使社会企业连接起公益和商业的网络，如此一来，它不仅可以从中汲取资源，也可以为商业创造利润和为公益造血，从而提高整个系统的稳定性。

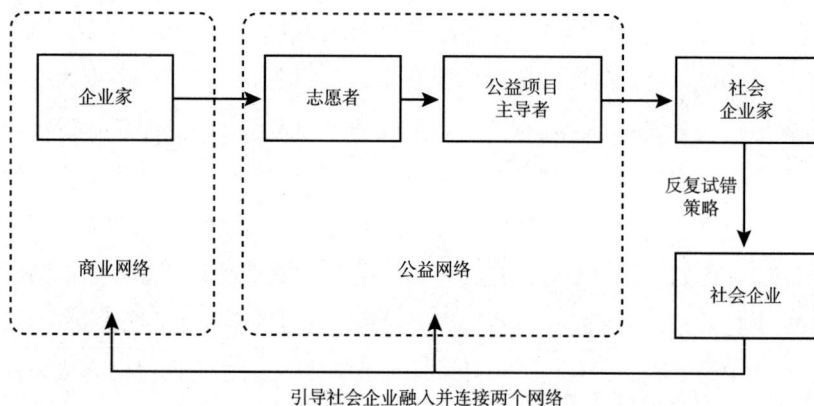

图 2　企业家培育社会企业、连接生态系统示意图

　　上述三个假设具有一定的理论创新性。比如，企业家在长期的公益实践中升华为社会企业家，这个可以丰富关于如何培育社会企业家的理论。再比如，文章为试错策略提供了一个鲜活的案例，这种策略尤其适合于通过公益创投方式成立的社会企业，因为这样的试错过程既需要投资者的深度参与和指导，又能够让年轻的经营团队在尝试的过程中提高业务能力。最后，不仅企业家志愿者作为个人可以填补公益网络和商业网络之间的"结构洞"①，而且社会企业作为一个组织还可以连接起两个不同的网络，而且是用商业的方式将两者连接，这就丰富了社会网络理论的内涵。

　　当然，本文的研究还是非常初步的，YBC 进入福建才八年，蓝丝带只有不到三年的发展历程，其他更多的社会企业也还在海西基金会的酝

---

① 结构洞是指两个关系人之间的非重复关系，参见伯特《结构洞：竞争的社会结构》，任敏等译，格致出版社、上海人民出版社，2008，第 18 页。

酿之中，我们的结论也只是以"假设"的形式呈现，有待进一步的"操作化"和更多数据的证实。

参考文献

〔美〕布鲁克斯（2009）：《社会创业：创造社会价值的现代方法》，李华晶译，机械工业出版社。

谷丽萍、郑凤勤（2011）：《扶持青年创业的社会创新——基于中国青年创业国际计划（YBC）的实践分析》，《青年探索》，（5），第 12 ~ 17 页。

官有垣（2007）：《社会企业组织在台湾地区的发展》，《中国非营利评论》，（1），总第 1 卷，第 146 ~ 181 页。

林志刚、徐正、朱晓红（2012）：《导师志愿者：社会企业群的引擎——以 YBC 福建导师志愿者工作网络为例》，第三届公益主题国际研讨会暨东亚社会企业国际会议，天津。

刘新玲、吴丛珊（2011）：《公益创投的含义、性质与构成要素》，《福建行政学院学报》，（4），第 31 ~ 35 页。

吕纳（2012）：《公益创投的本土实践分析》，《价值工程》，（24），第139 ~ 141 页。

〔美〕马里奥·莫尼罗（2010）：《美国公益风险投资运行概述》，《经济社会体制比较》，（4），第 135 ~ 142 页。

王名、朱晓红（2010）：《社会企业论纲》，《中国非营利评论》，（2），总第 10 卷，第 1 ~ 31 页。

仉琪、李勇（2013）：《社会企业：价值与未来——第三届公益主题国际研讨会综述》，《中国非营利评论》，（1），总第 11 卷，第 103 ~ 111 页。

杨艺（2012）：《现代公益视角下的社会企业探析》，山东大学硕士论文。

Dees, G. (2011), "Social ventures as learning laboratories", Vol. 20 (No. 1), *Tennessee's Business*, pp. 3 ~ 5.

Gardin, L. (2006), "A variety of resource mixes inside social enterprises", in Nyssens, M. (eds) *Social Enterprise: at the Crossroads of Market, Public Policies and Civil Society*, London and New York: Routledge, pp. 111 ~ 136.

Jain & Monika (2012), "Philanthro-Capitalism: Re-Modeling the Philanthropic Paradigm", Vol. 39 (No. 2) *Decision*, pp. 45 ~ 61.

Letts, C. W.; Ryan, W.; Grossman, A. (1997), "Virtuous capital: what foundations can learn from venture capitalists", Vol. 75 (No. 2) *Harvard Business Review*, pp. 36 ~ 44.

企业家培育社会企业的动力和策略研究

Mulgan, G. et al. (2007), "Social innovation: what it is, why it matters and how it can be accelerated", Young Foundation working paper (youngfoundation. org).

Yin, R. (2009), *Case Study Research: Design and Methods*, 3rd ed, Thousand Oaks, Calif. : Sage Publications.

The Motivations and Strategies of Entrepreneurs Who Turn Their Hand to Social Enterprises: An Explorative Case Study of Fuzhou Blue Ribbon

Xu Zheng, Zhu Xiaohong, Lin Zhigang

【Abstract】 Social enterprises have become one of the newer organizational forms to be tackling the tough social problems currently faced in China. Meanwhile, venture philanthropy has become an effective way to nurture social innovation. This paper focuses on the innovations of entrepreneurs, and attempts to develop the first steps towards a theory to explain the dynamics of the growth of this type of social enterprise. In a bid to gain further insight into the innovations of such entrepreneurs, the authors draw on a case study of "Fuzhou Blue Ribbon" (*Fuzhou lansidai shangwu huizhan youxian gongsi*) -a social enterprise aimed at supporting young people to set up their own businesses. Ultimately, the paper offers three propositions. The first attempts to explain the reasons behind the willingness of entrepreneurs to establish social enterprises, arguing that a culture of volunteerism and networks of volunteers cultivate an entrepreneur's sense of ownership for their philanthropic pursuits, thus encouraging their transformation from volunteer into a leader of philanthropic projects, then finally on to become a social entrepreneur. The second explores the strategies of entrepreneurs in operating social enterprises. This proposition posits that during the social enterprise's preliminary phase, entrepreneurs tend towards first attempting as many development paths as possible, only later selecting the most suitable model. The third proposition is that entrepreneurs use social enterprises to link up to both commercial and philanthropic networks. Within this kind of ecosystem, it is easier for social enterprises to survive, and in turn the ecosystem itself becomes more stable.

【Keywords】 Social Enterprise; Venture Philanthropy; Incubation and Cultivation; Volunteer Networks

（责任编辑：陈洪涛）

$\mathcal{NP}$

企业家培育社会企业的动力和策略研究

检视台北市非营利组织承接小区
照顾关怀据点之选择性策略

陈正芬　刘昱庆[*]

【摘要】随着人口老龄化日趋发展，老年照顾服务逐步成为
社会关注之议题。如何满足与日俱增的照顾服务成为各国长期
照顾政策探讨的重点。本文即是回顾台湾地区老人福利领域运
用购买服务契约推动各项服务的发展历程，并以 2005 年开始实
行的小区关怀据点为例，探讨台湾当局采取购买服务契约执行
过程，了解非营利组织最多的台北市政府在现有条件下，如何
鼓励各类型非营利组织加入小区关怀据点的行列，进而分析委
托单位与受托单位两者之间互动关系，期待为未来地方政府运
用或修正购买服务契约之参考。

【关键词】非营利组织　老年照顾服务　小区照顾关怀据点

一　前言

1993 年，台湾地区老年人口（65 岁以上）比率跨越 7% 的人口老龄
化门槛，2012 年的老年人口比率提高到 11.2%；人口老龄化现象将因第

---

* 陈正芬，台湾中国文化大学社会福利学系副教授；刘昱庆，台湾中国文化大学社会福
利学系研究生。

二次世界大战后出生的婴儿进入老年而日趋明显（"行政院经济建设委员会"，2012）。由于医疗科技的进步，老人的寿命不但延长，更因过去可能致命的疾病得以治疗而保存性命；但老年人虽然从疾病侵袭中存活下来，却有不少比例的老人在日常生活中需要他人协助。疾病的困扰加之年龄增长而引起的自然老化，促使老年照顾服务的发展成为社会关注之议题。如何满足与日俱增的照顾服务量即成为各国长期照顾政策探讨的重点，策略之一即是鼓励非营利与营利组织加入服务提供行列（Gibson et al.，2003；Pavolini & Ranci，2008）。

　　然而，检视台湾地区各项社会福利法令，皆未提及允许营利性组织介入社会福利的工作，也就是载明以由财团法人或社团法人登记的非营利性组织为主，例如《老人福利法》自1980年制定以来，明文规定所有老人福利机构皆需依非营利性质之财团法人方式设立,[①] 即要求老人养护机构将所经营之私人产业捐为公益法人之用途。虽上述规范在1997年《老人福利法》第一次修法后有所松动，特别融通允许50人以下小型机构在不对外募捐、不接受补助及不享受租税减免的原则下得免办理财团法人登记（陈正芬，2002），但小区式与居家式服务仍仅能由政府部门或非营利组织提供。

　　事实上，随着台湾地区社会快速发展，人们对于社会福利的需求日益增加，当地政府提供的福利范围也逐渐扩大，但台湾当局于1998年提出"政府再造行动纲领"，以塑造"小而能"政府为其口号，积极借由引进间接资源方式共同办理社会福利服务，掀起所谓的"社会福利民营化（privatization）风潮"，以公办民营（private management of public establishment）与政府向民间购买契约（purchase of service contracting, POSC，简称契约外包或契约委托，contracting-out）两类为主（刘淑琼、彭淑华，2008）。台北市开办第一家公设民营机构，系依《台北市政府社会福利设施委托民间专业机构办理实施要点》，于1985年委托第一社会福利基金会成立"博爱儿童发展中心"（林万亿，2006；黄源协，2001b）。社会福利民营化发展至今已30年，台北市现共有68家公设民营机构（见图1），居全岛之冠，其中老人福利服务设施委托的数量呈现逐年攀升的趋势。"内

---

① 1980年公布之《老人福利法》第11条规定："经许可创办私立老人福利机构者，应于3个月内办理财团法人登记。"

政部"随后于 1997 年颁布《推动社会福利民营化实施要点》,社会福利民营化的议题随即受到学术界及实务界的高度重视（林万亿,2006）。

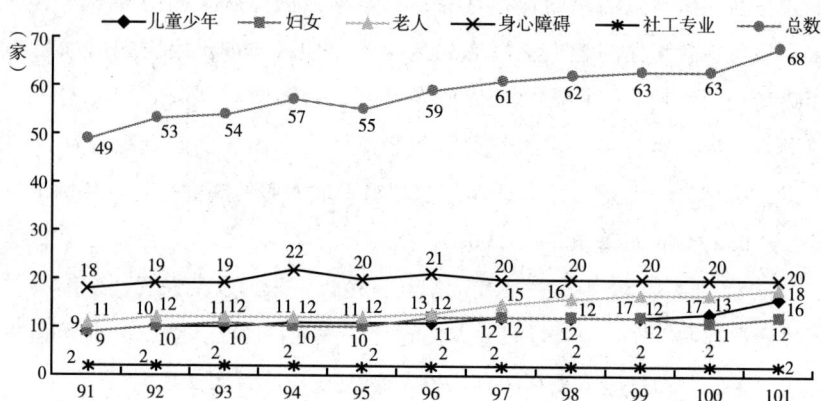

图1　台北市委托社会福利服务机构公设民营数量

数据来源：台北市政府社会局于 2002～2012 年十年间公设民营机构数量变化。

　　本文即是回顾台湾地区老人福利领域运用购买服务契约推动各项服务的发展历程,并以 2005 年开始实行的小区关怀据点为例,探讨台湾当局采取购买服务契约执行过程,了解非营利组织最多的台北市政府在现有条件下,如何鼓励各类型非营利组织加入小区关怀据点的行列,进而分析委托单位与受托单位两者之间互动关系,期待为未来地方政府运用或修正购买服务契约之参考。

二　文献回顾

（一）社会福利民营化与台湾地区发展历程之回顾

1. 台湾地区社会福利民营化的发展历程

　　民营化（privatization）一词首次由美国管理学教授 Drucker 于 1967 年提出,同年,身为纽约市官员的 Savas 也开始建议政府与民间公司签约,以民营化的实务政策来打破市政府的垄断政策,并以此来改善市政府的成本效能。民营化被界定为依赖社会民间机构来满足人们的需求,并减少对政府依赖的行为，民营化表现在生产商品、服务和拥有财产上，是一种降低政府角色及增加社会机构角色的行为。总而言之，政府部门和民间部门都承担着重要的角色，形成"公私合伙关系"（public-private partnerships），公私合伙关系可以界定为政府和私人部门之间的各种安排，也就是将一部分或传统上由政府承担的公共活动转移给私人部门来承担（萨瓦斯，2005）。

然而，"民营化"一词在20世纪80年代以后被广泛使用，但对其内涵的理解却有较大争议。Starr（1989）认为民营化的意义在于将政府的角色缩减，而政府原有的职能、服务与财务等转移至民间机构；或将民营化认为是由市场机制或完全价格来引导生产（Kent，1987）；或将民营化视为由"市场诱因控制"，以解除公共组织无诱因现象（Bailey，1987）。而现今民营化最广泛的定义，是指通过一系列改革行动，在公共服务、公共资产、公共基本设施等公共事务上，减少政府角色的行动，增加私人部门活动参与与资产持有的权利。换言之，即是将政府部门的功能或活动，部分或全部地移转至民间部门（黄源协，2001b）。随着社会福利支出比例不断扩大，已发展工业国家开始将"民营化"的概念注入福利政策与福利服务之中，希望能解决由政府公共部门提供福利所带来的问题（刘淑琼，1998；郑清霞等，1995）。

本部分将回顾台湾地区过去30年来实行社会福利民营化的历程（参见表1）。台湾地区社会福利民营化的方式可分为"个案委托"、"方案委托"与"公设民营"三种方式。研究者分别就三种民营化模式进行分析，希望深入了解社会福利民营化在台湾地区的建构脉络，从政府实行民营化政策的角度反思民营化对台湾社会福利之影响。

（1）政府与民间"个案委托"的福利输送模式

为解决失依儿童、老人、妇女、身心障碍者及精神障碍者的收容问题，台湾当局于1950年承接日治时期所留下的医疗、济贫、儿童福利、少年感化、出狱感化、公共住宅等机构，并建设公立育幼院、救济院以及集中平民住宅以扩大机构式的照顾，并于1955年9月颁布《台湾省奖助私立救济福利设施办法》，鼓励民间慈善团体办理及设置救济设施，以金钱补助或公开表扬作为奖励方式（林万亿，2006）。但面对庞大的社会福利需求，政府的资源始终供不应求，加上政府工作人员的照顾能力不足，所以政府开始将需要长期照顾的老人、儿童、身心障碍者及精神障碍者的个案转介至民间私立机构代为收容，也就是采取"个案委托"的福利输送方式（林万亿，2006；刘淑琼，2011）。但当时仅是政府针对民间机构收容老弱妇孺等弱势个案需求进行零散型的个案补助，此行为均为地方政府所自行规划办理，缺乏整体性之政策规划（黄源协，2001a）。

近年，地方政府透过个案委托方式为低收入老人购买机构式服务仍持续存在上述政策缺失。例如：各地方政府因应财政紧缩，不再自己兴建公立机构来担任服务供给者角色，开始向私立照顾机构与护理之家购买低收入老人所需的机构式服务；然而，即使各县市政府皆采取委托机构安置低收入户、失能老人费用补助办法，入住机构之费用由政府全额补助，唯涉及各县市政府财政状况不同，其编列的服务补助费用亦不尽相同；虽然长期照顾机构的收费标准亦因城乡、个案照顾密集程度或组织属性而出现显著差异，但政府购买机构式服务金额低于机构收费标准却是常见现象（官有垣、陈正芬，2013a，2013b）。针对台北市与新北市公费老人个案委托的研究显示：收费标准越趋近于公费安置补助之私立长期照顾机构，越有相对较高的公费安置占床率；接受政府补助设施设备与人数补助之财团法人长期照顾机构与医院附设护理之家接受公费老人入住比例却相对较低；显示个案委托的"价格"以及政府的"政策与规范"两个因素是关键影响因素。

（2）社会福利服务"方案委托"的契约模式

20世纪90年代，台湾陆续通过诸多社会福利相关法规，各项法规均要求各级政府大幅增加人力编制、经费预算与各项福利服务。为了达成法定各项福利服务，"内政部"于1983年颁布《加强结合民间力量推展社会福利实施计划》，明确各地政府推动社会福利工作，得以补助、奖励或委托民间合法社会福利机构共同办理，台湾当局将以对等补助方式，协助各地政府推动与民间机构合作的项目，此措施直接促成地方社会福利团体和社会福利方案的蓬勃发展（林万亿，2006）。例如台湾当局社会处于同年提出"台湾儿童家庭寄养委托实验计划"，该计划成为第一个政府委托民间社会福利机构办理社会福利服务之方案，由台湾当局与高雄市政府委托"基督教儿童福利基金会"（现为财团法人台湾儿童暨家庭扶助基金会）办理儿童家庭寄养业务之前期规划及专业人力训练，开启政府将福利业务委托民间办理的先例（黄源协，2001b）。此后，各级政府陆续将各类法定社会福利业务交由民间福利组织来执行，各县市从 1986 年开始，陆续出现"残障儿童日间托育"、"残障老人居家看护"、"老人在宅服务"和"儿童保护案件调查"等以政府资助，由民间机构办理的各种委托方案。各地政府除了执行"内政部"通过的社会福利委托民间办理的相关办法与规定外，也和民间组织以正式契约的方式将双方的期望、角色及财产归属等方面进行更明确的书面规范（林万亿，2006）。

随着方案委托逐渐成为台湾当局推行社会福利的主要策略，委托单位（政府部门）与受委托的服务单位之间的争议也陆续出现。例如官有垣与陈正芬（1999）分析了居家服务购买服务契约运作的过程与问题，认为虽然委托单位乃是基于生产成本相对低廉、增加政府分配资源之弹性、增加服务用户之自由选择、提供专业服务及多元化服务等诸多优点而采取购买服务契约方式提供居家服务，但当环境中缺乏一定程度竞争状态的福利服务供给市场，没有一定数量且能力足够的民间福利机构团体前来竞争，接受方案委托的单位多是政府部门长期的合作伙伴时，就会导致现有少数机构因承接政府委托的多项社会福利方案而不断扩张。考虑各县市社会福利受托单位发展不一的限制，官有垣与陈正芬（1999）建议，一方面，委托单位应适度调整委托对象之条件，限制服务单位接受委托方案之数量与项目，避免资源过度集中于少数团体；另一方面，亦应扶持新兴社会福利团体，鼓励其参与服务方案之委托，以达到方案委托在实务运作上产生原本预期的成本效益。

（3）社会福利机构"公设民营"的委办经营

累积"方案委托"经验后，台北市政府在 1984 年 6 月通过《台北市政府社会福利设施委托民间专业机构办理实施要点》，将原本属于政府的社会福利服务设施委由民间提供。1985 年，委托"第一儿童发展文教基金会"办理"台北市博爱儿童发展中心"，为台北市社会福利机构公设民营的第一例，开启了公设民营模式（薛承泰、黄文凤，2005；苏丽琼等，2005）。但在第一家"公设民营"机构在执行过程中遭遇土地房舍取得不易及小区民众反对的影响之下，台北市政府迟至 1991 年才完成第二家"心爱儿童发展中心"的公设民营委托案。自此，台北市政府陆续将社会局主管下之市有房舍以"公设民营"的契约委托方式，委托给登记有案的民间社会福利机构（林万亿，2006）。

尔后，"内政部"于1989年颁布《加强社会福利奖助作业要点》，明确政府补助民间办理社会福利业务项目增加，范围亦扩大。台北市为了达到委托过程的合理性，在1993年委托林万亿、吕宝静、曹爱兰等学者组成"政府委托民间办理社会福利法规研修小组"，完成《台北市政府委托民间机构办理社会福利服务》草案，明确政府委托民间机构团体办理社会福利服务的目的是提升社会福利服务效率和质量，积极推动民营化（江亮演、应福国，2005）。"内政部"也在1994年参考台北市所制定的办法研拟出《政府委托民间专业机构办理残障福利服务实施要点》，作为各地政府办理残障福利服务委托机构办理的依据。为了落实具体行动，"内政部"于1997年公布《推动社会福利民营化实施要点及契约书模板》，作为推动社会福利民营化的最高依据。2004年修正的《社会福利政策纲领修正》也同样强调以"公私伙伴关系"作为纲领制定的基本原则，宣示"公部门应保障人民基本生存、健康、尊严之各项福利；民间能够提供之服务，政府应鼓励民间协力合作，以公私伙伴关系提供完善的服务"，再次凸显动用民间资源，以伙伴关系引进民间部门仍然是台湾社会福利发展的常用策略（刘淑琼，2011）。另一方面，有鉴于社会福利民营化属于公共服务范围的相关法案，1999年通过施行的《政府采购法》以及2000年通过施行的《促进民间参与公共建设法》皆纳入民间参与社会福利设施兴办的相关办法。

然而，公共服务民营化政策下最受关注者莫过于公平的近用性（equal accessibility），也就是社会福利方案契约委托的本质固然是政府将服务的职能转向民间受托者，由民间组织接受政府委托提供服务；但当引进市场机制后，如何能持续保障所有合格的福利接受者皆能获得公平的福利使用权利，乃是政策需持续关注的重要议题之一。换言之，反对社会福利民营化的批评者担忧受委托单位倾向挑选较容易服务或较容易呈现绩效的个案，较困难或服务成本较高的个案将因此被拒绝于照顾与服务之外。刘淑琼与彭惠（2007）以台北市政府的公设民营少年安置机构为例，探讨了契约委托是否会造成某些特定个案，尤其是问题多元、复杂、慢性而最需要服务者只能得到较差的服务或甚至被拒于应得服务之外，形成"社福人球"。该研究显示，受托者在机构经营的财务考虑之下，依据实务经验与专业判断，确实摸索出以"最高专业服务费下的最少个案数"为最适收容规模；而各地政府主管机关在少年安置上的承诺与资源投入程度，也直接影响筛选个案发生的可能性，以及委托单位对筛案行为所能采取的行动。据此，该研究也建议，台湾行政当局应参考已发展国家在民营化潮流下出现的反向操作性策略，也就是保留一部分机构以公办公营方式执行，包括承受公办民营机构与一般私立社会福利机构无法收容处遇的个案，一方面可避免政府部门本身陷入"别无选择、勉强委外"，或坐视个案无处可安置的困境，另一方面亦可营造公私部门之间的良性竞争关系。

综上所述，台湾地区民营化的发展与模式，值得注意的是，政府委托社会福利的服务对象皆以非营利组织为限，以下将检视台湾非营利组织的类别、相关法规及其与政府合作关系等方面。

表 1　台湾社会福利民营化相关法规之历史回顾

年度	主管机关	民营化法规	民营化法规内容
1976	台湾"内政部"	当前社会福利服务与社会救助业务改进方案	1. 加强现有的社会救助设施，使孤苦无依者皆有所养。2. 企业机构团体及社会人士，积极参与兴办社会福利与救助事业。
1979	台湾"内政部"	当前社会工作改革措施	
1983	台湾"内政部"	加强民间力量推展社会福利实施计划	规定社会司为政策策划机关，各级政府社会局处为执行机关，也明定各地政府推动社会福利工作，得以补助、奖励或委托民间合法社会福利机构共同办理，台湾行政当局将以对等补助方式，协助各地政府推动与民间机构合作的项目。
1984	台北市政府	台北市政府社会福利设施委托民间专业机构办理实施要点	为各地政府执行购买式服务契约的范畴，开启公设民营的先锋。
1989	台湾"内政部"	加强社会福利奖助作业要点	政府补助民间办理社会福利业务项目增加，范围亦扩大。
1993	台北市	台北市政府委托民间机构办理社会福利服务办法	改善委托过程中的缺失，如：委托执行过程、审查公正性、权责关系、监督、绩效评量等获得改善。
1994	台湾"内政部"	政府委托民间专业机构办理残障福利服务实施要点	结合民间资源共同推展身心障碍福利服务，使身心障碍福利服务的民营化初步有法源依据。

续表

年度	主管机关	民营化法规	民营化法规内容
1997	台湾"内政部"	推动社会福利民营化实施要点	1. 为结合社会资源,委托民间共同推展社会福利服务。 2. 委托服务:政府不提供土地及建物,仅委托民间提供服务。 3. 公设民营:包括政府提供土地、建物及设施设备等,委托民间经营管理,提供服务。
1999	台湾"行政院"	政府采购法	法人或团体接受机关补助办理采购,其补助金额占采购金额半数以上,且补助金额在公告金额以上者,适用本法之规定,并应受该机关之监督。
2001	台湾"行政院"	行政院及所属机关推动业务委托民间办理实施要点	1. 调整政府角色及职能。 2. 活化公务人力运用,降低政府财政负担。 3. 善用民间资源,提升公共服务效率及质量。 4. 带动社会竞争力,共创公私协力新环境。
2003	台湾"行政院"	照顾服务福利及产业发展方案	1. 建立照顾服务管理机制,加强服务输送系统。 2. 引进民间参与机制,充实多元化照顾服务支持体系。

数据来源:黄琢嵩等 (2005),《社会福利团体承接政府公设民营服务之省思》,《小区发展季刊》,(108),第 147~154 页。

2. 台湾地区规范非营利组织的相关法规、类别与合作模式

台湾地区规范非营利组织的法源是民法,法律体系中并没有"非营利组织",或"非政府组织"等名词,该等概念见诸民法里面对"公益法人"的规范,而基金会则是一般对"财团法人"的代称。民法对"法人"的定义为:自然人以外,由法律所创设,可成为权利及义务主体的团体。非营利组织依据民法中以其设立的基础为标准,被区分成"社团法人"与"财团法人"两种类型。所谓"社团法人",是指以会员为基础的社会团体,并经法院核可,具有法人地位的组织,如各种协会、学会、促进会等，泛称"非政府组织"（non-governmental organizations，NGOs）。"财团法人"是指以基金组合，以此基金财富运用于公益慈善事业的基金会（foundations）。社团法人系结合"社员"的组织，组织本身与组成人员（社员）明确分离，团体与社员均保持其独立的主体性。团体的行为有机关为之，机关的行为就是团体的行为。社员通过总会参与团体意思的形成，并且监督机关的行为。团体的财产及负债均归属于团体，社员除应分担的出资外，不负任何责任（官有垣，2000；冯燕，2009）。

财团法人系集合"财产"的组织，为达成一定目的而加以管理运用，也就是说财团法人需有一定的捐助财产，按照捐助章程规定，设立财产管理人（董事），依特定目忠实管理该特定财产，以维护不特定人的公益并确保受益人的权益，在固定目的与组织下，维持财产的继续不变，不会因为人事变迁而影响财产的存在与目的事业之经营。财团法人种类很多，如私立学校、研究机构、慈善团体、基金会、寺庙等。图 2 可更清楚看出民法对非营利组织的分类（冯燕，2009）。

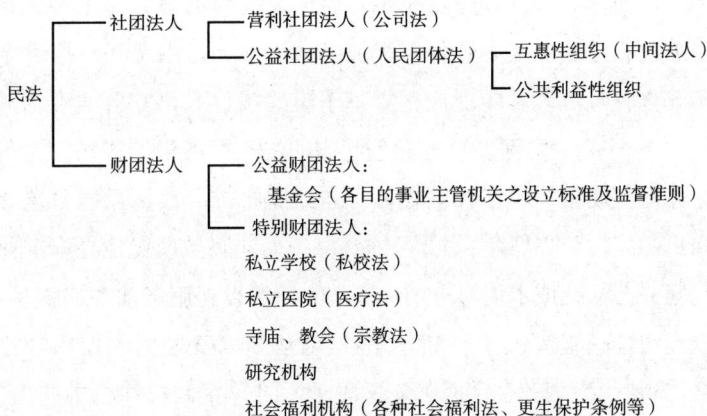

图 2　民法对非营利组织的分类（冯燕，2009）

更进一步来说，社团法人的法律规范以《人民团体法》为主要依据，其中将人民团体分为职业团体（如商会、农会与公会等）、政治团体（如政党）与社会团体（如协会、学会、同乡会等）三种。社会团体系以推展文化、学术、医疗、卫生、宗教、慈善、体育、联谊、社会服务或其他，以公益为目的，由个人或团体组成之团体。财团法人的法律规范系根据《民法》第 32 条及第 59 条，将对财团法人之许可及业务监督权限赋予财团目的事业行政主管机关，自得在其职权范围内，具体制定监督方式与不遵守监督时的处分方法，作为对其所管财团之监督准据（冯燕，2009）。

然而，民法与相关法规虽将非营利组织分为社团法人与财团法人，但事实上，政府向民间非营利组织购买各类社会福利服务时，各类非营利组织皆可成为被委托对象；仅有公设民营委托对象方局限于财团法人。例如《内政部推展社会福利补助作业要点》与《内政部推展社会福利补助经费申请补助项目及基准》规定，医疗机构、护理机构、医疗法人、老人福利机构、身心障碍福利机构、公益社团法人、财团法人、社会福利团体与照顾服务劳动合作社皆可成为老人福利服务的补助或委托之服务单位，但不包括未办理财团法人登记之机构。其中老人赡养机构或长期照顾机构的补助或委托对象仅以财团法人老人福利机构或附设老人福利机构之财团法人为限。

但不可讳言的是，政府委托民间提供社会福利服务有诸多优点，例如：增加政府分配资源之弹性、增加服务用户之自由选择、提供专业服务及多元化服务等。其前提应是立基于某些条件方可充分实现，其条件包括：（1）具有一定程度以上竞争状态的福利服务供给市场，方可确保竞争，亦可促使服务收费标准较低，亦即需要一定数量且能力足够的民间福利机构团体前来竞争；（2）针对每一福利服务项目建立标准化的社会福利服务指标及成本估算方式，以作为评量委托服务效益的评估依据，并建立契约管理制度；（3）周密的福利法规以及健全的福利专业人员（证照）制度，以规范福利服务输送质量；（4）民间福利机构的自主性、创新性及服务弹性不易因受到政府委托而有所扭曲；（5）在自由民主的社会下，民众充分了解其权利义务，政府部门建立明确的申诉渠道，以确保民众的权益不致在委托服务过程中被牺牲；（6）政府单位有足够的数据以证明续约或终止合约的正确性（苏昭如，1993）。问题是，倘若上述六项要件无法充分具备，政府部门与民间的互动关系将有截然不同的发展。分析上述六项发展条件可见，影响"委托单位"及

"受托单位"间互动关系的关键因素可归纳为"资源"（政府提供资源的多寡、受托者依赖的程度等）与"环境"（如相关规范的健全程度、委托单位的规划与监督能力、竞争者的数目、委托方案的性质、受托单位的专业程度与自主性等）两大因素；而这两大因素决定政府与受托单位间的关系是"资源互赖"的伙伴关系，抑或"资源依赖"的权力不对等关系。

形容委托单位（政府）与受托单位（非营利组织）之间互动关系最贴切者莫过于"资源相互依赖模型"（resource interdependence），又称"资源交互模型"。主张在购买服务契约执行过程中，委托单位提供受托单位所需的资源，非营利组织相对亦提供政府部门执行业务所需的资源（服务成果）。在此互动过程中，双方间的依赖关系将依据三个向度呈现不同样貌。一是资源的重要性，越重要者依赖程度越高。所谓重要资源是指组织运作、功能发挥与方案推动所需者；其程度又因该资源的可取代性、关键性而有不同，若一方舍弃该资源仍可正常运作，其资源重要性自然不高，对另一方的依赖程度亦有限。例如需要政府经费以维系单位稳定运作，或缺乏空间设备即无法提供服务，相对依赖程度即会升高。二是其他替代资源的可及性，可及性越低则依赖程度越高，相反地，若资源可从双方之外的另一组织获致，依赖程度就会下降。例如非营利组织可从其他渠道获致相同资源，或政府可选择另一单位提供服务，此时双方的依赖程度即会下降。三是驱使对方提供资源的能力，越能对另一方施加压力使之遵从者，依赖程度越低。例如政府可依其权责采取规约性质的奖惩手段，或非营利组织可通过组织结盟、游说民意代表等策略向政府部门施压时，依赖程度将相对降低（Powell & Steinberg，2006；刘淑琼，1997）。

具体言之，在缺乏一定数量且能力足够的民间福利机构前来竞争之前提下，政府若采取购买服务契约提供社会福利服务的做法，形同鼓励少数较具规模的机构扩张增长，相对更加压缩其他欲投入该服务的小型福利团体或地方型福利团体成长苗壮的机会；且在受托单位承办政府部门多项服务模式情况下，新接受委托的服务方案容易成为该委托单位扩大服务版图之工具，例如官有垣与陈正芬（1999）在分析各地政府委托不同类型的社会福利组织承接居家服务的状况时，即发现委托医疗机构所附设之基金会承办居家服务业务之后，其居家服务对象多为医院出院准备服务之个案，但回顾居家服务中心的服务对象，其应是以小区中失能个案为主，而非仅满足该承办单位出院个案之服务需求。另外，在居家服务中心为个案结合资源的成效评估上，医疗机构所附设的社会福利基金会结合的资源显然局限于受委托单位本身发展的资源，如个案转介的服务方案接受委托单位本身的连锁单位，例如转介到医院本身的公共卫生室、居家护理部门或糖尿病中心，甚少转介到小区中其他服务单位。据此，服务方案的委托，究竟是为促使民众获得较高质量的服务，抑或迫使服务网络支离破碎，有服务需求的个案却无法获得适切服务呢？此是委托单位必须深思之课题。

又如承办多项服务方案的财团法人基金会，除某一县、市政府委托该单位提供居家服务之外，行政当局亦与该单位有购买服务契约关系存在；但当各委托单位皆将服务方案委托单一基金会或社会团体执行时，似乎并未思考，该单位接受委托之业务量，是否已呈现过度饱和状态？其服务成果能否达到效率、效能与质量等各项服务指针？即使该单位有能力承办各层级政府委托之方案，但检视各委托单位委托业务间的联系情况，却又凸显各方案间横向联系不足之弊病，也暴露出该受托单位以同一批人力执行多项委托方案之"弹性"做法。综言之，上述情况正反映台湾地区社会福利资源分配的城乡差距，部分县市民间团体少而弱，在合格供应者有限情况下，以"购买服务契约"作为达成政策目标的策略，容易造成由少数大型民间组织承办居家服务支持中心之情况。而这究竟是意味政府部门充分运作已具基础之志愿服务组织，为规模经济与效率提供有利条件，并集中委托者"对话"的单位，降低管理成本；抑或这是政府在缺乏规划的背景下，又亟须达成政策目标不得不采取之因应对策？更重要的是，当县、市政府部门为尽速达成行政当局设定的政策目标，将多数方式委托少数，甚至单一组织的做法，造成鼓励现有少数机构不断扩张增生，是否形成另一种形式的垄断？这些都是购买社会福利服务过程中必须不断省思的政策课题。以下即以老人福利服务的购买方案为例，讨论目前政府与委托单位之间的合作模式。

（二）台湾地区老人福利服务的发展历程与购买服务契约运作之关系

　　台湾地区各项老人福利服务的发展历程，由政府本身担任服务提供商，转变为采取民营化方式提供小区与居家式老人福利服务，可回溯其政策脉络至1997年修正推行的《老人福利法》。为协助失能之居家老人得到所需之连续性照顾，各地政府依据《老人福利法》相关规定，应自行或结合民间资源提供各项小区及居家式服务。唯受限于组织员额精简政策，社政部门的主管一直清楚在体制内新增组织或增加员额之困难度，但为达成《老人福利法》相关规定之要求，其开始结合民间资源提供居家服务；且其多依据上述"内政部"订颁《推动社会福利民营化实施要点》，其规范可委托办理服务的要件有二，一是"服务项目之内容系服务接受者迫切需要，而委托者已无适当机构可转介提供该项服务，或委托者必须加强办理之服务"，二是"委托者以其现有资源结合受托者提供服务，可充分运作社会资源，提升服务质量"。各项小区及居家式服务即符合上述两要件规范，也就是各地政府"依法"应提供之福利服务，但在委托单位（各地政府）无法提供服务情况下，得以"结合民间资源方式"办理，如台北市、台北县、高雄县、花莲县及新竹市等五个县市政府即开始委托专业机构办理居家服务（吴玉琴，2004）。

　　但真正促使政府大量采取"购买服务契约"提供老人居家式服务的源起，乃是台湾"行政院"于1998年订颁《加强老人赡养服务方案》。为促使患有慢性病需协助接送就医之老人、自理能力缺损需长期养护的老人、需生活照顾的老人就近获得照顾，要求各地政府于每一乡镇、区里普遍设置"小区居家服务支持中心"（简称居服中心），"内政部"补助后者必需之设施设备，如厨具、洗衣机及办公设备等，作为小区推展居家服务，或提供家庭照顾者咨询或转介服务，并就近提供居家服务员相关支持服务的据点，以提供老人周全的福利服务，总目标预定设置400所居家服务中心。而为鼓励各地政府达成台湾"行政院"设定之政策目标，"内政部"特于1999年下半年及2000年推展《社会福利服务补助经费申请补助项目及基准》，增列居家服务支持中心开办设施设备费，最高补助80万元。

检视"内政部"制定的居家服务支持中心补助标准，其补助原则为"直辖市及县市政府应整合居家服务单位及设施、计划，以利委托推展"，并强调"'内政部'1999 年推广居家服务补助对象为直辖市、县（市）政府及乡（镇、市、区）公所"，"各县市从事居家照顾服务者，欲申请中央政府补助经费，需接受直辖市、县市政府委托"，显示台湾当局补助政策系引导地方以购买服务契约方式来达成政策目标。而多数地方政府在政府的人事精简策略以减少公务人员进用的环境限制下，大部分采取以"购买服务契约"达成政策目标之策略。截至 1999 年年底，在"内政部"补助 14 个县市政府设置的 91 所居家服务中心当中，以委托民间单位经营者占 81%。由此显示上述补助政策措施的确有效鼓励民间组织，如财团法人基金会、医疗院所、社会福利团体、宗教团体及照护单位成立居家服务中心（官有垣、陈正芬，1999）。

有鉴于上述采用购买服务向非营利组织购买居家服务的成功经验，台湾"行政院"于 2001 年制定《照顾服务福利及产业发展方案》，即企图立基于政策推展经验将照顾服务产业化，期待借由同时鼓励非营利团体及民间企业共同投入照顾服务体系，同时解决中高龄人口失业及老人照顾的问题。然而，开放营利组织进入老人照顾服务领域之政策却遭受到极大阻力，政府部门代表、非营利及营利机构代表、学者专家或团体人士等，对此议题亦分歧极大：就政府部门的立场，原则上是期待通过营利事业的加入满足照顾服务需求；相对于营利事业组织期待营利经营的合理化，非营利组织一则担心案主权益无法被妥适维护，另一则更担心非营利组织的生存空间因此遭到压缩；学者专家等有支持此等发展趋势的到来，但亦有认为此举将危害对弱势族群的照顾，尤其是在质量监督方面，最后政策方向仍定调为政府应以非营利化为原则来制定有效政策结合民间资源提供老人照顾服务，政策焦点集中于营造有利第三部门参与长期照顾的环境（台湾省商业会，2006；郭登聪，2005）。

据此，台湾"行政院"2007 年订颁的《台湾长期照顾十年计划》涵盖的照顾服务项目，虽然项目众多与广泛，包括居家服务、日间照顾、失智症日间照顾、家庭托顾、老人营养餐饮、交通接送、辅具购买及居家无障碍环境改善、长期照顾机构、居家护理、小区及居家复健、喘息服务共 11 项服务，但仍维持仅向非营利组织购买的模式。值得注意的是，此一阶段政策重点是扩大老人福利服务的供给量，故同一地区的服务单位并不局限于单一服务受托者，换言之，采购数量从原本的"单数标"改变为"复数标"，形成同一服务项目有多个非营利组织提供的样貌，以及一个非营利组织同时亦可承接多个老人福利服务委托方案的状况，唯补助项目与标准亦由委托单位单方设定，被委托单位仅能依据自己机构的状况评估是否加入服务行列。

但在此期间，台湾"行政院"于 2005 年另外核定通过《建立小区照顾关怀据点实施计划》的购买服务方式亦值得关注。小区关怀据点实施的目的是为老人提供初级预防照护服务，同时结合居家服务、日间照护等相关福利，充分运用民间力量，建构全面性的照顾网络，也期待达到老人健康促进之目标，建构老人连续性的照顾服务原则（郭登聪，2013；罗秀华，2010）。"关怀据点的运作模式可分为三类：（1）鼓励小区自主提案申请设置据点，结合当地人力、物力及相关资源，进行小区需求调查，提供在地老人预防照护服务；（2）辅导现行办理老人小区照顾服务之相关团体，在既有的基础上，扩充服务项目至 3 项以上，设置据点提供服务；（3）由各地政府针对位处偏远或资源缺乏之小区，透过小区照顾服务人力培训过程，增进其小区组织能力，进而设置据点提供服务。"检视上述运作模式，小区照顾关怀据点的单位资格可由两种服务单位类型进行办理，一为小区自愿团体自行创立，运用小区在地资源，如村里办公室、农渔会与小区自愿服务队等力量成立小区照顾关怀据点；二为已办理老人福利服务（日间照顾、居家服务、老人营养餐饮、长青学苑与老人活动据点等服务项目）之团体，包括立案社会团体与财团法人社会福利、宗教、文教基金会等，在其小区服务的基础上办理小区照顾关怀据点。服务提供方面，民间团体提供申请设置关怀据点，至少应从下列四项服务选择三项办理，四项服务项目包括：（1）关怀访视；（2）电话问安、咨询及转介服务；（3）餐饮服务；（4）健康促进活动。委托单位提供据点每月 1 万元的费用补助，据点可依据自身需求决定是否申请补助，委托单位依据据点是否申请业务补助费用，将据点分为"经费型"与"功能型"（未申请业务费用）两类。

根据"内政部"2012年统计,台湾地区小区照顾关怀据点于2011年设置总量已达1714个。根据小区关怀据点的实施方式的特色,可将其归纳为四大重点:首先,立基于长期照顾十年计划的实施策略,同一服务区域鼓励多个服务提供单位同时提供服务,也就是有别于过去购买服务契约经常采用的"以价制量"或"以价格标"等委托方式;其次,鼓励已办理老人福利服务的单位同时承办小区关怀据点,企图发挥一加一大于二的服务效果;再次,首度于购买服务契约中开放服务提供单位选择权,也就是让服务单位依据本身服务能量与特色自行选择服务项目;最后,也是最重要的是,接受委托的单位亦可依据本身意愿决定是否申请一年12万元的业务补助经费。综上所述,小区关怀据点的实施意味着台湾老人福利领域实施购买服务策略迈向新的里程碑,以下即以社会福利非营利组织密度最高的台北市为例,探讨其小区照顾关怀据点的实施现况与对策。

三 台北市政府运用购买服务契约推动小区关怀据点之实证研究

(一) 研究方法与数据源

研究者若要适切地解答其研究问题,即需依据其研究主题慎选研究方法来进行实证资料的收集与分析。就本研究而言,目的是检视台北市政府运用购买服务契约推动小区关怀据点的成果与影响因素,需要量化数据支持研究者的论述与假设,因此本研究采用次级数据分析(Secondary Qualitative Study)方法。以政府部门订颁及公布的法规、补助与实施成果为核心资料,这是考虑研究者在数据搜集中对数据本身的直接干预相对较少,实物所提供的背景知识相对"真实"与"可信",亦可表达一些语言无法表达的思想与情感。

表2呈现的是各县市之功能型与经费型小区照顾关怀据点于2008～2011年的变化趋势。以2011年为例,22个县市当中,9个县市,也就是超过四成的县市仍必须通过业务经费补助的方式才能鼓励社会团体成立

小区关怀据点。台北市于2011年成立的小区据点并不算多，但依据罗秀华与黄琳惠（2009）的研究，台北市小区照顾关怀据点的承办单位包括村里办公处与小区发展协会、人民团体、福利部门等属性，其中村里办公处与小区发展协会超过半数（占54.4%），具备宗教性质的人民团体占16.2%，福利部门约占三成（29.4%），据点属性十分多样化。本研究的分析聚焦于台北市办理小区照顾关怀据点的"立案社会团体"与"财团法人基金会"，包含不申请业务经费补助的"功能型"与"经费型"两类据点。2011年的数据显示，排除政府部门自行营运的据点数量之后，台北市共有31个由非营利组织成立的小区照顾关怀据点，其中立案社会团体为13个、财团法人社会福利基金会为10个、财团法人宗教基金会为7个、财团法人文教基金会有1个。以下即针对承办小区关怀据点的非营利组织之属性，及其承办其他老人福利服务方案的状况进行分析。

表2　功能型与经费型小区照顾关怀据点数量（2008～2011年）

单位：个

县　市	功能型据点（年度）				经费型据点（年度）				2011合计
	2008	2009	2010	2011	2008	2009	2010	2011	
台北市	8	15	15	17	58	47	48	45	62
新北市	170	178	189	182	28	24	22	30	212
台中市	1	1	3	8	139	155	141	137	145
台南市	5	3	4	0	221	223	247	268	268
高雄市	12	15	22	33	153	161	163	149	182
宜兰县	0	2	2	2	44	46	47	46	48
桃园县	19	10	14	23	73	72	82	77	100
新竹县	0	0	0	0	36	40	40	44	44
苗栗县	0	0	0	0	42	48	55	59	59
彰化县	15	17	17	18	84	83	84	85	103
南投县	0	0	0	0	67	67	78	80	80
云林县	0	0	1	8	52	54	51	45	53
嘉义县	1	1	2	11	44	45	46	46	57
屏东县	0	0	0	0	120	117	121	114	114
台东县	0	0	0	0	35	35	40	42	42
花莲县	0	0	0	0	39	36	36	41	41
澎湖县					15	15	15	16	16

续表

县　市	功能型据点（年度）				经费型据点（年度）				2011
	2008	2009	2010	2011	2008	2009	2010	2011	合计
基隆市	0	0	0	3	31	34	34	31	34
新竹市	0	0	0	1	29	29	27	26	27
嘉义市	0	1	2	1	16	16	14	16	17
金门县	0	0	0	0	5	6	6	6	6
连江县	0	0	0	0	3	2	3	4	4
合　计	231	243	271	307	1334	1355	1400	1407	1714

资料来源："内政部"：《小区照顾关怀据点总表》，2013 年，参见 http：//e-care. moi. gov. tw/MOI_ HMP/Home. action。

（二）台北市不同属性的小区照顾关怀据点变化趋势之分析

回顾台北市小区关怀据点的成长与变化趋势，2005 年开办初期，仅有 2 个非营利组织类型成立小区照顾关怀据点，分别为"台北市瞽者福利协进会"与"财团法人天下为公社会福利慈善事业基金会"。2006 年与 2007 年是据点数量急剧扩张时期，成长速度以倍数增加，而投入的据点又以立案的社会团体为多数。2008 年后，据点数量呈现稳定发展状况，立案社会团体成立的据点数量最多，其余依次为社会福利基金会、宗教基金会与文教基金会（参见图 3）。

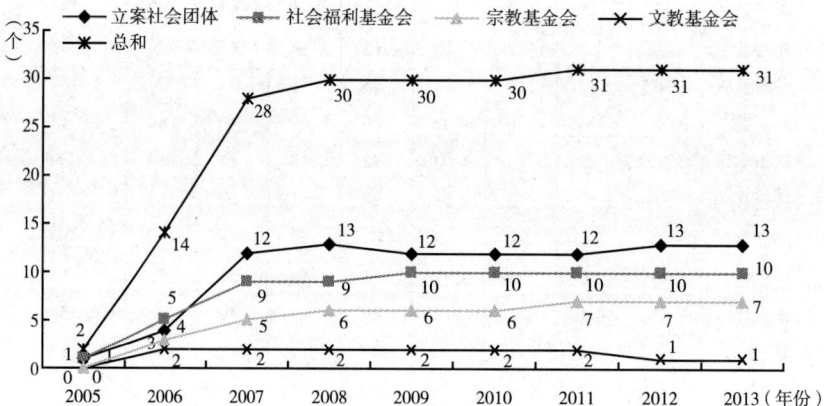

图 3　台北市不同属性的非营利组织承办小区关怀据点的变化趋势

在台湾行政当局推动社会福利委托民间非营利组织提供服务的过程中，由于上述各属性的非营利组织皆可成为服务提供商，因此各属性的非营利组织皆配合政府政策陆续成立小区关怀据点，其中又以立案的社会团体，也就是社团法人性质的非营利组织配合程度最高。

（三）台北市不同属性的小区照顾关怀据点"类型"之分析

依据上述针对小区关怀据点的分析可知，成立据点的非营利组织以社团法人居首，其次才是财团法人之非营利组织。据点经营模式依本身是否申请业务营运经费可分为未申请一年12万元经费的"功能型"与申请经费的"经费型"。图4呈现的是台北市不同属性的非营利组织承办小区关怀据点的类型，数量最多的社团法人成立的据点类型以"经费型"占多数，宗教基金会成立的据点亦以"经费型"居多，而据点数量居次的社会福利基金会的类型呈现较为均衡的发展。上述分析显示，相较于以"基金/财产"运作为基础的财团法人基金会，以会员运作为核心的社团法人之社会团体相对较需要政府资源的挹注，方能配合政府政策提供社会福利服务；换言之，也可以推论在经费补助前提要件下，社团法人配合政府政策成立据点的意愿相对较高。

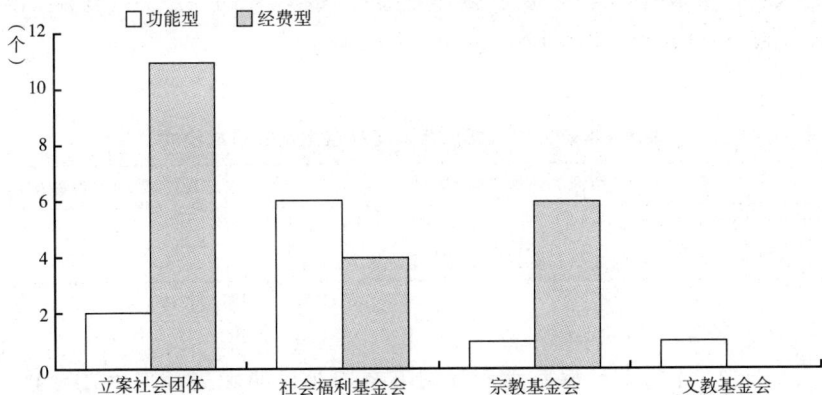

图4 台北市不同属性的非营利组织承办小区关怀据点的类型分析

但对图4的初步分析仍无法解释为何少数社团法人的立案社会团体选择经营没有业务补助的"功能型据点"，而宗教基金会为何又以成立

"经费型"的据点为主。如前所述，依据"内政部"订颁的《建立小区照顾关怀据点实施计划》，关怀据点的运作模式主要分为"鼓励小区自主提案申请设置据点"，以及"辅导现行办理老人小区照顾服务之相关团体，在既有的基础上设置据点提供服务"两大类，前类需要结合当地人力、物力及相关资源，后者则显然企图发挥一加一大于二的服务效果，鼓励接受政府委托办理其他类型老人福利服务之团体同时成立据点。立基于"资源相互依赖模型"（resource interdependence）的理论假设，本研究认为政府部门提供一年12万元的业务费用对受托单位来说，如果被视为成立小区关怀据点不可或缺的重要资源，那非营利组织就会选择成立"经费型"据点；反之，若这12万元对受托单位来说，不申请该资源或经费仍可运作小区关怀据点，则该属性的非营利组织就会选择成立"功能型"据点（表3）。然而，图5的结果分析仅支持研究者的第一项假设，也就是小区自主成立的据点，确实需要政府经费的挹注，故全部16个小区自行成立的据点类型皆为"经费型"，但已接受政府委托承办老人福利服务的非营利组织成立的据点虽以"功能型"居多（10个），但仍有3个非营利组织选择继续申请据点营运经费，显示一年仅12万元的业务费补助对受委托单位而言仍不可或缺。另一方面，研究者也认为，应进一步分析非营利组织已接受委托的服务类型与补助经费，方能深入剖析小区关怀据点营运经费对非营利组织的影响。

表3　本研究假设据点背景与据点类型的组成模式

小区关怀据点类型	功能型	经费型
小区自主成立的小区据点	－	＋
已接受政府委托办理老人福利服务之非营利组织成立的据点	＋	－

（四）台北市已承办老人福利方案的小区照顾关怀据点之分析

依据资源依赖理论的观点，委托单位与受托单位在购买服务契约执行过程中的互动状况，不仅依据受托单位依赖资源的程度来决定受托与否，其他替代资源的可及性亦会影响受托单位接受委托的意愿；更重要的是，驱使对方提供资源的能力更是关键因素，也就是越能对另一方施

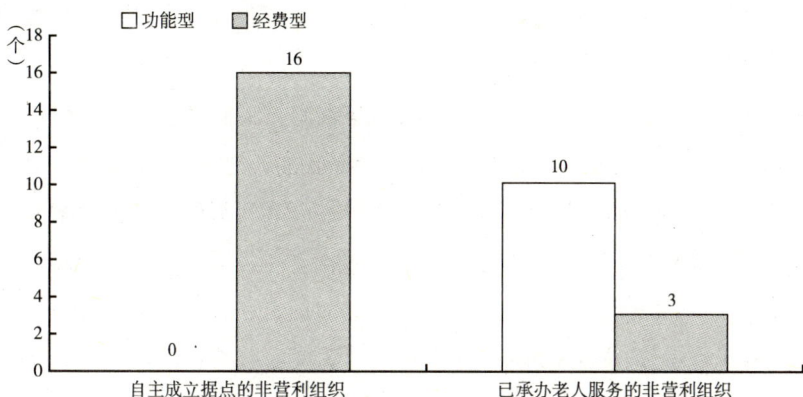

图 5　据点背景与据点类型的交叉分析

注：图 5 分析的据点总数仅有 29 个，系因有 1 个非营利组织共承办 3 个据点。

加压力使之遵从者，依赖程度越低。本研究检视"内政部"制定的《建立小区照顾关怀据点实施计划》及其政策目标，认为台湾当局既已明定三年需达成 2000 个据点的政策目标，必会驱使各地政府配合；而各地政府除运用经费补助来鼓励非营利组织接受委托，亦可驱使当地非营利组织配合的政策工具就是其他替代资源的剥夺之惩罚手段。换言之，虽然一年仅有 12 万元的业务补助对已接受台北市政府委托，执行其他老人福利服务的非营利组织而言，此经费规模对非营利组织的运作不会产生关键性影响，可能选择不配合台北市政府成立小区关怀据点；然而，若非营利组织选择不成立小区关怀据点的抵制策略，可能委托单位就会采取解除其他老人福利服务委托的惩罚性手段。故研究者假设，已承办其他老人福利服务的非营利组织会选择配合台北市政策而成立小区关怀据点，但成立据点的形式会以"功能型"为主，也就是借由其他替代性资源来营运小区关怀据点；除非，非营利组织接受委托的老人福利方案之补助经费不足，已承办老人福利方案的非营利组织才会选择成立"经费型"据点。

　　进一步分析各项老人福利方案的补助项目与经费规模，依据"内政部"2013 年《推展社会福利补助经费申请补助项目及基准》，各项老人福利方案的补助以机构式服务最为优厚，受托单位不仅可依据机构住民人数获得每人 2 万元的设施设备费用补助（上限为 200 位），机构内社会工作人员、护理人员、物理治疗、职能治疗与营养师，以及照顾服务员等各类工作人员的薪资亦可获得 1 万～1.5 万的经费补助。而居家与小区式委托服务，例如居家服务、日间照顾与家庭托顾服务，补助项目则局限于人事费、办公室设施设备费已接受委托的非营利组织为补助单位，每单位每年度最高补助 10 万元，历年累计达新台币 20 万元时不再补助，且同时接受政府委托，办理两项以上照顾方案（居家服务、日间照顾、营养餐饮与家庭托顾）者不得重复申请。依据上述分析，不同类型的老人福利服务补助项目与经费，本研究认为获得政府委托经营机构式服务的非营利组织成立的小区关怀据点会是"功能型"，而仅接受委托一项居家或小区式方案的非营利组织，则会成立"经费型"据点来充实组织本身的资源。

表 4 呈现台北市"具老人服务基础"非营利组织之购买式契约方案、公设民营与小区照顾关怀据点类型，图 6 呈现已承办老人福利服务的非营利组织之据点类型分析结果，皆支持本研究上述假设，"仅接受委托一项方案的非营利组织，承办的关怀据点类型为经费型"，以及"办理多项老人服务方案与公设民营之非营利组织，承办的关怀据点类型为功能型"，以下进一步分析论述。

1. 仅接受委托一项方案的非营利组织，承办的关怀据点类型为经费型

资源依赖模型认为："对于组织运作、功能发挥与方案推动所需资源越重要，则依赖程度越高。"本研究发现，对社团法人类型的非营利组织来说，承办关怀据点可获得的执行经费补助，虽仅每月 1 万元，却是影响组织运作及生存的重要与关键性资源。再者，资源依赖模型亦认为："替代资源的可及性越低则依赖程度越高，相反地，若资源可从双方之外的另一个组织获得，依赖程度将会下降。"小区自愿创立团体未承办其他老人服务方案，仅据有关怀据点的单一资源，可替代的环境资源与开发程度较缺乏，即对其他资源的可及性低，故依赖程度相对越高。因此，非营利组织的类型将考验其对来自政府补助的依赖程度，社团法人组织相对选择办理经费型关怀据点的比率较高。

另外，针对经费型承办单位现况亦发现关怀据点之购买服务现象。关怀据点实施计划目标、补助项目与规定等皆强调发挥"由小区照顾"

概念与"小区自助互助"精神，符合计划效益下原则补助三年，接受补助期间应妥善规划财务，已达自给自足为目标。但研究分析经费型关怀据点之办理年数发现，超过六成的（12个）关怀据点办理时间超过三年，但办理型态仍为经费型，显然有违推行关怀据点方案的初衷。换言之，对于小型社会福利组织来说，组织本身的服务基础与财务能力相对薄弱，故承办关怀据点而获得的资源对新兴团体发展小区服务是相对重要的。然而，本关怀据点计划原以12万元补助启动小区自立与在地资源投入服务行列的做法，实证数据却显示资源的挹注却无形中导致新兴团体对关怀据点资源的依赖。因此，该如何避免小型团体获得资源后产生依赖现象将是未来有待进一步探究的政策课题。

2. 办理多项老人服务方案与公设民营之非营利组织，承办的关怀据点类型为功能型

如前所述，非营利组织的老人服务方案基础越丰富，则越可能倾向办理功能型关怀据点。然而，在未获得补助的情况之下，非营利组织为何仍承办关怀据点？资源依赖观点认为双方在资源互动过程中，存在"驱使对方提供资源能力"的关系，当非营利组织透过购买式契约获得自身所需资源时，政府亦能依其权责采取规约性质的奖惩手段。图5数据显示，台北市功能型关怀据点之承办单位同时皆为政府公办民营委办单位，又以老人福利服务中心为主；检视台北市公设民营老人服务中心及日间照顾中心评鉴指标，其中"小区资源开发与整合"项目，涵盖了强调小区服务据点开发成效，积极引导小区资源参与服务提供，并建构紧密合作模式；Cho & Gillespie（2006）提出"动力资源论"诠释政府与非营利组织之间的关系，指出政府对非营利组织提供经费的同时亦加诸管理制度，相对地，非营利组织也应维持与政府之间的责信（刘淑琼，2011）。因此，即使政府提供关怀据点的资源相对不重要，非营利组织碍于与政府的购买服务的约束与责信，必定配合政策发展。

因此，虽然关怀据点实施计划中规定，已承接其他老人福利方案的非营利组织，即使承办小区关怀据点，亦无法申请开办费，此一补助限制降低了非营利组织承办关怀据点的进场诱因；但为继续获得地方政府

表4 台北市"具老人服务基础"非营利组织之购买式契约方案、公设民营与小区照顾关怀据点类型一栏表

类型	编号	非营利组织	方案名称	数量	公设民营	名称	数量	据点数量（类型）	已办理年数
社团法人（5）	1	"中华民国"红十字会台湾分会	日间照顾 居家服务 老人营养餐饮 长青学苑	4	是	中正老人服务中心 台北市永乐老人人力资源服务中心	2	1（功能型）	8
	2	"中华民国"红心字会	日间照顾 居家服务 长青学苑	3	是	信义老人服务中心	1	1（功能型）	8
	3	社团法人台湾爱邻小区服务协会	老人营养餐饮	1		否		1（经费型）	7
	4	社团法人台北市永健长青促进协会	老人活动据点	1		否		1（经费型）	7
	5	台北市永昌会	老人营养餐饮	1		否		1（经费型）	2
社会福利基金会（7）	1	财团法人天主教失智老人社会福利基金会	日间照顾 居家服务 老人营养餐饮	3	是	万华老人服务中心	1	1（功能型）	8
	2	财团法人台北市私立心慈善基金会	日间照顾 长青学苑	2	是	龙山老人服务中心	1	1（功能型）	8
	3	财团法人台北市私立恒安老人养护中心	日间照顾 老人营养餐饮 长青学苑	3	是	文山老人服务中心 兆如老人赡养护中心 台北市立阳明老人公寓	3	1（功能型）	5

类型	编号	非营利组织	方案名称	数量	公设民营	名称	数量	据点数量（类型）	已办理年数
社会福利基金会（7）	4	财团法人老五老基金会	老人营养餐饮 / 长青学苑	2	是	北投老人服务中心	1	1（功能型）	4
	5	财团法人台湾省私立健顺养护中心	日间照顾 / 老人营养餐饮 / 长青学苑	3	是	南港老人服务中心 / 中山老人住宅暨服务中心	2	2（功能型）	8
	6	财团法人弘道老人福利基金会	日间照顾	1	否	否		1（经费型）	7
	7	财团法人双福社会福利基金会（文山家圣堂）	老人活动据点	1	否	否		3（经费型）	7
宗教基金会（3）	1	财团法人台北市中国基督教灵粮世界布道会士林灵粮堂	日间照顾 / 居家服务 / 老人营养餐饮 / 长青学苑	4	是	士林老人服务中心 / 西湖日间照顾中心	2	1（功能型）	8
	2	财团法人台湾圣公会牧爱堂	老人营养餐饮	3	否	否		1（经费型）	7
	3	财团法人台北市中华基督教信会慈光堂	老人营养餐饮	1	否	否		1（经费型）	3
文教基金会（1）	1	财团法人关怀长青文教基金会	否		是	台北市内湖妇女服务中心	1	1（功能型）	8

数据来源：研究者自行整理。

检视台北市非营利组织承接小区照顾关怀据点之选择性策略略表

委托公设民营老人服务中心及日间照顾中心，非营利组织本身评估各项服务方案的资源多寡程度，选择对组织发展最具成效的方式进行衡量，也就是当日间照顾与关怀据点开办费补助差异极大，非营利组织会舍弃成为经费型态的据点，而在日间照顾服务或公办民营中心的基础上扩充办理功能型关怀据点，一方面既可以不必接受据点评鉴考核，另一方面亦可减少政府控制与节省大量的行政事务工作，更重要的是，借此又可维系与委托单位之间的友善关系。

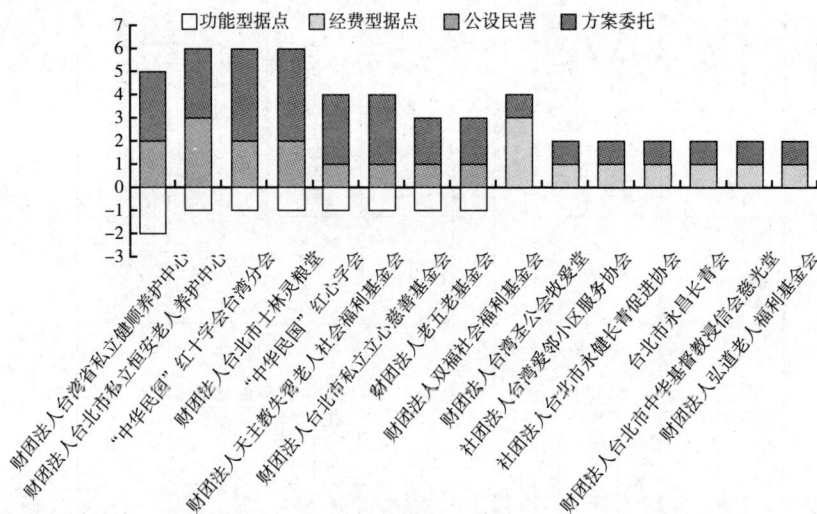

图6 台北市已承办老人福利服务的非营利组织之据点类型分析

注：研究者以非营利组织办理的老人服务方案是否有申请经费为标准。若方案有申请经费补助则 +1；反之，未获得经费补助则 −1。
数据来源：研究者自行整理。

四 讨论与结论

回顾台湾老人福利服务民营化的政策发展，政府与非营利组织双方的合作关系从一开始个案委托单一模式，逐步拓展为方案委托与公办民营等多样模式；随着委托单位逐步增加委托项目的政策趋势，可以提供服务的非营利组织不断迅速增加，同一个非营利组织承接越来越多服务方案的案例也越来越多见，政府部门在购买服务契约实行过程中，能否在控制经费、选择适当的委托对象、确保行政流程的流畅与监督服务成效等方面，皆适切扮演的服务购买者角色，乃是学者撰文提醒的重要课题（刘淑琼，2005）。另一方面，非营利组织亦开始省思民营化对社会福利团体的影响，并以公设民营的议题讨论民营化相关法规、非营利组织因应民营化的配套措施以及评鉴制度的意义等方向进行讨论（黄琢嵩等，2005）。唯就委托单位与受托单位来说，最关键的议题仍是双方的地位是否平等，也就是政府推动的购买服务契约内容倾向以政府握有契约主导之地位，未充分顾及受委托单位之权益，而非营利组织如何在受托过程中获得经费或设施设备的挹注，但又让委托业务的执行符合非营利组织本身成立的宗旨，都是双方多年来政策攻防的焦点。

然而，台湾"行政院"推动的《建立小区照顾关怀据点实施计划》，看来是台湾老人福利服务领域推动购买服务契约崭新的里程碑。小区关怀据点实施方式对委托单位与受托单位双方来说都是新的合作模式，委托单位可以通过"复数标"的方式，同时创造很多服务提供单位，特别是在实施计划中将合作单位区分为"新伙伴"（故鼓励小区自主成立据点）与"老朋友"（鼓励已接受委托服务的单位也成立据点）的方式，显示台湾当局已意识到应善用过去购买服务累积的基础，发挥一加一大于二的政策效果；而对受托单位来说，此次的购买服务方案首度开放服务提供单位自主选择权，不仅让服务单位依据本身服务能量与特色自行选择服务项目，最后，也是最重要的是，接受委托的单位亦可依据本身意愿决定是否申请一年12万元的业务补助经费。

检视社会福利购买服务契约发展的理论基础可以发现，环境中拥有一定程度以上竞争状态的福利服务供给市场，让一定数量且能力足够的民间福利机构团体前来竞争服务委托标的，乃是购买服务契约推动成功的前提要件；但过去受限于委托家数，且在规范委托着重财务健全且具备方案执行能力条件下，能够执行政府委托服务的非营利组织多是政府部门长期的合作伙伴，甚至导致少数机构不断扩张增长，形成大型非营利组织垄断某些地区服务提供的状态。此次小区关怀据点实施计划首创开放不同条件的非营利组织参与服务提供的机会，不仅有助于避免资源过度集中于少数团体，亦可借此机会扶持新兴或相对弱势的非营利组织，可谓极为聪明的购买策略。虽然，一年仅 12 万元的业务费用对服务规模相对较大的非营利组织而言，此资源不具备接受委托的诱因，但小区关怀据点鼓励已提供老人服务的非营利组织依据本身意愿，从四项服务选择三项服务的条文，对于地方政府鼓励或诱导已获得重要资源（公设民营）的非营利组织同时加入服务行列而言，具备尊重受委托单位的自主选择权的重要象征意义。

综上言之，当政府在社会福利中的角色已由传统福利供给者调整为福利规范者及购买者时，如何建立平等的委托与受托关系，并务实地面对现阶段各地方服务受托数量与服务素质存在严重落差之事实，针对不同服务方案开放不同的委托对象与提供不同的委托条件，台湾老人福利领域现正推动的小区关怀据点显然是一个很好的参考范例。

参考文献

陈正芬（2002）：《老人福利推动联盟在未立案养护机构法制化过程中的倡导角色分析》，《社会政策与社会工作学刊》，6（2），第 223～267 页。

冯燕（2009）：《非营利组织的法律规范与架构》，载萧新煌等编《非营利部门：组织与运作》，新北市：巨流。

郭登聪（2005）：《再论营利性组织参与老人赡养护机构经营的可行性探讨》，《小区发展季刊》，（110），第 95～110 页。

——（2013）：《建构高龄友善城市的重要议题——营造老人在地老化的挑战与考验》，"第四届社会思想学术研讨会：打造高龄城市"，台北。

官有垣（2000）：《非营利组织在台湾的发展：兼论政府对财团法人基金会的法令规范》，《中国行政评论》，10（1），第 75～110 页。

官有垣、陈正芬（1999）：《我国居家服务购买服务契约体系运作之初探》，《小区发展季刊》，第 170～182 页。

黄源协（2001a）：《社会福利民营化——发展脉络、实践省思与新出路》，《社会福利专题研习教材》，南投："内政部"社会福利人员研习中心。

——（2001b）：《社会福利民营化——发展脉络、实践省思与新出路》，南投："内政部"社会福利工作人员研习中心。

黄琢嵩等（2005）：《社会福利团体承接政府公设民营服务之省思》，《小区发展季刊》，（108），第 147～154 页。

林万亿（2006）：《台湾的社会福利——历史经验与制度分析》，台北市：五南。

江亮演、应福国（2005）：《社会福利与公设民营化制度之探讨》，《小区发展季刊》，（108），第54～72页。

刘淑琼（1997）：《依赖与对抗——论福利服务契约委托下政府与民间受托单位间的关系》，《小区发展季刊》，（80），第113～129页。

刘淑琼（1998）：《社会福利民营化之研究——以台北市政府契约委托社会福利机构为例》，台湾大学三民主义研究所博士论文。

——（2005）：《精明的委外：论社会服务契约委托之策略规划》，《小区发展季刊》，（108），第120～134页。

——（2011）：《理想与现实：论台湾社会服务契约委托的变迁及课题》，《小区发展季刊》，（133），第462～478页。

刘淑琼、彭淑华（2008）：《社会福利引进民间资源及竞争机制之研究：行政院研究发展考核委员会委托研究》。

刘淑琼、彭惠（2007）：《专业自主？组织自利？论少年安置机构契约委托的筛案问题》，《台大社会工作学刊》，（14），第61～122页。

罗秀华（2010）：《小区关怀据点的使用空间分析》，《东吴社会工作学报》，（22），第51～88页。

罗秀华、黄琳惠（2009）：《福利服务小区化的本土发展》，载罗秀华、黄琳惠编《台北都会的小区关怀据点——小区、宗教与专业力的结合实践》，台北：松慧。

〔美〕萨瓦斯（2005）：《民营化历程：公部门、非营利、企业的伙伴双赢之道》，黄煜文译，台北：五观艺术管理有限公司。

苏昭如（1993）：《政府委托民间办理社会福利服务之条件与方式》，《小区发展季刊》，（63），第59～69页。

苏丽琼等（2005）：《社会服务民营化——以内政部所属社会福利机构委外办理为例》，《小区发展季刊》，（108），第11～21页。

台湾省商业会（2006）：《台湾经济永续发展会议》，修订于2008年12月25日。

吴玉琴（2004）：《台湾居家服务的现况与检讨》，《小区发展季刊》，（106），第132～140页。

"行政院"经济建设委员会（2012）：《中华民国2012～2060年人口推计：行政院经济建设委员会》。

薛承泰、黄文凤（2005）：《台北市社会局推动公设民营二十年》，《小区发展季刊》，（108），第22～31页。

郑清霞等（1995）：《"福利私有化"及其对台湾福利政策的意涵》，《人文及社会科学集刊》，7（2），第147～174页。

Bailey, R. W. (1987), "Uses and Misuses of Privatization", 36 (3), *Proceedings of the Academy of Political Science*, pp. 138 – 152.

Gibson, M. J., et al. (2003), *Long-term Care in Developed Nations: A Brief Overview*, Washington, D. C.: AARP.

Kent, C. A. (1987), *Entrepreneurship and the Privatizing of Government*, New York: Quorum Books.

Kuan, Y. Y. & Chen, C. C. (2013a), "Does It Matter whether 'Nonprofit' or 'For-profit'? A Comparison of the Government's Purchase of Long-Term Care Services for the Low-income Elders in Taipei and New Taipei Cities", Paper presented at the 日本社会政策学会第 127 回大会, Osaka, Japan.

Kuan, Y. Y. & Chen, C. C. (2013b, March 14 – 15), "Does It Matter whether 'Nonprofit' or "For-profit"? A Study of the Taipei City Government's Purchase of Long-Term Care Services for the Low-income Elderly", Paper presented at the Workshop on Enhancing Government – Civil Society Relations in Great China, Hong Kong.

Pavolini, E. & Ranci, C. (2008), "Restructuring the welfare state: reforming in long-term care in Western European countries", 18 (3), *Journal of European Social Policy*, pp. 246 – 259.

Powell, W. W. & Steinberg, R. (2006), *The Nonprofit Sector: A Research Handbook*, 2nd edn., New Haven: Yale University Press.

Starr (1989), "The Meaning of Privatization", in S. Kamerman & A. Kahn (eds.), *Privatization and the Welfare State*, Princeton, N. J.: Princeton University Press.

An Examination of the Contracting of NPOs to Work in Taipei's Neighborhood Care Stations: A Strategic Option for Elderly Care

Chen Zhengfen, Liu Yuqing

【Abstract】 As the trend for aging populations becomes an increasingly critical issue, elderly care services are gradually becoming a focus of public concern. How to satisfy the constantly increasing demand for care services has become a major focal point in the long-term care policies of countries around the globe. This paper looks at how the contracting of services in the elderly welfare sector has developed over time in Taiwan. Drawing on the example of the neighborhood care stations, which began to be implemented in 2005, the paper goes on to explore the process by which the Taiwan Provincial Government has been executing the purchasing of services. We seek to develop an understanding of how in Taipei-the municipality with the greatest number of nonprofit organizations-the government attempts to encourage different types of nonprofit organizations to join the ranks of service providers in neighborhood care stations. On this basis, we build an analysis of the collaborative relationship between contractor and client in the hope that this might provide local governments with a frame of reference for implementing or revising plans to purchase services in the future.

【Keywords】 Nonprofit Organizations; Elderly Care Services; Neighborhood Care Stations

（责任编辑：李长文）

检视台北市非营利组织承接小区照顾关怀据点之选择性策略

培训就业维权一体化改善
贫困女性命运

——北京富平家政学校的创新实践与启示

赵晓芳*

【摘要】劳务输出能在一定程度上缓解贫困。对贫困女性而言，家政服务能快速改善生计，成为贫困地区女性劳务输出的一个重要方向。北京富平家政学校基于缓解女性贫困的社会责任感和丰富的商业经验，整合多方资源为农村贫困女性提供家政培训－就业－维权的一体化服务，赋权贫困女性摆脱贫困，实现体面就业。对于城市化进程中的中国而言，富平家政学校的实践启发政府－企业与社会形成合力，进行扶贫的顶层设计，为贫困女性进行经济赋权和政治赋权，从根本上改变贫困女性化。

【关键词】富平学校 贫困 女性 赋权 创新

一 引言

我国政府自 1986 年就开始了大规模的以发展为导向的反贫困行动，一些中西部经济落后省份把劳务输出作为帮助农民脱贫致富的

---

* 赵晓芳，北京社会管理职业学院（民政部培训中心）讲师。

产业而大力倡导，家政服务业由于进入门槛低，成为贫困女性劳务输出的重要方向。甘肃省生态环境脆弱，贫困面积大，贫困人口多。甘肃省扶贫办和省妇联自 2004 年以来，与北京富平家政学校（以下简称富平学校）合作开展"贫困地区农民培训就业项目"，为农村贫困妇女提供家政培训和就业推荐，成功打造出了家政劳务品牌"陇原妹"，被全国妇联、人力资源和社会保障部评为全国巾帼家政服务著名品牌。①

富平学校成立 10 年来，平均每年培训家政女工 2500 名左右，仅占北京家政市场的 0.63%，但是学校却有着相当高的行业影响力，通过整合政府、企业的多方资源，逐步探索出了为贫困妇女提供家政培训、就业、维权一体化的扶贫模式，并推动国家出台政策以促进家政业的职业化发展，帮助贫困女性获得改变命运的机会。富平学校在非典时期遭遇招生困难，也为家政女工意外事故赔付大额资金，曾一度走到破产边缘。但是凭着高效的资源整合与对社会使命的坚持，富平学校走出了困境，并逐渐得到政府和社会的认可。2009 年，富平学校被北京市人力资源和社会保障局、北京市商委评为"家政服务定点培训机构"、"家政服务示范工程培训机构"，被全国妇联评为"全国巾帼家政培训示范基地"；2010年，被通州区民政局授予"服务民生先进机构"称号；2011 年，被国家人力资源和社会保障部评为"全国百强家庭服务企业"，被北京市东城区商务委员会挂牌为"东城区家政服务培训基地"。

现有研究将富平学校作为就业式扶贫的成功案例（成丽英，2003）和为农民提供职业培训的表率（许小青、柳建华，2005），将富平学校的创新主要归结为实现培训－就业－服务一体化管理，以及整合政府资源实现"民办公助"模式。本研究基于现有文献，对富平学校相关部门工作人员和家政女工进行多次访谈，从贫困女性化和社会企业扶贫等角度丰富了创新发现，并对富平学校的发展困境进行观察和分析，提出了相应的思考和建议。

---

① 《甘肃日报》（2010）：《"陇原妹"打响甘肃家政品牌》，"甘肃日报网站"，2010 年 1 月 3 日，参见 http://gsrb.gansudaily.com.cn/system/2010/01/03/011411294. shtml。

二 农村贫困女性化与城市家政缺口

(一) 农村的贫困问题

1. 务农不经济

我国土地资源紧缺，人均耕地资源占有量小并逐年减少，1947 年为人均 3.05 亩，2000 年减少为人均 1.15 亩，大量农村劳动力闲置。从 20 世纪 80 年代后期开始，农民务农实际收入逐年降低。张晓山的研究表明，从全国农民人均纯收入构成变动趋势来看，近十几年来，农民工资性劳动报酬收入在纯收入中的比重不断上升，从 1985 年的 18.04% 上升到 1999 年的 28.52%，而种植业和畜牧业收入的比重则呈下降趋势，分别从 1985 年的 48.15% 和 11.16% 下降到 1999 年的 39.91% 和 7.14%（张晓山，2000：2）。

农村人多地少的矛盾日益凸显，土地收益逐年降低，务农难以成为农民生活的有效保障。与农民收入增长持续走低相对的是家庭支出的高位增长，尤其是教育和医疗支出负担日益沉重，导致大多数务农家庭入不敷出，加剧了纯务农家庭的贫困化。

农村地区之间以及城乡之间的比较利益差距日益扩大，城市工作三个月的收入往往是农村务农的全年收入。王景新等研究发现，凡输出劳动力数量达 50% 及以上的农村社区，显示出农户与农户间、农户与社区、经济与社会发展的不协调：一边是外出务工者家庭修建越来越漂亮的居所，一边是贫穷的"留守"农民和清冷萧条的农村氛围（王景新，2004：7）。农村剩余劳动力在生存理性驱动下，外出寻找非农就业机会以提高家庭收入。

2. 贫困女性化

农业和农村发展存在一个较为普遍的悖论现象：一方面，农村妇女是农业经济发展中的重要力量；另一方面，她们的有酬和无酬劳动却被严重低估。占去农村女性大量精力的家务劳动价值一直没有被重视，更没有被货币化，而她们又缺乏平等的有偿就业机会，农村女性劳动力的就业状况令人担忧（王东平，2011：7～9）。男性劳动力迅速向非农产业部门转移，使得农村中大量剩余劳动集中在妇女身上。农村女性劳动力向非农产业转移的滞后，形成农业女性化趋势（高小贤，1994：85）。

农业女性化对于农村女性的发展明显不利，她们在家庭中遭遇的不平等现象主要表现为地位低下、家务劳动价值被忽略、对家庭财产无支配权、教育机会的轻易丧失以及家庭暴力的主要承受者，这些因素都加深了女性贫困化程度。

（二）城市的家政需求问题

1. 家政服务需求大

随着社会和经济的发展，城市人的生活和工作方式发生了巨大变化，表现为人口老龄化、家庭小型化、生活现代化和服务社会化。越来越多的城市人希望从家务琐事中解脱，以提高生活品质，很多家庭也具备了接受社会提供家政服务的经济能力，这为家政服务业的兴起提供了必要的社会条件。北京市家政服务市场需求很大，仅从城八区来看，2006 年聘用家政服务员的家庭有 34 万户，约占总户数的 10.4%，比 2002 年的 7.7% 增加了 2.7 个百分点。以北京的城市规模计算，一个发展成熟的家政服务市场的家政服务员需求量为 70 万，而持证上岗的家政服务员仅为 5 万左右，家政需求缺口很大（赵树海等，2011：107）。

2. 家政服务质量低

家政服务业在我国尚不规范，从业人员职业素质普遍较低。家政公司的规模大多较小，难以在组织上和资金上落实对家政服务员的培训。超过 92% 的家政服务员来自农村，这些人没有城市生活体验，缺乏最基本的职业技能，即使是提供家政服务培训的家政公司，培训项目也较单一，难以满足城市家庭的家政服务需求。城市雇主不仅要求家政服务员能料理家务、照看老人和孩子，还要求他们养成良好的卫生习惯和生活方式。调查显示，94.6% 的被调查者对家政服务质量不满意，85.3% 的被调查者对家政公司管理者及服务员的态度不满意，79.1% 的用户认为家政服务收费偏高（赵树海等，2011：110）。

家政服务行业呈现"供需失灵"局面：一方面职业能力不足的家政

服务员找不到工作；另一方面有家政服务需求的客户找不到合适的家政服务员。

三 富平学校的概况

（一）富平家政学校的创立与发展

1. 初创期：探索民办公助模式

富平学校的创始人是经济学家茅于轼。20 世纪 90 年代，茅于轼曾在昆士兰大学教书，他认为给穷人钱并非扶贫良策，关键要培养农民的自救能力，但苦于没有更好的办法，只能给国内的希望工程捐款。1993 年的一次捐款落到了山西临县的一个山村，受援的学生回信说他们的老师是一位敬业的残疾人。茅于轼认为这位老师值得信赖，就汇款给他开办小额贷款，并设立小额贷款扶贫基金以帮助更多人。时任国家开发银行驻中国代表处首席经济学家汤敏博士也积极参与小额信贷扶贫基金工作，并向茅于轼介绍孟加拉国经济学家尤努斯的小额信贷扶贫事业。小额贷款经过多年的运作取得了一些成效，但是农村贫困依然严重。茅于轼和汤敏意识到，小额贷款作用有限，更迫切的是帮助农村剩余女性劳动力进城工作，门槛最低的就是家政服务业。

2002 年 3 月，北京富平家政学校在民政部门注册为民办非企业单位，学校以帮助贫困女性"摆脱贫困，开拓新的人生"为宗旨，组织贫困地区女性进城，为她们提供免费的家政培训。2002 年 8 月，富平学校与安徽省扶贫办签订合作协议，由政府组织和资助当地贫困妇女进城接受富平培训，标志着扶贫"民办公助"模式的形成。家政学员的学费是每人 500 元，劳务输出地政府补贴 300 元，富平学校负担 200 元。富平学校为贫困妇女提供两周岗前培训，开设理论、操作和模拟三类课程，包括烹饪、清洁、熨烫等普通家政服务，以及对老人和婴幼儿的专业护理，还进行职业道德、社交礼仪、普通话、法律常识、交通安全等培训。这些看似简单的课程，对于刚进城的家政女工来说非常实用。当时提供岗前培训的家政机构极少，富平学校的学员具有明显的优势，能快速就业。

富平学校与安徽省的"民办公助"模式引起了国务院的关注。2003年12月，国务院扶贫办联合世界银行、福特基金会和富平学校召开"贫困地区农民工培训就业新模式研讨会"，高度认可"民办公助"扶贫模式，提倡经济落后省份效仿。富平学校开始与甘肃、湖南、河南、陕西等省签订协议，合作实施农村贫困妇女培训就业项目，"民办公助"模式得到推广。

2. 发展期：培训－就业－维权－互助的赋权模式

家政服务在我国属于非正规就业，不被《劳动合同法》保护，家政工经常遭遇欠薪和人身侵害的情况。为了维护家政工的就业和劳动权益，2002年10月，富平学校注册了富平家政公司，在海淀区、东城区和崇文区开设三个直属门店，为接受过培训的学员推荐工作，并由门店的督导员进行岗上跟踪，定期回访客户，随时帮助家政员解决与客户之间的纠纷。门店还对在岗家政工进行岗上升值培训，拓宽她们的就业空间。富平学校形成"前店后校"（门店＋培训学校）的运营模式，兼顾经济性和社会公益性。富平家政学校组织结构见图1。

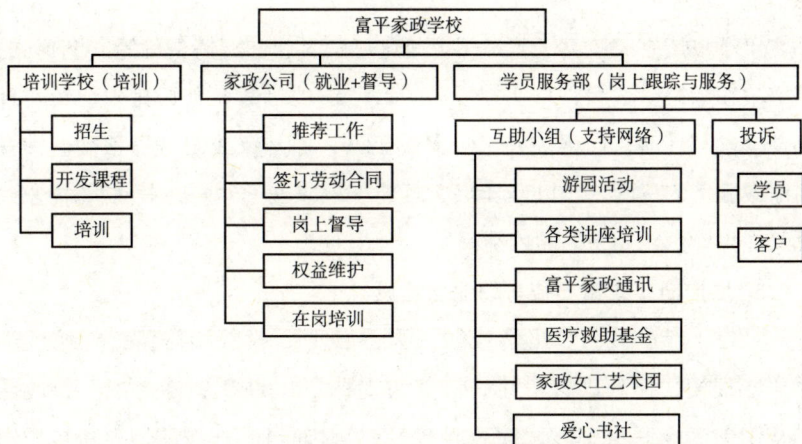

图1 富平家政学校组织结构

由于家政工的工作场所属私人领域，而且处于某种社会隔离状况，所以她们更容易受到剥削和虐待。农村贫困妇女离开家乡进入城市工作，原有的社会网络断裂，新的社会支持网络对于改善她们在城市的生存状态无疑是重要的。但是家政女工很难依靠自身能力争取正式的社会支持或者非正式的社会支持网络。富平学校于 2005 年成立了"家政互助小组"，通过技能培训、休闲娱乐活动、小组活动等形式，为家政女工搭建社会关系网络，构建新的社会身份认同，帮助她们融入城市生活，缓解工作压力。

互助小组针对刚进城的家政女工开展各类免费讲座，介绍城市生活的各类生活常识和基本技巧；定期组织小组学员学习家政职业技能、电脑、英语等课程，提高学员工作技能和其他综合素质；定期组织市内游园活动，帮助家政女工开阔视野，增长见识。互助小组组织发行《富平家政通讯》，该通讯成为国内第一本以家政员为主体的刊物，刊登来自家政女工、督导员、客户、大学生志愿者的各类作品，为家政女工提供交流信息、分享生活体会和工作经验的平台，也为社会了解家政服务业提供信息窗口。互助小组接受社会捐赠设立了"北京家政女工医疗紧急救助基金"，为在北京工作的因患大病急病无法完全承担医疗费的家政服务员提供紧急救助，减轻家政服务员因疾病带来的经济和生活压力，也希望借此推动家政行业医疗保险体系的建立。2012 年，北京市温暖基金赞助富平学校成立家政女工艺术团，通过舞蹈、歌曲、情景剧等文艺形式，将家政生活搬上舞台，真实地反映家政工的生活和工作，让表演者与现场观众参与互动，让更多人了解家政工作，提升家政服务员和社会大众对家政服务的认同。2012 年年底，互助小组成立了"爱心书社"，为家政女工提供学习新知识的阅读空间。

3. 推广期：政策支持与职业化建设

经过七年实践，富平学校的"民办公助"模式和培训就业维权一体化赋权模式得到国家层面的认同与支持。2009 年，商务部、财政部和全国总工会联合开展"家政服务工程"，通过实施技能培训扶持城镇下岗人员和农民工从事家政服务，逐步形成规范、安全和便利的家政服务体系。政府资助提供岗前培训的家政机构，东、中、西部省份每培训一名家政服务员分别得到 1500 元、1300 元和 1200 元的财政补贴。培训机构要具备教材、师资、硬件设施等条件，培训时间为两周。富平学校为全国家政行业争取到了政府财政补贴，推动了家政行业的职业化发展。

截至 2012 年年底，富平学校共培训了 24000 名家政服务员，其中90% 来自偏远山区，累计为 2 万余户北京市民提供了家政服务。家政服务员的平均工资从 2002 年的 550 元/月提高到 2012 年的 2850 元/月。富平学校为学员争取带薪休息日，从最初的每月 2 天到每月 4 天，目前每年共有 63 天带薪休息日。

表 1   富平家政学校培训女工情况

年份	家政女工人数	平均年龄	平均工资（元）	离职率（%）	家政服务类别（人数）		
					育婴	家务	老年护理
2002	1120	20	550	2.5	193	609	290
2003	870	25	600	3	157	407	279
2004	2010	25	650	5.5	414	1046	439
2005	2360	20	750	7.5	502	1091	590
2006	2840	20	900	8	682	1095	836
2007	2430	25	1050	7	601	944	715
2008	2200	30	1350	7	621	793	632
2009	2150	35	1700	6.5	736	809	465
2010	2280	35	2050	5.5	820	773	561
2011	2330	40	2450	4	864	792	580
2012	2140	40	2850	3	817	724	535

注：2012 年数据截至 8 月底。"离职率"中的"离职"包括两种情况：（1）在校培训期间离开；（2）在岗就业不满一个月离开。

资料来源：富平家政学校提供。

在经济改善和劳动权益得以保障的同时，家政女工也体验到了更文明的生活，她们的人际交往和知识面都有所改善。"我是一个农村女孩，来北京使我实现了人生的价值"，"在这两年里，无论是为人处世、接人待物，还是工作技能，我都有了很大的进步"，"做家政工作，不但能学习持家的本事，而且能学到很多为人处世的道理。再加上有公司做后盾，自身的生活环境安全，在外打工家里人也放心"，"家政带给我的收益不仅是经济上的富裕和生活水平的提高，带给我更多的是观念的改变，让我学会了经营生活"，"六年的家政生活收获巨大，现在我也会用科学的育儿方法给孩子进行早期智力开发，我对未来的想法是：给孩子一个好的教育环境，让她有一个比我更好的未来"。[①]

（二）富平家政学校的创新

1. 理念创新：经济赋权改善贫困女性生计

与传统的扶贫济困不同，富平学校的宗旨是助人自助，通过经济赋权让贫困女性参与并受益于能赚钱的经济活动，借由自身努力实现生计的改善，进而改变命运。社会性别与发展理论认为，妇女是在不被承认的且不平等的地位上参与发展的，阻碍女性发展的主要因素是长期形成的男尊女卑的社会结构。赋权根本而言是一个民主化过程，对女性赋权意味着女性从个人成长和公共行动中能够正面地参与到社会发展之中。

基于对中国农村贫困群体的深切关注，富平学校敏锐地发现了城市家政服务需求的缺口，与农村剩余劳动力实现有效对接。这一方面源于知识分子忧民生多艰的社会责任感，另一方面也是创始人发现社会问题的敏锐性和商业经验，探索出可持续的解决女性贫困的创新之路。

富平学校的学员接受职业技能培训，并得到就业推荐和权益维护，她们对家政服务有着更深刻的体会。"家政工作对于第一次外出打工的人来说，确实是一个好工作，更是一个好的起点"，"干家政这行真是不错。只要把心态放好，摆正自己的位置，不怕累，每个人都能干好，挣到钱，帮家里改善条件，比在老家一年到头累得要命，也挣不了几千块的日子强多了"。[②]

2. 模式创新：整合资源实现民办公助

富平学校善于顺应政策导向以寻求多方支持，借助政府、企业和志愿者的资源实现供需的有效对接。减贫是政府的攻坚战，1994年国务院印发《国家"八七"扶贫攻坚计划》，将"有计划有组织地发展劳务输

---

① 来自 2012 年 10 月 30 日笔者与富平家政学校学员的访谈记录。
② 鲁海平（2012）：《咱们都选对了行》，《富平家政通讯》，（11），参见 http://www.fdi. ngo. cn/wp-content/uploads/2012/10/102qi. pdf。

出，积极引导贫困地区劳动力合理、有序地转移"纳入开发式扶贫，提出通过培训提高劳动力素质和就业技能，促进贫困地区劳动力向发达地区和非农产业转移就业的基本思路。富平学校建立之初就与政府合作，安徽省扶贫办和妇联连续三年向富平学校输送当地贫困女性，并为她们接受培训提供资金资助。这种"民办公助"模式一方面解决了生源问题，另一方面也缓解了富平学校的财政压力。与安徽省的合作效果很好，国务院扶贫办将"民办公助"模式在中西部省份推广，富平学校先后与甘肃、陕西、湖南和河南等省开展合作。尤其是与甘肃的合作，打造出了"陇原妹"劳务品牌，促进了甘肃省引导劳务品牌产业组建行业协会，形成规模集聚效应，提升了全省的劳务经济质量。

与企业合作方面，2007 年，与嘉禾保险公司合作开发了适应家政工流动性的家政综合保险。2009 年，与壳牌中国集团合作开展贫困地区妇女职业培训项目，使 3000 多名贫困妇女受益。2012 年，与新加坡星展银行达成合作意向，在 2012～2014 年投入近 20 万元支持初级育婴员课程体系职业化。2013 年，与微软合作开展"微软社区青年中心"项目，为富平家政学员提供计算机知识普及以及提高课程，帮助她们了解新科技的发展，提高运用科技力量改善生活的能力。富平家政学校还通过志愿者资源开发家庭营养培训、老年护理培训和婴幼儿早教培训等课程，提高家政女工的市场竞争力。

3. 方法创新：促进贫困女性体面就业

"体面就业"最早由国际劳工组织总裁 Juan Somavia 提出，根据国际劳工组织的定义，体面就业是指男女在自由、公平、安全和具备人格尊严的条件下，获得体面的、生产性的可持续工作机会，其核心是工作中的权利、就业平等以及社会保障和对话。①

在家政服务行业尚不规范的环境下，富平家政学校能够联合政府，调动社会资源为贫困女性提供免费岗前职业培训 - 就业 - 维权一体化服务，对于贫困女性个人改变命运是切实而有效的，通过经济赋权帮助贫

---

① ILO. (2001)，"Normative action is an indispensable tool to make decent work a reality"，from http：//www.ilo.org/global/about-the-ilo/decent-work-agenda/rights-at-work/lang-en/index.htm.

困女性实现体面就业，发挥她们的社会经济潜能，创造新的价值。

现代家政服务已经超越了传统意义上的佣人角色，成为一项综合性技能型服务工作，随着物质和精神生活的改善，家政服务需求也日益规范化和职业化。富平学校根据市场需求变化，及时调整培训内容，帮助家政女工提高职业技能，通过与客户签署劳动合同维护家政女工工作和休息权，与保险公司合作开发家政服务保险等方法，推动家政行业职业化发展。在环保备受关注的当下，适时地与企业合作培训家政工，倡导绿色家政和环保家政，并通过组织和参与多种公益活动提升家政女工的公民意识，帮助贫困女性实现体面就业。

四　富平学校的分析

（一）富平学校的创新动力

1. 社会需求：贫困女性化与家政社会化

社会性别理论伴随着 20 世纪 70 年代美国的女权运动而产生。1995年第四次世界妇女人会在北京召开并发表了《北京行动纲领》，提出促进妇女发展和赋权妇女的战略目标和行动计划，核心是使社会性别观点融入联合国系统和成员国政策主流。"妇女特别容易受到经济情况和结构改革进程的影响，因为结构改革改变了就业性质，有些情况导致丧失工作机会，甚至专业妇女和技能熟练的妇女。此外，许多妇女由于缺乏其他机会而进入非正规部门"（联合国大会，1994：151）。美国历史学家琼·斯科特认为，社会性别是一种基于可见的性别差异之上的社会关系的构成要素，是表现权利关系的一种基本方式（Scott，1986）。阿马蒂亚·森（2005：7）研究指出，与性别有关的社会排斥与不平等会导致贫困，亚洲的男女不平等问题尤为突出。

社会性别问题也是联合国国际农业发展基金（IFAD）① 消除贫困政

① IFAD 成立于 1977 年，是为发展中国家的扶贫和农业开发提供服务的一个国际金融机构，其宗旨是筹集资金，以优惠条件提供给发展中国家的成员国，用于发展粮食生产，改善人民的食物营养，逐步消除农村贫困现象。

策和议程中的一个关键因素。IFAD做的一个关于世界农村贫困情况的重要报告指出，发展中国家的农村妇女属于世界上最贫困和最脆弱的群体。在世界各地，妇女对于贫困农村地区的家庭生存和经济收入都发挥着关键作用，增强贫困人口的经济活力在很大程度上就是要更充分地让妇女接触到财产、知识和技术，使她们认识到自身的社会经济潜力，并在决策中积极主动。

中国城市化进程中的劳动力转移表现为女性滞后，引致农业女性化和贫困女性化。同时，城市家政服务社会化需求远未得到满足，呈现农村女性劳动力剩余与城市家政缺口的双重社会需求困境。

2. 社会回应：公益使命与商业经验结合

贫困是人类社会恒久的话题，减贫是全社会的责任。不同于"为政府排忧，为市民解难"、"客户的满意是对我们最高的奖赏"等传统家政公司的使命，富平学校的校训是"摆脱贫困，开拓新的人生"，明确其目标主体是贫困女性，使命是实现家政女工的体面就业。

富平学校通过"民办公助" + "前店后校"的商业运营模式，整合政府和企业资源实现其社会使命，促进家政女工实现体面就业：第一，通过与客户签订劳动合同保证家政女工按时领到工资；第二，通过劳动合同确保家政女工的休息权，从最初的每月休息2天到每月4天，为家政女工争取到全年共63天的带薪休息日；第三，根据市场需求及时开展各类职业技能培训，拓宽家政女工的就业空间和发展机会；第四，培养家政女工的公民意识，提高她们对食品安全与健康生活的关注，开展"家政女工环保教育项目"，倡导"绿色家政、绿色生活"，并组织家政女工参加多种公益活动，使她们从生活细微处感受公民意识并承担起公民社会责任。

（二）富平家政学校的发展经验

1. 价值导向：敏锐地发现社会问题

富平学校的扶贫与传统的扶贫济困有着本质区别，其宗旨是助人自助，为贫困女性提供就业机会，借由她们自身的努力改善生计进而改变命运。基于对中国农村贫困问题的深切关注，富平家政学校能够敏锐地发现城市家政服务需求缺口,与农村女性剩余劳动力实现有效对接。这一方面源于创始人的社会责任感,另一方面也是创始人拥有发现社会问题的敏锐性和商业运作经验,探索出可持续性的解决之道。

2. 机构能力:有效地回应社会需求

人力资源是机构发展的根本保障,富平学校有 50 名专职员工,60% 年龄在 35 岁以下,是一个年轻型组织。从可持续性来看,有 75% 的工作人员全程参与家政女工培训和就业,工作人员对工作价值认可度和满意度很高。富平学校的理事会成员有知名学者、政府官员、企业界精英和 NGO 从业者,具有较好的社会资源动员能力。富平学校还吸引了中国青年政治学院、中华女子学院、中国地质大学和北京理工大学等高校的社会学、社会工作专业的学生志愿者,为家政服务业发展提供职业指导。

富平学校的"前店后校"运营模式,不仅为接受培训的贫困女性提供就业岗位和权益维护,还能通过门店的及时反馈调整培训内容,因为门店对市场的需求变化了解最为准确,反馈最为及时,比如海淀门店发现客户对月嫂服务需求大,就及时开设了月嫂培训班,学员可以利用在岗期间的休息日接受培训,拓宽就业空间,提高经济收入。

3. 资源整合:顺势而为获取多方支持

富平学校善于借助政府、企业和志愿者的资源,实现供需的有效对接。在与政府合作方面,富平学校与安徽、甘肃、湖南、陕西等地方政府扶贫办和妇联签约合作,联合招生,在创业初期较大程度上消除了农村女性对于城市培训机构的质疑,同时由地方政府为学员补贴培训费用,富平学校为学员提供培训和推荐就业,并进行岗上督导和培训。富平学校与甘肃省合作打造了"陇原妹"项目,成为知名的家政服务品牌。

富平学校与联想集团、新加坡星展银行等多家企业开展了针对家政女工的各类培训以及健康、心理和保险方面的合作项目,一方面切实地帮助贫困女性缓解了经济上和心理上的压力,另一方面也是企业履行社会责任的有益实践。

（三） 富平家政学校的发展困境

1. 职业化困境

家政服务业长期以来面临着职业化困境，主要表现在法律缺失、社会保障不完善、专业化程度不高等方面。首先，我国的《劳动法》未将家政工纳入保护范围，家政服务员与客户发生的争议不适用劳动争议处理，家政工的权益难以得到切实保障。家政企业面临的经营风险、雇主的消费风险和家政工的职业风险，都无法可依，家政服务得不到强有力的法律保障。其次，由于家政服务从业者流动性较大，家政工一直未被纳入社会保险覆盖范围内，又受制于文化水平和经济能力，家政工自身也缺乏保险意识，在工作中出现意外事故后的经济纠纷很多，家政工的权益得不到切实保障。第三，由于家政工自身教育程度以及家政工作环境相对封闭、交往圈相对狭窄、社会关系网络相对简单等因素，家政工缺少学习和技能提升的机会，家政服务职业化不足。

法律与社会保障的缺位以及职业化程度不高，制约了家政服务的职业化发展，社会大众较普遍地将家政等同于家内劳动，家政服务被认为是不需要职业训练就可以拥有的先天性技能，使得家政工的价值被低估。市场也未能引导消费者提高对家政服务劳动价值和家政工人格权利的尊重，家政工与雇主之间常常被看作是一种消费而非劳动关系。这些认识误区经常引发家政工被人身虐待和侵犯案件。家政服务业的职业建构隐含着基于父权制权威的社会性别歧视，这在一定程度上导致家政工产生心理问题，她们往往以自我消化的方式来解决问题，容易形成心理疾患，甚至导致过激行为。

2. 资金困境

富平学校的运营资金主要来自政府补贴以及门店收取客户中介费和佣金，也接受来自企业和社会的捐助，比如中华三农慈善基金年会资助富平家政学校设置"家政服务员医疗救助基金"，北京市温暖基金赞助富平家政学校成立家政女工艺术团，福特基金会捐赠办公用品，微软公司、西城区图书馆为富平家政服务员提供免费电脑培训。

当前，富平学校的财务收支平衡并略有盈余，但是由于政府补贴是针对劳务输出地家政女工培训项目的，项目一旦结束，政府资助便停止，依赖政府财政存在潜在风险，富平学校需要提高组织自身的经济收入能力，避免政府资助撤出导致财务风险。而富平学校的中介费和佣金在家政行业内偏高，已经在一定程度上影响了客户量，靠提高佣金增加收入的风险很大，需要开辟新的资金来源渠道。

3. 人员困境

人员困境主要体现为富平学校的工作人员待遇偏低且激励机制不足，影响了员工的工作积极性，成为机构健康发展的潜在风险。富平家政公司有三个直属门店和一个服务中心，各门店财务单独核算。北京各区经济发展差距使得各个门店的客户源和收入出现不小的差距，"协调门店内部的事非常难"，"现在都快到差不多要相互诋毁的地步了"。①

社会企业通过商业运作实现社会目标，追求社会公益和经济的双重目标，需要平衡两者的价值。富平学校由于激励制度设计缺陷导致各门店之间的不良竞争，影响了工作人员的工作积极性，不利于学校的可持续发展。

五　思考与启示

（一）扶贫政策需要合理的顶层设计

扶贫政策需要顶层设计，政府应该充分调动社会力量的参与。一方面，要将性别视角纳入政策规划，因为贫穷对女性的影响更为深远，大量证据表明，在各类社会群体和贫穷人群中，成年女性和女童比成年男性和男童处于更不利的环境中。女性的禀赋、能动性和机会将更深刻地影响下一代人，研究显示，中国成年女性的收入每提高10%，家中女孩儿的存活率就提高1%，同时男孩和女孩的学校教育实践都会延长；而如

---

① 来自2012年10月17日笔者与富平家政学校店长的访谈记录。

果家中男性收入提高10%，女孩的成活率和受教育时间都将下降，对男孩则没有影响（Qian N.，2008）。为贫困女性经济赋权，能够减轻影响妇女利益的不公正。

另一方面，鼓励劳动力流动的同时需要设计配套制度，解决综合发展问题。外出务工对农村贫困女性的积极影响是客观和不可低估的，她们在生活方式、卫生习惯、子女教育等方面的变化，对农村现代化和女性权利意识起着重要的推动作用。但是，农村贫困女性外出务工也有消极影响，最突出的问题是将农村家庭置于一种分离状态，家庭的支离潜藏着很多不安定因素。"外出打工后，就不能很好地督促孩子学习，也不能好好照顾孩子了。儿子学习成绩越来越差，还开始贪玩，染上了一些不好的习惯，在高二时和同学打架，把同学眼睛打伤了，被学校勒令退学了。"① 短期来看，劳务输出投资小，见效快，能在一定程度上缓解贫困，但是长期来看，单纯的劳务输出并不能从根本上使家政工脱贫。大量的青壮年劳动力外出务工，老少留守在家，这对农业的发展具有负面影响，普遍表现为农业科技的推广、水利设施的维护弱化，因缺少劳动力，农田的利用率大幅度下降，粮食总产量有所减少（曾绍阳、唐晓腾，2004）。

以上问题的症结在于土地城镇化和人口城镇化的脱节。农民离乡进城是工业化和城市化给农村带来的最大冲击，农村适龄劳动人口中最有活力的一半——中青年转移到非农产业就业，是中国社会在现代化转型中最深刻的变化。尽管近年来农民工问题引起了社会和政策关注：2000年，中央政府认可了开放城市劳动力市场、吸收农业剩余劳动力的重要性；2002年，国务院发布声明，敦促鼓励农民工流动到城市地区，并给予他们合理的、无偏见的待遇；2003年，国务院发布法令强调农村向城市流动对于农村剩余劳动力的吸收和经济社会发展的重要性。但是，这些关注迄今尚未在制度层面有所突破，流动人口依然被排除在城市住房、教育、社会保障等公共服务网络之外，被迫将农村家庭置于支离的境况，潜藏着留守儿童和老人的多种风险。

---

① 来自 2012 年 10 月 30 日笔者与富平家政学校学员的访谈记录。

（二） 社会企业扶贫需要寻求公益与商业平衡

有效的扶贫需要改变政府、社会组织和穷人三者之间的关系。传统思维上，政府官员认为穷人懒惰、缺乏主动性。当政府对穷人了解不够时，很难制定出行之有效的计划，因此，单纯通过政府自上而下制定的扶贫计划存在很多问题。

社会企业是社会组织的一种新形态，以协助弱势群体及改善环境等社会责任为目标，不单纯追逐商业利益，还追求社会公益性。就扶贫而言，社会企业的一个优点是能够更深切和真实地了解穷人的生活，能够在穷人和政府沟通上架起桥梁，并通过额外的资金、技术或者政治资源切实地帮助社会上被排斥的人有所发展。

社会企业面临的突出问题是如何在公益与商业之间寻求平衡，实现社会和经济的双重价值。发达国家的社会企业经历数十年发展，在扶贫、教育、就业、健康、环保等领域发挥了重要作用，政府通过立法、财政、税收等手段为社会企业创造良好的融资和经营环境，这些都为城市化进程中的中国提供了经验。

（三） 贫困女性需要经济和政治赋权

帮助穷人有尊严地脱贫，实现自身价值，是新时期扶贫的核心要义。劳动力转移就业中的性别选择通常表现为男性优势，这一现象在工业化和城市化中尤为明显。经济改革在一定程度上加大了劳动的性别分工，使女性处于不稳定的、低收入的和辅助性的工作地位。

城市化进程中的中国在城乡之间、男女之间树立着森严的等级之墙，农村女性外出谋职引发了女性社会角色和家庭角色之间的冲突，对家庭关系以及支撑这种关系的有关性别角色的主流理解形成了挑战：女性一方面要在市场经济中寻找定位，另一方面又要在家庭生活中投入大量精力，两种角色的冲突使女性陷入了选择的困惑之中。

贫困女性外出务工是对她们经济窘迫境况的积极回应，也是对传统社会对女性角色界定的无声反抗。但是，女性经济地位的提升并不必然能够减轻她们所遭遇的其他形式的不平等，获取资源的机会增多也并不会自动提升妇女的社会和政治地位。赋权的要义在于贫困群体对其内在能力的确认和发挥。因此，除了对贫困女性的经济赋权，更根本的解决之道在于政治赋权，提高贫困女性的文化素质，让她们通过掌握文化科学技术发出自己的声音，参与到影响她们命运的决策过程之中，以改善自身地位和整个群体的状态。

参考文献

〔印〕阿马蒂亚·森（2005）：《论社会排斥》，王燕燕译，《经济社会体制比较》，（3）。

成丽英（2003）：《"富平模式"——就业与扶贫的创新探索》，《调研世界》，（10）。

高小贤（1994）：《当代中国农村劳动力转移及农业女性化趋势》，《社会学研究》，（2）。

联合国大会（1995）：《1995年联合国第四次世界妇女大会行动纲领》，北京。

王景新（2004）：《新"三农"问题值得关注》，《中国经济时报》，2004年3月4日。

王东平（2011）：《流动还是留守——城市化进程中农村女性劳动力流转问题研究》，中国社会科学出版社。

许小青、柳建华（2005）：《关于农民工教育培训问题的研究》，《求实》，（5）。

曾绍阳、唐晓腾（2002）：《社会变迁中的农民流动》，江西人民出版社，第242~243页。

张晓山（2000）：《农民收入与农村剩余劳动力问题》，《农业经济问题》，（6）。

赵树海等（2011）：《北京市家政服务业从业人员状况的研究分析》，《北京行政学院学报》，（1）。

Scott, J. W. (1986), "Gender: A Useful Category of Historical Analysis", 91 (5) *The American Historical Review*, pp. 1053 – 1075.

Qian, N. (2008), "Missing Women and the Price of Tea in China: The Effect of Sex-Specific Earnings on Sex Imbalance", 123 (3) *Quarterly Journal of Economics*, pp. 1251 – 1285.

Changing the Destinies of Poor Women Using an Integrated Model Combining Training, Employment, and Rights Protection: A Case Study of the Beijing Fuping Development Institute

Zhao Xiaofang

【**Abstract**】 The export of labor can, to a certain extent, work to alleviate poverty. For women struggling with poverty, work in domestic help can be a quick way of improving their livelihoods. This has meant that domestic help has become an important option for outgoing female laborers from poor regions. The Beijing Fuping Development Institute is built on the basis of solid business experience and a strong sense of social responsibility channeled into the desire to alleviate poverty amongst women. The Institute's aim is to coordinate resources from a range of different sources to put to use in providing an integrated set of services for women, including vocational training for domestic helpers, assistance with finding employment, and the protection of rights. This is all aimed at empowering these women to free themselves from poverty and find decent employment. China is currently experiencing rapid urbanization. In this context the Fuping model can provide practical insight into how the efforts of government, businesses, and social organizations can be combined to produce more effective strategies to combat poverty, to empower poor Chinese women both economically and politically, and ultimately, to fundamentally change the feminization of poverty.

【**Keywords**】 Fuping Development Institute; Poverty; Female; Empowerment; Innovation

（责任编辑：郑琦）

公共财政支持 NPO 的新视角：
社会影响力债券介绍与分析

马玉洁*

【摘要】 当前，我国政府正在通过公共财政向社会组织购买服务、资助公益创投等方式探索政府与 NPO 合作提供公共服务的模式，理论研究与实践的关注点都聚焦于政府以怎样的方式与 NPO 进行具体合作，以及各方的专业性如何体现。在此背景下，本文对国际上新近兴起的合作模式——社会影响力债券的概念、产生背景、运行机制等进行介绍，分析该模式具有其他合作模式所不具有的独特优点，例如，节省政府开支、规避服务购买的风险，或者以更有效率的方式提供某些公共服务等，并指出社会影响力债券对当前我国探索政府与 NPO 合作的借鉴意义。

【关键词】 社会影响力债券 政府 NPO 私人投资者 社会效果评估

近年来，随着国内非营利组织（又称为社会组织，本文简称 NPO）的发展，对它的关注与研究已越来越超出对组织内部的管理，进入到社

---

* 马玉洁，北京师范大学社会发展与公共政策学院博士生。

会组织与公共财政和政府治理相关的领域。于是，一些特定的实践被提上议事日程，例如"政府委托社会组织提供服务"、"政府购买社会组织的服务"、"公共财政支持社会组织参与社会服务项目"以及"政府出资进行公益创投"等。这些说法虽然有所区别，但核心的关注点都在于政府应以怎样的方式与 NPO 进行具体合作，各方的专业性如何体现。

在此背景下，本文将一种国际上新近兴起的合作模式——社会影响力债券引入人们的视野。由于该模式具有其他合作模式所不具有的特殊优点，例如，规避服务购买的风险，或者以更有效率的方式提供某些公共服务等，对它的介绍将具有明显的政策与学术价值。但目前国内对这方面的研究还比较少，本文希望弥补这一不足。

由于社会影响力债券的想法与实践才刚刚兴起，大量 NPO 对此进行了研究探讨，成果体现在它们资助的研究报告之中，而学术研究较少。本文主要通过对这些研究报告与学术文章的梳理，对社会影响力债券的概念、产生背景、运作机制等进行介绍。

一　什么是社会影响力债券？

（一）定义

要介绍社会影响力债券，必须首先介绍一个概念"payment by results"（为结果付费，简称 PbR）。PbR 是指政府在向公共服务提供者付费时，不再依据服务机构的投入或者产出来支付费用，而是根据其实现的社会效果来支付。理论上来讲，PbR 能够提高解决社会问题的效率，鼓励更多的社会创新出现，转嫁政府面临的风险，从私人部门和第三部门卷入更多的力量参与社会问题的解决（Fox & Albertson，2011）。

社会影响力债券（social impact bonds，简称 SIB）是实现"为结果付费"的一种模式，旨在通过向私人投资者融资以实现社会效果。为结果付费和社会影响力债券将焦点关注在为社会效果付酬以及如何以最低的成本实现这些社会效果，以此提升解决社会问题的效率、创新性与影响力（Fox & Albertson，2011）。

SIB 结合了非营利服务的提供者、商业投资者和政府，开展早期预防项目以降低应对危机和提供社会安全网所需要的花费。只有项目达到了一定的社会效果，政府才将费用付给投资者，如果没有达到，则不需要向投资者付费，因此能够将资助社会项目的风险转嫁到私人部门，并向纳税人负责（Social Finance Ltd，2012a）。SIB 为社会项目筹措资金的方式是，中央或者地方政府以合同的形式承诺为某种可测量的社会结果付费，以此来吸引投资注入，作为 NPO 开展项目的前期成本。这些新的资金可能来自公共部门，也可能来自私人部门或社会投资者（Mulgan et al.，2010）。

因此，从本质上来讲，社会影响力债券是政府、NPO 与既有或潜在的社会投资者之间的一种合作伙伴关系。

需要注意的是，事实上，"社会影响力债券"并不是一种"债券"，不要被这个名字所误导。债券是一种债务投资，投资人借钱给债券发行人，债券发行人需在规定的时间内，按照协定的利率向投资人返还本利。通常各市、州政府发行债券或类似的债务工具，目的在于为基础建设项目进行融资。政府发行的债券要么通过特定的收入来源（例如发行债券建立一条收费公路，所收的通行费可以用来偿还投资人）返还，要么通过政府税收来偿还。

社会影响力债券并不是一种债券或者债务工具，而是一种通过一系列合同进行管理的多方合作伙伴关系。事实上，起初它被命名为"社会影响力合作伙伴关系"，而不是"债券"。社会影响力债券与很多政府通过其年度预算拨款所介入的多年期合同相类似。当政府发行债券时，其对债权人的回报是法定的。但是目前还没有对社会影响力债券进行立法，所以法律上来讲，政府对社会影响力债券的投资人进行回报与债券并不一样（McKinsey Company，2012）。

（二）SIB 的目标与潜力

SIB 旨在通过筹措资金开展预防和早期干预项目，以解决造成某个具体社会问题的根本原因。政府、投资者与社会服务的提供者，三方合作来实现这一效果，以期主要实现以下目标：

第一，通过 SIB 将政府的公共开支与那些社会效果良好的项目更直接地联系起来。

第二，为社会中的预防和早期干预项目建立一个可用的资金池。

第三，使多样化的社会服务供给者建立更广泛的合作。

第四，使那些能够更为有效地提供社会服务的 NPO 获得更加稳定的收益。

第五，鼓励以更严格的方式进行绩效管理，包括对结果的客观测量，这将有助于通过实证来判断哪些做法是有效的（Social Finance Ltd，2012b）。

SIB 结合了非营利服务的提供者、商业投资者和政府，它最好的投资对象是那些为明确的目标人群提供服务，并在过去实现了良好社会效果的 NPO。这些 NPO 开展早期预防项目，以降低政府在应对危机和提供社会安全网时所需要的支出。它们所达到的社会效果能够在短期内为政府节省开支，而所节省下的这部分钱足以覆盖该项目成本，并给予投资人合理回报（Social Finance Ltd，2012a）。图 1 反映出社会影响力债券实施以后，政府在实现社会目标的同时，仍将能够节省一部分公共支出。

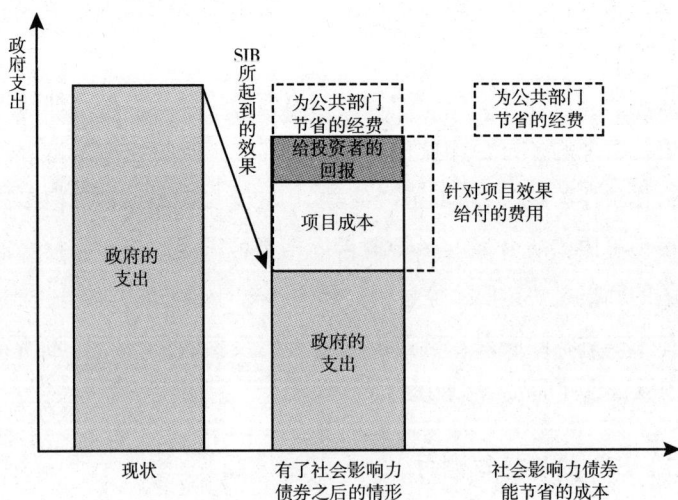

图 1 社会影响力债券的财务模型 *

＊ Social Finance Ltd.（2012）, *Guide to Social Impact Bond Development—A Technical Guide to Developing Social Impact Bond*, 2013.

此外，有一些报告也已经证实了 SIB 的潜力：在降低纳税人花费的情况下提升社会效果；将执行风险从政府转移到投资人身上，这些投资人更能够估计出产品价格并承受它；用长期增长的资本来奖励高绩效的非营利组织扩大创新（Social Finance Ltd，2012a）。

二 社会影响力债券是在什么背景下产生的？

（一）公共财政面临的紧张压力与风险

首先，政府面临着公共财政紧张的现状。例如，在英国，政府面临公共财政吃紧的情况非常突出。由于世界金融危机与上届政府的遗留问题，在接下来几年内，英国政府都要面临紧缩的财政，其财政赤字已经达到了历史最高水平。政治家的口头禅总是"花更少的钱，办更多的事"，因此，只为结果付费的想法很受当前英国政府的欢迎（Fox & Albertson，2011）。

其次，虽然政府承认一些早期预防干预项目能够带来一定的经济和社会效益，但是由于政府的公共资金已经用于那些解决社会问题的治理方案，而这些治理方案通常是成本很高的，因此它们常常无法再承受这些早期干预项目所需的成本。事实上，即便政府资助了这些预防项目，还是会面临着一种风险，即如果这些项目失败了，没有起到预防社会问题发生的效果，那么政府最后仍然要为治理社会问题付费。这种潜在的风险，使得不论哪一届政府都更倾向于回避在早期干预项目上进行长期的投资。

再次，由于政府部门条块分割，每个部门都有自己的职能和预算，部门之间相互合作，共同解决一个综合的社会问题是个难题。因此，用于预防社会问题发生与治理这一社会问题两方面的公共开支需要在不同部门之间进行分配，不同的政府部门之间缺乏合作的动力，难以大规模提供综合有效的解决方案。

在这种情况下，SIB 应运而生，它使政府能够根据对未来可节省公共支出的预期，将投资这些干预项目的财务风险转嫁给私人投资者。此外，还为不同部门之间的合作提供了动力，将各个部门节省下来的公共资金用于偿还投资者。

（二）NPO 发育面临经费短缺

通常 NPO 从政府和社会两个渠道筹资，这两个渠道都很重要，但是依然无法满足需要。因此，在社会领域缺乏充足的测量方法衡量效果时，如何能够让有限的资金花在那些更有效果的项目上是个难题。结果导致 NPO 花了大量的时间筹集那些短期资金，而限制了它们长期发展的能力。因此，在美国，NPO 面临着资金短缺，尤其是长期资助短缺的问题，限制了 NPO 的发展，使社会部门碎片化。即便业绩最好的 NPO 想要扩展自己的服务使更多的人群受益也是非常困难的（Social Finance Ltd，2012a）。

三　社会影响力债券在当今世界上的发展

2007 年，英国出现社会影响力债券的构思，很多研究机构对此开展了大量研究。2010 年英国实施了第一个 SIB 项目：司法部在 Peterborough 的监狱项目。该项目目的明确，旨在减少刑满释放人员的再犯罪率，于是，它在短期徒刑人员获释以后，为其提供康复服务，以降低其重犯率。截至 2013 年 5 月，英国一共有 13 个 SIB 项目，范围涉及从支持年轻人找工作到帮助大街上无家可归的流浪汉（Social Finance Ltd，2012b）。

SIB 的精髓在于为成功项目付费，在美国直接叫"pay-for-success-bond"（为成果付费）。2011 年 5 月，马萨诸塞州政府正式开始了这种综合性的社会创新融资方法，开始了社会影响力债券项目，并签订了为成功项目付费的合同（Social Finance Ltd，2012a）。日前，纽约和其他地方当局开始尝试在司法和住房问题上引用 SIB。奥巴马政府已经拿出一部分资金开展试点工作。例如美国劳动部将拿出 2000 万，以此司法部将开展一个名为"second chance"的项目，这方面的经费虽然低于之前声称的 1 亿美元，但仍然会激励各州和各市考虑这种方式。

2011 年澳大利亚开始探索 SIB，2012 年新南威尔士州政府尝试开展了提高青年家庭寄养服务与降低重复犯罪的项目（Mendell & Gruet，2012）。

此外，加拿大也在运行社会影响力债券方面进行了很多探索。

四 社会影响力债券如何运行？

（一）社会影响力债券的运行机制

社会影响力债券将三大部门中的主体——政府、投资、NPO 全部调动起来，共同提升人们的生活质量并满足社区的需求。其核心功能是，提前开展针对某些社会问题的预防和早期干预项目，以节省日后治理社会问题时所需的经费。本·富兰克林有句名言"预防胜于治疗"，SIB 致力于资助那些解决经济与社会问题根源的项目。

1. 第一阶段：设立 SIB 项目

这一阶段是指中介机构发起 SIB 项目，与政府、NPO、投资者订立合同、筹集资金的过程。设立一个 SIB 项目，最关键的就是在前期寻找并鉴别出一个具有潜力的项目和执行项目的 NPO，之后，与政府谈判，使政府同意当所选择的 NPO 提供服务并能够达到预定的社会效果指标时，向投资者支付成本与回报，并以合同的形式确立下来。具体可见表 1 中第一步至第四步（Social Finance Ltd，2012a）。

第一，发起合作意向。

首先，中介机构通过调研确定政府努力改善的领域，定义所要解决的社会问题和需要服务的目标群体。同时，还应当定义衡量这一问题得以解决的标准，考察评价体系。例如，测量基线数据或设立恰当的对照组，在项目实施前后进行对比，以便对社会效果进行衡量。只有当社会效果具有准确的衡量标准时，投资者才能据此做出投资决策。同时，将这一社会效果赋予经济价值，以便政府据此决定回报率。

其次，中介机构考察解决社会问题的最佳方式，寻找并鉴别能够提供良好服务的 NPO。之后，预估 NPO 提供这些早期预防项目能够在短期内为政府节省多少公共开支，进行金融建模。

第二，与政府谈判，使其同意在社会效果实现时付费，并订立合同。

第三，建构实现合同的工具。获得政府合同之后，中介机构开始建构投资模型，确定衡量社会效果的指标与评估策略，确定 NPO 及其提供的服务。

第四，中介机构向投资者筹集资金。SIB 项目启动后，中介机构开始向 NPO 拨付资金，同时，中介机构还要担负起监测项目财务指标和社会效果指标的任务，并定期向投资者反馈项目进展。

表 1　设立 SIB 项目的流程

1 发起合约 ⇩	➢确定政府努力改善的领域　➢考察干预模式　➢调查 NPO 的能力　➢进行金融建模
2 获得政府合同 ⇩	➢获得政府合同　➢获得多年期合同的授权　➢制定带有衡量指标和付款条件的合作协议
3 建构实现合同的工具 ⇩	➢开发 96 运行模式，建构投资工具　➢阐明资金流包括达成目标时所获的经济与社会回报　➢最后确定实现目标的方法，包括评估策略和衡量指标
4 筹集资金 ⇩	➢吸引投资者➢筹集资金
5 在整个项目周期对项目进行管理	➢提供持续的项目管理和资金支持　➢确保项目按照需要正确实施➢协调第三方评估

2. 第二阶段：执行 SIB 项目、评估社会效果与付费

这一阶段是指，SIB 项目设立以后，NPO 提供公共服务、独立第三方机构评估社会效果与政府付费的过程，即进入表 1 中的第五步，具体运作方式可见图 2。

第一步，在中介机构的努力下，私人投资者为项目进行长期投资。

第二步，中介机构将资金拨付给 NPO，NPO 提供服务。在整个项目周期里，中介机构要负责协调各个利益相关者，此时可引入咨询顾问，对项目设计、执行、管理等方面提供技术支持，使项目按照正确的方式执行，确保能够达到预计的社会效果。

第三步，通过实施有效的预防项目，NPO 实现了一定的社会效果，减少了目标群体对社会安全网的需要。

第四步，中介机构引入第三方评估，设计项目社会效果的衡量指标，

并进行独立的第三方评估，根据合同判断 NPO 的服务是否实现了约定的社会效果。如果达到了约定的社会效果，政府支付项目成本和一定的投资回报；如果没有达到，政府则无须支付任何费用。

第五步，若社会效果已经实现，投资者将收到本金和投资回报。具体的回报率根据社会效果而定：社会效果越好，回报率越高（上限是政府合同中约定的比例）。

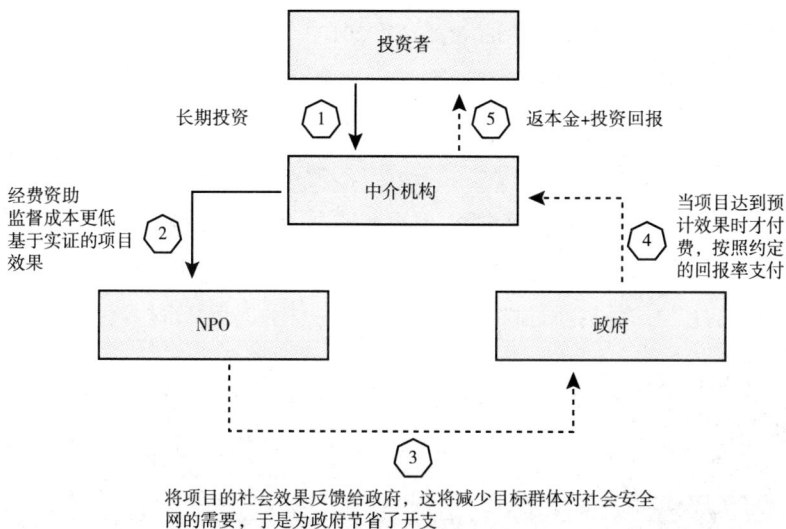

图 2　社会影响力债券的运行机制

Social Finance Ltd. (2012), *How SIB can Mobilze Private Captial to Advance Social Good.*

3. 第三阶段：SIB 项目结束以后

理论上来讲，在 SIB 项目结束以后，政府有两个选择：一是，政府可以直接对这种项目进行资助；二是，这种运用了市场规律的模式使 SIB 成为为项目筹资的有效方法，因此可以再次执行一个为期 5～10 年的 SIB 项目。

（二）社会影响力债券的利益相关者

SIB 项目的利益相关者包括 NPO、投资者、政府和社区。

NPO 能够获得发展资金以扩大业务，这种可预期的稳定的捐赠收入能够使 NPO 无须在募款上花费太多时间，而将更多的时间和人力聚焦在发展自己的核心技能上。同时与其他 NPO 的协作增加,它们共同解决某个复杂的社会问题,能够获得更好的社会效果(Social Finance Ltd,2012a)。此外,SIB 还促使 NPO 能够创新探索,开展那些预计能够成功达到设定指标的项目,即使项目最终没有达到预先设定的标准,依然会有人为此买单,即投资者(Kim & Kang,2012)。

对投资者来说,这种投资方式将创造社会效果,并同时获得经济回报。在获取经济回报方面,投资者投资 SIB 项目,与其在传统金融领域里的投资没有太大区别(Kim & Kang,2012)。此外,参与一种新的投资模式,还能够使其获得投资组合多元化带来的收益。

政府通过这种方式能够更好地向纳税人负责,即使在给予投资者一定回报之后,依然能够在没有财务风险的情况下,以更少的公共开支增加向公民提供的有效公共服务。更重要的是,这种方式打破了总是进行事后干预的模式,广泛的早期预防项目使弱势群体、家庭和社区获得更多有效的社会服务,因而能够减少社会问题发生之后昂贵的治理成本。

(三)核心是中介机构

专业的中介机构是 SIB 成功的关键,它在三个部门的合作过程中,发挥着纽带作用,从设立 SIB 项目,到项目执行、评估与付费,中介机构都至关重要。

在第一个阶段,中介机构需要发起合作意向,与政府和 NPO 订立合同,吸引投资资金等。在第二个阶段,即整个合同执行的 5～10 年里,中介机构在管理复杂的项目、降低风险、帮助 NPO 实现预期社会效果上都发挥着特别重要的作用(Social Finance Ltd,2012a)。尤其是,中介机构需在其与 NPO 之间引入咨询顾问,对项目设计、执行、管理等方面提供技术支持,使项目按照正确的方式执行,确保能够达到预计的社会效果;并在其与政府之间引入第三方评估机构,设计项目社会效果的衡量指标,进行独立的第三方评估。

因此,中介机构是三个部门合作的核心。

(四)社会影响力债券的风险分析(Social Finance Ltd,2012a)

虽然 SIB 有众多优点,但它并非没有风险。传统上政府将公共服务签约外包给私人部门或第三部门时所未涉及的风险，在 SIB 这种跨部门的综合性解决方案当中可能会有所涉及，以下列举一些可能存在风险。

1. 干预模式面临的风险

如果中介机构事先未对干预模式进行仔细考量，则可能无法产生预期的社会成果。前期的调查应当包括对 NPO 能力、项目所需现金流、项目所提供的解决方案的有效性考察。

2. 在项目执行过程中面临的风险

当参与各方之间沟通不畅、未能及时收集项目进展的相关数据、管理混乱时都有可能发生问题。此外，SIB 对 NPO 的项目管理、项目执行和绩效测量方面提出了要求，可能会遇到 NPO 能力不足的问题。此时，利益相关者必须保证即使 SIB 项目失败，也不会对目标受益人造成伤害。

3. 中介机构面临的风险

中介机构从发起合作意向到最终政府支付费用全程参与，它需要筹资、总体协调并管理可能出现的风险。不管经费不足还是缺乏治理能力，都会使 SIB 项目出现风险。理想情况下，中介机构应当具有包括金融、政府治理、NPO 管理等跨学科知识，并与评估机构和专家有非常好的合作关系。如果它不具有这样的背景，SIB 的风险就会很高。

4. 政府信用风险

即使在项目达到预期社会效果之后，政府仍有可能不付费。鉴于此，投资者需要与政府订立明确的合同。即便在这种情况下，政府依然有可能在信用方面出现问题。

理想情况下，对 SIB 进行还款将不受政府换届的影响，否则投资者将不愿为 5 年或 5 年以上的项目投资。

5. 私人投资者面临的财务风险

SIB 意味着公私合作伙伴关系的一个新型范例，精髓在于风险私有化，私人投资者承担了 100% 的财务风险，然而成果与收益却实现了共享。

6. NPO 和政府面临的声誉风险

如果 SIB 项目失败了，承担服务的 NPO 的声誉将可能受损，对其未来筹资可能不利。与此类似，如果政府不能履约偿还投资者本利，其信誉也会受到影响。

（五）社会影响力债券的适用范围

SIB 并不适合所有情形，在很多领域，传统的资助方式仍然占据主要地位。衡量一个具体的社会问题是否适合由 SIB 的方式来解决有一些重要因素需要考虑，下面列举三种情形。

第一，有些风险不适合转嫁给服务提供者，例如，当政策法规规定了某些公共服务的提供方式时，基于结果付费的创新空间就非常小了。

第二，有些项目无法有效地基于产出订立合同，例如，有些项目所产生的社会效果与其说是项目干预带来的，还不如说是由于外界因素偶然导致的。

第三，有些项目适合直接支付费用，不适合延迟支付时间，为了验证项目效果而拖延付款，只会增加成本（Social Finance Ltd，2012b）。

五　SIB 所面临的关键挑战

有效运行社会影响力债券，对政府和私人部门有一定的能力和专业性要求。例如，对发起 SIB 项目的机构而言，应具有与政府合作、社会融资、鉴别业绩良好的 NPO 并帮助其顺利完成项目等能力；对政府而言，应有能力与合作伙伴订立基于绩效的合同；对独立的权威评估机构而言，应有专业能力测量社会效果，并在社会效果未达到约定标准时协调可能出现的纠纷（Liebman，2011）。

SIB 所面临的关键挑战，也是为成果付费机制有效发挥作用时必须面对的，即应当如何对社会效果进行评价衡量以及如何确定这一社会效果的经济价值。具体来说，则可分为三点。

第一，用什么评价指标体系来衡量项目实施后所发生的改变。这一评价指标体系是必要的，且需要具有统计意义上的显著性。如果项目所带来的改变无法用一个清晰恰当的评价指标体系来衡量，只能用质性描述来呈现，而无法用数据表达，那么投资人就很难确定什么样的回报才是合理的。对政府和评估者而言，他们希望看到的是确切的变化，而不是一些偶然发生的改变。

第二，怎样的实证证据能够呈现出项目的社会效果。很难提前预知哪些干预项目会达到预期效果，这加大了投资者做出投资决策的难度。因此清晰地定义项目所要实现的社会效果是 PbR 机制发挥作用的关键，之后才能测量并评价项目的影响力。

第三，如何确定这一社会结果的经济价值，以给予投资人合理的回报（Fox & Albertson，2011）。

六 经典案例：英国 Peterborough 监狱项目（Liebman，2011）

2010 年 9 月，英国一家名为 Social Finance（U. K.）的机构发起了世界上第一个社会影响力债券项目——"彼得堡监狱项目"。由于一年以内的刑满释放人员在离开监狱时身上只有 46 英镑，约合 450 元人民币，他们没有住房、工作和家庭的支持，因此，超过 60% 的人会在一年内再次犯罪。为此，Social Finance（U. K.）向 17 位投资人筹集了约 500 万英镑，与一些慈善服务机构签约，在彼得堡监狱开展一个综合性社会融入项目——在监狱里为 3000 名狱犯提供全方位服务以帮助他们能够重新融入社会，并将这些服务延续到他们出狱后的六年当中，这种服务方式被称作"一站式服务"。

提供服务的 NPO 包括 St Giles Trust [1]、YMCA [2]、Ormiston Children and Families Trust [3] 与 SOVA [4]。它们用自己最核心的技术为目标群体在不同时期提供服务，包括就业培训、家庭支持、临时住所、医疗服务等。

为这一项目提供资金的投资者包括洛克菲勒基金会、Barrow Cadbury

---

[1]　圣·吉尔斯信托基金，该慈善机构致力于通过支持人们改善自己的生活从而打破弱势群体与犯罪行为之间的恶性循环，创造一个更加安全的社区。

[2]　基督教青年会。

[3]　奥米斯顿儿童与家庭信托为纪念 Fiona Ormiston Murray 而成立，是英格兰东部一家致力于服务儿童和青少年的慈善机构，他们为来自弱势群体、面临着社会排斥的儿童和青少年提供服务。

[4]　SOVA 是英国一家慈善机构，在英格兰和威尔士地区开展帮助人们远离犯罪的项目长达 35 年之久，致力于建设更加安全和公平的社会。

Charitable Trust①、Esmee Fairbairn Foundation② 等。英国司法部以及大乐透基金承诺,如果与对照组相比,受助者在释放后的一年内再次犯罪并被判刑的数量下降至少 7.5%,则会给予投资者回报。当然下降的幅度越大,政府将给予投资者的回报会越多。如果下降的幅度能够达到 12.5%,这些投资者的回报率将高达 13%。衡量这一项目效果的标准是累犯③的数量,而不是这些刑满释放人员是否再次犯罪。因此鼓励这些提供服务的 NPO 向所有即将从彼得堡监狱刑满释放的人员提供服务,包括那些最难搞定的狱犯。

这一项目为期六年,由于从 NPO 开始提供服务,到观察并测量累犯的数量,再到分析数据、确定社会效果需要一定的时间,因此投资者将从第四年开始收到回报,具体回报多少则与社会效果相称,一般在 2.5% 至 13%。

七 小结

社会影响力债券的精髓在于依据项目的结果进行付费。与现存的政府购买服务的合作方式相比,它具有一种独特的优势。首先,在这种合作模式下,政府资助公共服务的风险在相当程度上转嫁给了其他部门。其次,由于不需要提前预测,只要对已有的结果进行评价,因而,在选择资助对象的过程中,会更加突出对社会效果评估的专业性,而不是依据特权和政治化取向而进行的主观猜测,因而,公正性所面临的挑战也会大大降低。

实施这一模式的难点在于如何通过专业化的方法对公益项目的社会效果进行评价。但在这一方面的努力将推动整个社会对解决社会问题有更加深刻认识。这些特点,都促使它成为政府与社会组织合作提供公共服务的更有效方式。

---

① 巴罗吉百利慈善信托基金,为社区中的弱势和边缘群体提供服务。
② 埃斯米·费尔贝恩基金会,创建于 1961 年,由伊恩·费尔贝恩为纪念他的妻子埃斯米而建,是目前英国最大型的独立资助性基金会之一,旨在改善英国人民与社区的生活质量。每年基金会资助额度达 3000 万~3500 万英镑,领域覆盖艺术、教育学习、环境和社会变革。此外,基金会还运作 2600 万英镑的金融基金,投资那些同时追求社会效益和经济效益的组织。
③ 累犯,是指受过一定的刑罚处罚,刑罚执行完毕或者赦免以后,在法定期限内又犯被判处一定的刑罚之罪的罪犯。

参考文献

Fox, C. , & Albertson, K. (2011), "Payment by results and social impact bonds in the criminal justice sector: New challenges for the concept of evidence-based policy?", 11 (5) *Criminology and criminal justice*, pp. 395～413.

Liebman, J. B. (2011), *Social Impact Bonds: A promising new financing model to accelerate social innovation and improve government performance.*

Kim, J. & Kang, S. (2012), "CSO-State Partnerships and Social Finance: Smart Social Capital and Shared Incentives Towards Public-Private Partnership Efficiency Using Social Impact Bonds", (4) *International Studies Review.*

Mendell, M. & Gruet, E. (2012), *Social impact Bond: Social impact Bond (SiB) / Pay for Success Bond.*

McKinsey Company. (2012), *McKinsey-From Protential to Action Bring SIB to US.*

Mulgan, G. , et al. (2010), *Social Impact Investment: The Opportunity and Challenge of Social Impact Bonds*, London: The Young Foundation.

Social Finance Ltd. (2011), *Social Impact Bonds: The One Servie, One year on.*

—— (2012a), *How SIB can Mobilze Private Captial to Advance Social Good.*

—— (2012b), *Guide to Social Impact Bond Development—A Technical Guide to Developing Social Impact Bond*, 2013.

Social Impact Bonds: A Fresh Perspective on Public Finances Support for NPOs

Ma Yujie

【**Abstract**】At present, the Chinese government is exploring public service models that draw on cooperation with NPOs. The models explored thus far include the use of public funds to purchase services from social organizations, and the funding of venture philanthropy initiatives. The focus of both theory—based research and practice has been the ways in which government enters into specific instances of cooperation with NPOs, and how best to give expression to the respective strengths of both parties. In this context, the paper herein introduces a model of cooperation that has recently become popular internationally-the Social Impact Bond. The author explores the concept itself, the context within which it has emerged, and the mechanisms by which it operates. She then goes on to analyze the relative strengths of the model vis-à-vis other models of cooperation. These include: the potential to help reduce government spending; the potential to avoid the risks associated with purchasing services; and the potential to encourage more effective means of public service provision. Ultimately, the author argues that there are valuable lessons to be drawn from the Social Impact Bond model by those in China currently engaged in exploring cooperation between government and NPOs.

【Keywords】Social Impact Bonds; Government; NPO; Private Investor; Social Outcome Evaluation

(责任编辑: 郑琦)

山西永济蒲韩乡村社区：农村社区公共服务的新型提供者

杨　团　　石远成[*]

【摘要】改革后的村委会失去了集体经济资源，难以履行农村社区公共服务提供者的职责，农民专业合作社又只做经济，农村的公共服务由谁来供给？本文揭示了另外一种可能，由综合了经济与社会、文化功能，具有社会企业性质的农民合作组织来提供，并以山西永济蒲韩乡村社区为例，阐释了他们创造农村社区公共服务的新经验，并给予理论和政策分析，最后提出了相关政策建议。

【关键词】农村社区　公共服务　山西永济蒲韩乡村

服务于广大农民群众的农村社区公共服务事业，在中央政府财政转移支付的推动下，近十年来在医疗、教育、低保等领域有了一定程度的发展。但从总体看，农村公共服务短缺的问题尚未从制度上得到解决，城乡差别呈扩大趋势。尽管由中央政府主导的供给量有所增长，不过，地方政府尤其乡镇政府因税费改革导致减收，国家补充不足，既无动力

---

* 杨团，中国社科院社会学研究所研究员，中国社科院社会政策研究中心副主任，北京农禾之家咨询服务中心理事长；石远成，北京农禾之家咨询服务中心总干事。

也无能力去加强农村社区公共服务。村民委员会本应依法"办理本村的公共事务和公益事业"①，却由于全国几乎90%的村庄已经将公共财产分光吃净，再无实施公共服务的集体性资源。在集体经济全面瓦解的境况下，《中华人民共和国农民专业合作社法》掀起了农民经济合作社的组织高潮。不过，新法律只允许合作社做经济，没有赋予其可以进入社区做公共服务的职能。实施几年下来，两部农村的大法形成村委会管社会、合作社做经济的相互制衡格局。经济与社会功能相互割裂而非相互倚重，从而更加凸显了村委会因集体性经济资源短缺而对公共服务无能为力的窘境，导致其社会地位更趋下降。显然，农村社会若长期缺失来自基层村社的自主、自为活力，而中央政府"天高皇帝远"，"远水解不了近火"，就无法避免日趋衰落的命运（杨团、石远成，2013）。

农村社区的公共服务怎样才能走出困境？谁能为极度匮乏的农村公共生活解困？

我们发现，就在这种极为困难的境遇下，山西永济市蒲韩乡村社区这个走过16年的综合性农民合作组织，创造出了农村社区公共服务合作的新经验，形成了社区合作经济与社区公共服务之间相互倚重、互为支撑的乡村社会与经济内循环的社会生态模式。他们的开创性实践引起了多方关注，成为实务界和理论界研究的一个样板。

一　蒲韩乡村社区的具体做法

山西永济蒲韩乡村社区位于晋、陕、豫三省交界处，东靠中条山，西临黄河滩，覆盖蒲州、韩阳两镇43个村，6520户，25800多人口，区域面积260平方公里，耕地面积8万亩。2004年，在永济市委市政府支持下，蒲州镇农民协会在市民政局正式登记注册。2007年因政策变化，农民协会变更注册为蒲州镇果品协会，却无法涵盖已经开展多年的工作内容。2008年，原协会又发起和兴办了有机联合社和几十家合作社，成员范围扩展，形成了一个统一核算、分别营运的农民合作组织网络，并

① 见村民委员会组织法。

以地名将这个合作网络称为蒲韩乡村社区。

经过 16 年的探索，蒲韩乡村社区走出了一条独特的可持续发展之路。目前，拥有 3865 户农户会员，占所在区域农户总数的 62%。2013 年销售收入过千万，纯收入过百万。专职授薪人员 50 多人，其中拥有大中专学历的人员占 60% 多，平均年龄只有 30 出头，是一支由本土农民组成的年轻化、专业化的职业团队。

（一）从农业技术推广和农村妇女活动起步

蒲韩乡村社区的领导者郑冰原是寨子村小学的一名教师，1997 年，看到农民因缺少农业科技知识而不计成本盲目施肥的现状后，夫妇俩办起了一个专门为农民提供农技指导服务的"寨子科技中心"，通过这个科技中心的服务，使周边农户学习农业科技蔚然成风，并看到了科技带来的效益。此时，郑冰也看到农村妇女公共文化生活匮乏，在开展农业技术培训时开始组织农民进行各种学习，成立了 28 个妇女学习小组，经常组织妇女文化活动。经过两年多的组织和推动，两个乡镇近千名妇女加入到了学习活动小组，社区的凝聚力也在加强，由此达成了一些村民的行动共识。2004 年在农业技术服务、农村妇女活动外，蒲韩乡村社区开始进行社区农户的经济合作，并开展社区公共服务事业，包括：动员村民出工出劳休整村庄巷道；联合建立小麦良种基地，搞起了 380 亩试验田；成立了手工艺合作社等等，走上了经济和社会服务统筹发展的合作之路。

（二）以合作经济支持社区公共服务

蒲韩社区坚持以合作经济为龙头，在帮助社员增收的同时为社区合作共同体增加积累，用以支持社区公共服务。

从提供积累多寡的角度，可以将蒲韩的合作经济分为农业合作社经济、信用合作经济、农资购销经济和手工艺产销经济。

农业合作社经济排在提供积累的第一位。在蒲韩社区这个共同体内，迄今为止，已经正式注册了 18 个农民专业合作社、2 个有机联合社、1 个农民技术学校、1 个果桑服务公司。18 个农民专业合作社在有机联合社的统一服务下，为社员的近万亩耕地实行了土壤有机转化，提供了从

下种、施肥、耕地、技术指导、资金互助到产品统销一条龙服务，形成
了相对紧密的合作经济规模。规模化的合作经济服务带来了规模化的销
售利润，近三年来社区共同体盈利的 70% ~ 80% 来自农产品的规模销售。
可见农业并非不能盈利，农民自治的合作组织并非不具有盈利能力，只
要走对了统分结合的农业经营之路，做好规模化经营与管理，是完全有
可能获利的。

提供积累的第二位是信用合作经济。自 2012 年起蒲韩社区内设了为
社员提供小额借贷服务的资金服务部。按照国家关于需在合作社内部组
织信用合作的规定，蒲韩社区将资金服务分设在各合作社内，同时为提
高管理效率，采取社区共同体统一管理以及社员入股与外部融资结合、
资金的批发与小额贷款的零售相结合的新型信用合作管理模式，并取得
了成功。自 2012 年 9 月至 2013 年 8 月 19 日，累计发放贷款 2644 万元，①
已经还款 1000 万元以上，如期还款率高达 100%。信用合作逐渐成为为
蒲韩社区提供积累的第二个重要来源。

农资购销中心是蒲韩社区经济合作中最早起步的。在 2010 年前，依
靠这个中心的利润支撑了绝大部分运营成本。2008 年以后，为打造生态
社区，推广生态农业，以销售化肥为主的农资店开始转型，利润逐年下
降。自 2012 年起社区又成立了一个消费品营销中心，为农户提供便利的
社区消费服务的机构已经成型。这个中心不再是单纯的经济合作，而成
为推动农民社区互助的消费经济合作组织。

与经济合作搭界，同时又融入文化合作和社区互助合作理念的还有
红娘手工艺中心，设立已十余年，组织了 43 个村的 200 多名妇女将自家
棉花纺线织布再加工成各种工艺品，产品通过香港公平贸易销售到境外。

十多年来，蒲韩的社区公共服务在社区合作经济积累的支持下，事
业不断发展壮大，如今已经拓展到青年农场、技术试验与推广，老人居
家照料和社区照护服务，村容村貌与环境治理，垃圾分类与堆肥制作，
餐饮和住宿服务，哺乳期妇女教育、儿童夏令营教育，以及包含早操、
早课、茶馆、曲艺小乐队、村史农谚收集、红白喜事服务等等在内的社

---

① 根据蒲韩乡村社区核算中心的统计报表。

区文化类服务项目或公共设施。可以说，今天蒲韩的社区公共服务规模大、领域广、种类多，已经成片开发，形成生机勃勃的发展势头。

这种集有机农产品产供销、信用合作等经济合作事业，与农技推广、老年照护、村容治理、垃圾分类、妇女儿童服务和文化教育等公共服务事业于一体的新型农民合作组织，走出了一条以农村社区合作经济支持农村社区公共服务事业的路径。

（三）蒲韩乡村社区的公共服务统合

第一，青年工作与农业技术服务统合。

如今，农村社区的人力资源结构普遍老化，绝大部分地区的农村已经空心化、空壳化，只剩下留守老人、妇女、儿童。而蒲韩社区的全职工作团队50多人中，多半都是青年，这在全国范围都很罕见。蒲韩社区是怎么吸引青年人的呢？他们从自身发展的曲折经历中感受到培养青年是事业可持续的根本大计。2007年底，他们就开始吸引青年人返乡。他们从在职骨干的子女和亲朋中率先招聘，在实际工作中为青年人创造各种发展条件。

他们培养青年人，既注重道德品格，又照顾到青年人的个性和情趣。青年偏好新鲜事物，喜欢创造，他们就拿出50亩地做青年农场，给新进入的青年人每人一亩地，由青年自己决定种什么、怎么种。又找到一个运城农校毕业的大学生韩磊做领队，带领青年们利用自己的一亩地学习和演练农业技术。让青年先从喜欢农业技术开始，逐渐熟悉农业和家乡，再进一步引导他们热爱家乡，将自己学会的农业技术推广开来，进而建设家乡。后来，这些青年人都留了下来，而且相当一部分人成为今天蒲韩生态农业技术试验和推广的骨干。为了培养和锻炼青年，蒲韩社区还对青年实行轮岗制度，让他们在不同的部门和不同的岗位上熟悉各种运营环境，并提供经常外出学习和考察的机会，实行青年团队内部的经验交流和分享。

第二，老人服务与志愿服务统合。

如今，全国农村公共服务中的最大问题是老人照料。留守老人一年到头无人过问，成了事实上的孤寡老人，更有一批丧失生活能力、瘫在床上的失能老人和患有老年痴呆症的失智老人，由于缺乏照护，生活陷入艰窘困苦之中。

蒲韩社区于2011年始，自我开发了社区老年照护事业。对于不能自理的老人，采取居家照护方式，老人家庭每月交300元，由协会培训妇女照护员上门照护。对于尚能自理的老人，在村庄里自设芬芳同乐屋即社区老年服务中心，老人家庭每月交50元并自带米面，早去晚回，照护员负责做饭和开展老年保健、文体活动等多项关爱老人的服务。最有意义的是，为了激发社区的互助精神，也降低服务成本，提升服务效率，他们向全体妇女发出志愿服务的倡议："每个人都为老人尽点义务。"结果，寨子村这个200多户的村庄，居然有40多位妇女报名参加一月一天的志愿服务。她们轮流到芬芳同乐屋为老人做饭，陪老人说话，给老人做保健等，而她们自己也感受到来自老人的亲情和关怀。村里有了这个芬芳同乐屋，就像有了一个核心家庭，让所有的小家都有了一个可以寄托亲情的地方，村里几乎所有的农户尤其是妇女们都经常为芬芳同乐屋送青菜、肉、水果、自家做的好吃的。村民们说：村庄的人情味又回来了，大家真像一家人了（任淑烈，2013）。

第三，社区环境治理与垃圾回收统合。

蒲韩社区初建的时候，《农家女》创办人、《中国妇女报》的副总编辑谢丽华来指导工作，她离开时的一句感慨"你们文化活动搞得这么好，就是农村的环境卫生还是比较差"，引起了蒲韩社区领头人郑冰的重视。2003年，郑冰就组织村民义务劳动，200多户社员中的190多户都志愿参与，清理寨子村的巷道和下水道，完成后给巷道分别起了名字：朝阳巷，农科巷，顺风巷，幸福巷，吉祥巷，如意巷，等等。还给7个巷道选出7个组长，27个理事，促进相互之间的检查评比，随后又建了7个垃圾池。但是垃圾池的清理很困难，因为社员把破衣服、鞋、死猪、鸡全往里扔，最后只好把垃圾池拆掉了。自2005年开始，他们又开始第二轮的努力：招募环境卫生志愿者。一些60岁左右的老人义务承担了环境卫生清扫工作，每月发几块钱作为报酬。后来村委会介入，蒲韩社区就退出了。到了2009年，村庄的清洁工作眼看着要走回头路，此时的蒲韩社区已经历练多年，不仅有了从合作经济中得来的物质积累，也从外界学会了更多动员群众的思路和方式。寨子村开始了环境治理的第三波：垃圾处理的收费试点。一户一月一元，第一年收费面达到全体农户的75%，第二年一户一月两元，收费面达到95%以上。到2012年其他村的村民也提出要求，只要像寨子村那样做，我们都愿意缴费，这样一下子就推广到了33个村庄。

村民每月缴的清洁费给垃圾处理员作为津贴收入，同时，蒲韩社区用合作经济的积累买了垃圾车和一些工具供垃圾处理员使用。

此时的垃圾处理已经进化为垃圾分类处理。垃圾被分为可回收与不可回收3类：塑料垃圾类、建筑垃圾类以及可回收的生活垃圾类。垃圾处理员将生活垃圾即剩菜饭、菜叶等与树叶、土、混在一起制作成堆肥，再由蒲韩社区出面购买。这样做，既给担任垃圾处理员的农户增加了收入，蒲韩社区这个社会经济合作体又得到了质优的堆肥。

担任垃圾处理员的农户一般都是有能力劳动的老人甚至残疾人。蒲韩社区帮助他们树立威信，每月初一和十五都邀请他们到社区小餐厅边就餐边交流。就这样，一个由农民合作组织开发的农村社区公共服务新职业初见雏形（王爱琴，2013）。

第四，社区文化、妇女活动与经济合作统合。

蒲韩社区有悠久的历史文化传统。因历史上就是棉花种植区，这里的妇女们从小姑娘开始就要学做纺线织布等手工艺活计。后来这些手工艺活逐渐被现代工艺取代，传统文化衰落了。2004年，蒲韩社区的前身，从妇女跳舞起步的蒲州镇农民协会就组织妇女拜访民间老艺人，传承老人的手工艺活，并组织了13位老婆婆进行剪纸比赛。在开发传统文化的基础上，7个妇女每人入股100元成立了红娘手工艺中心，学老人传承的织布、老虎鞋、绣花等传统手工艺。之后就逐渐扩大到家庭订单，发货给在家的妇女纺线织布，中心也发展为专事设计、加工和营销的专职专业妇女团队。这个团队在外来的文化专家指导下，开发了很有当地特色的晨颂早课，继续传播和倡导乡村传统文化。

参与红娘手工艺中心活动的妇女有几十个村庄的200多名妇女。她们组成60个兴趣小组，有画画、编织、绣花小组等，所有的工序全部手工完成，原料全部来自社区农户种植的有机棉花，制作的手工艺品全部实行家庭订单生产。产品除社区自用、香港公平贸易帮助销售一部分外，周边市场逐渐占据主要份额。蒲韩社区通过红娘手工艺中心的运营，实现了传承传统文化、促进经济营收与提升妇女素质和社会、经济地位相结合的目标。

当蒲韩社区的青年、老人、妇女都通过社区参与找到了自己在乡村中的位置，亲眼看到将自己的一己之力加入大社区所能焕发的巨大能量时，社区共识的形成就成为必然，农民的潜能也就得到了最大限度的释放。

二 问题讨论

（一）农村社区公共服务为什么不能与农村经济发展相割裂

蒲韩乡村社区依托综合性农民合作组织发展公共服务事业，这个具有创新性的经验给予我们的最大启示就是，要做好农村社区的公共服务，不仅不能脱离当地社区的经济发展，还必须以某种制度化的结构性模式使得两者之间更加紧密地结合起来（杨团、石远成，2013）。

农村社区与城市社区有本质上的不同，更接近社会学意义上的社区含义。社会学意义上的社区是共同体的概念。中国社会学理论界将社区定义为，进行一定的社会活动、具有某种互动关系和共同文化维系力的人类群体及其活动区域。农村社区是以地缘为纽带、以农业生产为基础，集生产、生活、社会、文化活动于一体，以有传承的社会互动关系作为纽带的人类共同体。

正因为农村社区具有城市所没有的独特性，不是居住地与工作地分离，不是人的经济活动场域与其社会和文化活动场域常态化分离，而是居住地与工作地共处同一地域、人的经济活动场域与其社会和文化活动场域同属一个，所以，农村居民之间的关系不像城市人之间那般疏离和相互孤立，他们在经济、社会与文化的共同生活中有很多的机会实现经常性互动，并且在互动中促进共识，从而形成思想与行为的共同体。

但是这种共同体主要产生于社会结构简单、没有外界压力、基本上由同质性劳动人口组成的前工业社会的村社。工业时代打碎了这种田园结构。后工业时代尤其是城乡分野越来越模糊化，互联网技术填平了地域的阻隔，村社类型的社区共同体还能存在吗（张文静，2013）？

正是出于这类拷问背后的思维逻辑，继西方早发国家进入工业国家后，中国也提出工业化、城镇化的口号，而农村和农业被当作未来必然被农业现代化（工业化）、农村城镇化所替代的落后的产业和社会结构，甚至失去了独立存在的话语空间。

正是出于这样的思维逻辑，农村社区公共服务的社会政策完全向城市靠拢。政府用城市社区公共服务的政策思路、指标体系和度量标准对待农村。将农村视为与城市相仿的生活场域和消费场域，与经济场域完全分离，其间的公共服务出资方主体自然是政府机构，那么，农村与城市一样，只有政府加大财政投入，由政府来配置公共服务资源，农村社区的公共服务才能发展起来。

由这套思维逻辑延展生成的政策导向，让中国农村的两部大法——《中华人民共和国村委会组织法》和《中华人民共和国农民专业合作社法》走向互相隔绝的两端，从政策角度将农村社区公共服务与农村经济发展截然分割为两个互不相涉的领域。

而蒲韩的例子让我们清晰地看到，实践并不遵循这套臆想出来的、农村经济与社会从功能到组织完全分裂和对立的逻辑，农村社区公共服务可以甚至必然与农村经济发展相关。

这不仅表现为蒲韩经济发展的积累可以给予社区公共服务以资源支持，而且，更重要的是社区公共服务所调动的、所唤醒的、所组织起来的蒲韩的农民，并能够给予自己的家园建设包括经济、社会、文化等诸方面的建设以最大的动力与活力。

但是，中国绝大部分乡村并非类似蒲韩社区，农民的经济活动与社会、文化活动分属合作社和村委会这两个不同的组织主体。农村的公共服务事项均由政府财政拨款、村委会执行。

蒲韩社区历经多年，形成了个体农户和个体农户聚落相互交融的新型社区共同体，它并非是传统的只见群体不见个体的共同体；它能够适应当下农村生活场域与劳动场域有部分重合也有部分分离的社会基础结构的演进；它用事实回答了后工业时代村社类型的社区共同体能否存在的拷问；它让我们有理由提出，即便再过百年，只要农户的个体生产方式继续存在，支持其生产和生活需要的个体农户的聚落就会永远存在，那么，两者间交融的社区共同体即各种类型的村社就有必要存在，而这类社区共同体的基本特征，就是经济功能与社会、文化功能的互补与融合。

（二）农民合作组织能否成为农村公共服务的提供主体

目前，中国的农民合作组织可以分为专业合作社、联合社、农技协会、老人和妇女社团以及乡村发展协会、综合性农民合作协会等两大类六种组织。前两种工商注册，属于经济性质的组织，后四种民政注册，属于具有公益性的社团组织。

这两大类六种组织能否担当或者谁能担当农村社区公共服务提供主体的责任呢？

先来分析一下合作社。截至 2013 年 9 月，我国农民专业合作社注册已达 91 万家，入社社员 6838 万户，平均每个合作社 75 户。显然总量上去了，不过平均规模很小且功能单一。其实，真正由农民自己组织起来的合作社规模更小，因为大部分合作社是受外来工商资本控制的以合作社为名的公司。联合社中，受外来资本控制的比例更高。那么，外来资本要以营利为目的，他们不允许合作社去做社区公共服务这类公益事业。

再加上如前所述，合作社包括联合社已经被法律规定了其经济组织的身份，如果要求他们承担社区公共服务，显然要做政策方向上的大调整，要与另一部法律即《中华人民共和国村民委员会组织法》做法律协调。

再说民政注册的社团。这类组织让人眼花缭乱。改革开放早期，全国的农技协会曾号称过百万，直至目前，还有十几万之多。只是在解决技术服务成本来源的探索中，大部分协会自生自灭，小部分为谋取生存之道，成为专业合作社或者农业公司，变成一套班子几块牌子。老人和妇女社团是改革开放的产物，绝大部分是在非营利组织或者研究机构推动下成立的，也有一部分是走向综合农协方向的农民合作社自行设立的非正式组织，但由于缺乏经费来源，难以坚持下去，至今只星星点点地留存在很少的地区和组织中。县级乡村发展协会是 20 年前由政府推动的农村小额贷款机构，全国正式设立此类协会的有 30 多个县，到目前仅存的只有四川仪陇、内蒙古赤峰等少数几家。这几家突破重围，获得了生存与发展的空间，多在县域范围的农村基层发展信用合作，以及部分技术推广和农资购销的服务合作。不过，鉴于此类组织在出生阶段就已明确走县域信用合作的路子，而且迄今为止它们支持和帮助农村基层的信用合作还有很大发展空间，似无必要落底到村庄改行专营社区公共服务。

综合性农民合作协会是一类特殊社团。它的特殊性在于功能横跨经济与社会，而且是用经济功能赚得的利润支持社会功能，这类组织本质上属于公益类组织，只是做公益的资金是从商业取得的，其性质应属于社会企业。例如蒲韩乡村社区支持公共服务的资源就来自农产品规模营销、信用合作、农业生产和农户消费资料营销等商业门类。从蒲韩的案例看，乡、村两级社区联动、规模化经营、统一规划统一核算经济与服务事业，是其能够承担社区公共服务的三个重要元素。如能将这个创新经验予以推广，就有可能在若干年后，成为给农村社区提供公共服务的新型主体。

（三）在提供农村公共服务方面，村委会与农民合作组织的关系

按照《中华人民共和国村民委员会组织法》，村委会是建立在农村的基层群众性自治组织，主要功能是办理本村的公共事务和公益事业，① 而农民专业合作社是互助性经济组织，② 《中华人民共和国村民委员会组织法》规定，村委会"应当支持和组织村民依法发展各种形式的合作经济和其他经济，承担本村生产的服务和协调工作"。③ 另外，应当"尊重并支持集体经济组织依法独立进行经济活动的自主权，……保障集体经济组织和村民……的合法财产权和其他合法权

---

① 见《中华人民共和国村民委员会组织法》，2010 年 10 月 28 日第十一届全国人民代表大会常务委员会第十七次会议修订通过。

② 见《中华人民共和国农民专业合作社法》，2006 年 10 月 31 日第十届全国人民代表大会常务委员会第二十四次会议通过。

③ 见《中华人民共和国农民专业合作社法》，2006 年 10 月 31 日第十届全国人民代表大会常务委员会第二十四次会议通过。

益"，"支持服务性、公益性、互助性社会组织依法开展活动，推动农村社区建设"。①

可见，法律规定下的村委会与农民合作组织的关系是支持与被支持的关系，而支持的内容不仅有尊重权利、发展经济，还有支持服务性、公益性、互助性社会组织开展社区建设的内容。这就为农民合作组织进入社区公共服务预留了空间。十八届三中全会决定又指出，"允许企业和社会组织在农村兴办各种事业"，从而明确了农村公共服务的提供者可以是包括经济主体在内的多主体。

也就是说，合作社、联合社、综合性农民合作组织等都可以进入农村公共服务的领域。其实，在推进和推广农村社区公共服务上，超越村级边界的农民合作组织相比村委会有明显优势。

村委会做公共服务，仅能代表本村人的集体利益，利益边界封闭和固化，导致只要超越了本村的利益范围，村委会就再没有追求的动力。而社区公共服务具有很强的外部性，无论垃圾处理、老人服务、卫生保健，只要形成高低悬殊的差距，就会产生向低位扩散的强烈冲动，从而拓展规模以求获得更大的效益。农民合作组织的利益边界以组织所在的社区为界，这个社区如果不是一两个村而是两三个村甚至几十个村，像蒲韩社区就跨了两个乡镇43个村，那么，利益边界的拓展就会产生追求公共服务一致化的动力。如果农村合作组织与村委会并不在同一层级，地域上也并非完全重合，那么，在推动社区公共服务方面，这两个主体就能在动力上（仅为村庄的动力与超越村庄的社区动力）、在资源上互补（政治资源与经济资源），从而具备既分工又合作的协商空间。

例如垃圾处理涉及村庄整洁，老人照护涉及家家户户，以村级社区为基本服务范围有利于全面覆盖和激发村民的共识和协同力，而以高于村庄的蒲韩乡村社区来做计划、培训、指导和提供部分资源支持，有利于快速复制服务项目，降低服务成本，使其更具规模效益。总之，为了做好农村社区公共服务，有意愿，也有实力和能力的农民合作组织要与

① 见《中华人民共和国农民专业合作社法》，2006 年 10 月 31 日第十届全国人民代表大会常务委员会第二十四次会议通过。

村委会精诚合作，村委会也要支持农民合作组织发挥优势，双方各展其能，才能收到更好的效果。

（四）政府应该给予的政策支持

首先，要对综合性的农民合作组织放开民政登记注册。蒲韩乡村社区迄今已经发展16年，是一个较为成熟的综合性的农民合作组织，但是迄今为止，尚未获得超越果品协会等技术协会称呼的社团注册。目前，相当多的农民专业合作社和联合社自愿走向综合农协，仅农禾之家联盟①的会员组织中，既做经济服务，又开展社区公共服务的农民合作组织就占会员总数的36%，它们已经突破了《中华人民共和国农民专业合作社法》规定的专业、功能和区域的限制，但是除了其中七八家得到当地县民政局的认可，在专业合作社之外，又注册了新农村综合发展协会，大部分组织未能给自己同时履行的社区公共服务职能找到法律上的保障。而我们认为，综合性的农民合作组织只要获得长足的发展，其以商业手段实现农村公益目的的组织性质就决定了它的利益导向——给农村社区提供质优价廉的公共服务，因此，以开放的登记政策推动这类组织成长，完全可能成为撬动农村社区公共服务增量的制度化杠杆。

其次，需要进行农村社区公共服务社会政策的系统研究。

这个研究要厘清农村与城市的社区公共服务有哪些异同？农村公共服务是否具有自我生存与发展的相对独立性？其供给主体以谁为佳？如何明确各类供给者的权利与责任？在农村社区公共服务领域，中央政府、地方政府、乡镇政府、村委会这条线，与包括企业、合作社、综合性农民合作组织等主体在内的社会力量这条线之间到底是什么关系？

还有，采取何种政策体系才能有助于培育农村社区公共服务的自我发展机制，才能遏制公共资源多被用于行政控制、分配上的随意性造成资源配置效率低下？农村社区公共服务设施管理中的投资主体、经营管理、产权管理、财务管理等一系列复杂问题到底依托何种政策体系才能得到有效解决，而不至于长期陷入投入不足、产权不清、管理紊乱的局

---

① 农禾之家联盟是一个有意愿走向经济与社会功能综合发展方向的农民合作组织的网络，目前合作社会员120家，覆盖全国20个省级行政区。

面？总之，农村社区公共服务的提供到底依靠谁，发展谁，走什么路，都需要一一辨析清楚。

最后，要进行有关农村社区公共服务的普及教育，推动政府购买服务。

无论政府还是农民，对于农村社区公共服务的认知目前还处于初始阶段，甚至有些还是空白。农村几乎没有经过培训的乡村社区工作者，即便在任的大学生村官，对农村公共服务的认识也只停留在政府部门为农民提供服务的层面，对于农民及其组织的主体作用，公共服务与社区信任度、凝聚力的关系等都缺乏基本认识。

党的十八届三中全会提出要"深化社会体制改革"，政府要"购买社会组织服务"，要"激发社会组织活力，改进社会治理方式"。这当然不能局限于城市，农村也应该包括在内。农村社区公共服务已经有类似蒲韩社区的农民合作组织这类优秀的提供者，政府购买服务就应该向这类新型农村公益组织倾斜。其中，尤需重视对老年护理员、技术推广员以及包括大学生村官在内的乡村社区工作者等各类人才的规划与培训。

参考文献

杨团、石远成（2013）：《走进山西永济蒲韩乡村社区：一个自治的综合性农民合作组织联合体》，载《综合农协：中国三农改革的突破口》，社会科学文献出版社。

综合农协研究组（2013）：《探索综合性农民合作组织，促进"三农"改革新突破》，载《综合农协：中国三农改革的突破口》，社会科学文献出版社。

王爱琴（2013）：《农耕家园》，《蒲韩乡村社区乡土培训师讲义》。

任淑烈（2013）：《农村养老》，《蒲韩乡村社区乡土培训师讲义》。

张文静（2013）：《农村社区公共服务体系建设——以河南省为例》，《长春理工大学学报》（社会科学版），（4）。

逯惠艳（2012）：《我国农村社区公共服务体系建设研究》，《行政与法》，（11）。

陈晓洁、周调和（2012）：《关于构建农村社区公共服务体系的思考——以浙江省瑞安市为例》，《管理观察》，（19）。

韩鹏云、刘祖云（2013）：《农村社区公共服务下乡：进路、逻辑及推进路径——基于广西百色市"农事村办"的考察》，《广西社会科学》，（3）。

王景新：《农村社区公共服务的新情况和新问题》，"中国改革论坛"，参见 http：//www. chinareform. org. cn/cirdbbs/dispbbs. asp？ boardid = 11&id = 148340&move = pre&page = 1。

A New Form of Public Service Provider for Rural Communities: Lessons from Puhan Village, Shanxi Province

Yang Tuan, *Shi Yuancheng*

【**Abstract**】 Following reform, the village committee has lost its collective economic resources, making it difficult for it to fulfill its obligations as a provider of public services in the rural community, and rural professional cooperatives deal only with economic affairs. This being the case, who is to provide public services to rural China? This paper reveals an alternative possibility: rural cooperatives that are, in essence, social enterprises, and that have comprehensive economic, social, and cultural functions. The authors draw on the example of the Puhan village community in Yongji, Shanxi to illustrate the potential of this model, demonstrating how the villagers in Puhan have developed new ways of providing public services to the rural community. The authors expand on this empirical material to offer theoretical and policy analysis, and end the paper with their own policy recommendations.

【**Keywords**】 Rural Community; Public Services; Puhan Village, Yongji, Shanxi

（责任编辑：郑琦）

$\mathcal{NP}$

山西永济蒲韩乡村社区：农村社区公共服务的新型提供者

183

在与非营利组织互动
合作中转变政府职能[*]

——《公共服务中的伙伴》述评

陈建国^{**}

【摘要】在全面深化改革的新时期，重读《公共服务中的伙伴》一书对于正确处理政府和社会关系具有借鉴意义。萨拉蒙在该书中深入分析了政府与非营利组织互动的理论和实践，提出了"第三方治理"和"志愿失灵"理论，用实证数据系统地展现了美国政府与非营利组织互动的实践。整体来看，该著作在对非营利组织与政府的互动这一主题的突出强调、非营利组织理论的范式转换及研究方法方面都有突出的贡献。但是该著作与既有理论对话不足，对政府与非营利组织合作治理的理论逻辑探讨还有待深入。瑕不掩瑜，作为萨拉蒙的代表作，该著作对于我们推进政社关系改革仍然具有诸多启示。

【关键词】非营利组织 互动合作 转变政府职能

政府与非营利组织的关系一直是公共管理学研究的焦点之一。既有的研究基本上形成了主张"强政府弱社会"的左派和主张"弱政府强社

---

* 基金项目：华北电力大学中央高校基本科研业务费项目（12MS94），北京市哲学社会科学规划项目（12SHCO17）。

** 陈建国，华北电力大学人文与社会科学学院副教授，硕士生导师。

会"的右派。然而 20 世纪 50 年代到 80 年代美国出现了国家和非营利组织同时扩张的情形，让左右两派都难以自圆其说。实践向已有的理论范式提出了挑战，应当如何认识"强政府"与"强社会"共存的现实，如何解释国家与非营利组织之间的合作关系，如何评价其后果？这正是萨拉蒙教授的著作《公共服务中的伙伴——现代福利国家中政府与非营利组织的关系》的旨趣所在，他通过大量的实证数据证明政府与非营利组织之间的伙伴关系在美国的普遍性。而且，他创新了理论范式，提出了"第三方治理"和"志愿失灵"理论，解释了这种伙伴关系的内在逻辑，成功地回应了实践向理论提出的挑战。严格地说，该书是萨拉蒙的一本论文集，整体结构严谨，逻辑连贯，系统地回答了政府与非营利组织合作的系列问题。本书是萨拉蒙最为重要的代表性著作，获得了 1996 年非营利组织和志愿行动研究协会杰出图书奖，同时也是欧美大学研究生非营利组织课程的重要参考文献。

一　政府与非营利组织互动的理论和实践

萨拉蒙的著作遵循着理论反思、理论建构和理论检验的思路展开，是一部方法严谨、内容充实、逻辑性强的著作。

（一）理论范式的转换：从福利国家和志愿部门理论到"第三方治理"和"志愿失灵"理论

基于对大量政府与非营利组织合作实践的观察和对福利国家理论与非营利组织理论的反思，萨拉蒙认为需要超越国家－社会二元分立的思维，运用新的理论来认识政府治理基本形式的根本性变化。

良好的治理是公共管理研究的目标，萨拉蒙认为要达到这一目标仅仅关注单个的项目或者项目集合的实施是不够的，还要关注政府行动的工具类型，关注社会接入的"技术"（萨拉蒙，2008：19）。尤其是大量"第三方治理"实践使得公共管理的研究焦点应当从官僚制内部管理转向与外部其他社会部门的合作关系管理，需要把更多注意力放到公共行动的工具和技术上（萨拉蒙，2008：19）。在某种意义上说，这是对政府治

在与非营利组织互动合作中转变政府职能

理工具的治理，它超越了具体操作层次的问题，而上升到了对操作工具的选择层面。

那么，根据什么选择政府治理工具呢？在官僚制、市场以及非营利组织这三组治理工具之间进行选择的逻辑根据是什么呢？要回答这些问题，就需要上升到理论的层面进行思考。

囿于概念工具的局限性，固有的福利国家理论、公共选择理论及志愿部门理论基本上达成了一个共识，即：市场会失灵，因此国家是必要的；政府也会失灵，因此市场化和有限政府是必要的；政府和市场都会失灵，因此志愿部门是必要的。这其实是在政府、市场和志愿部门三者之间进行非此即彼的选择。这种选择的逻辑是错误的，因为它把一种工具的适用性建立在其余两种工具不适用的基础之上，而非将其建立在自身适用的基础上。埃莉诺·奥斯特罗姆早就指出了这种错误，她说"说明了一个制度安排导致次优的绩效，并不等于说明了另外一个制度安排表现得更好"（Ostrom, E., 1998）。此外，以往的研究过多地关注了以霍布斯的利维坦和福利国家理论为代表的政府主义与以亚当·斯密和公共选择理论为代表的市场主义，对社会治理实践的关注很不够，直到出现埃莉诺·奥斯特罗姆基于划分物品理论对公共池塘资源（CPR）自主治理的探索为止。因此，除了国家主义和市场主义外，还应当关注志愿主义，"不仅如此，除了这三种比较极端的制度安排之外，更常见的是三种制度安排之间的混合安排"（李文钊、蔡长昆，2012）。三种治理工具之间的混合安排直到最近的合作治理（collaborative governance）才受到了关注。

同时，除了逻辑缺陷外，这种简单的"搭积木"式的思路并不符合复杂的社会治理实践。萨拉蒙通过调查发现，美国联邦政府越来越多地依赖大量的"第三方"——州、市、特区、银行、医院、制造商等实现目标，同时调查也显示即使排除医院和大学，美国整个国家的非营利人类服务组织最大的收入来源也根本不是私人捐赠，而是政府（萨拉蒙，2008：67）。基于此，萨拉蒙指出了福利国家理论和志愿部门理论解释力的不足。他认为福利国家理论"强调了国家的扩张，并留下了一种政府在解决社会问题和提供服务中占据支配地位的印象，没有给生机勃勃的非营利部门留下概念上的空间"（萨拉蒙，2008：40）。同时，"现有的非营利部门理论也没有预计到志愿组织与国家的有效合作"（萨拉蒙，2008：40）。这种理论范式遭遇了危机，需要进行理论范式的创新。

为了有效地解释美国政府与非营利部门之间的合作关系，萨拉蒙提出了新的福利国家理论，即"第三方治理"理论和新的志愿部门理论，即"志愿失灵"理论。

"第三方治理"理论强调公共和私人机构之间大量的责任共担，以及公共和私人作用的大量混合。美国的治理实践中，政府把很大程度的裁量权交给了非政府或非联邦政府的伙伴。第三方治理，一方面扩大了政府在福利提供方面的作用，但又没有过度扩大政府的行政机构（萨拉蒙，2008：44）；另一方面，在公共服务的供给中，通过公共和私人部门的合作引入了类似于市场的竞争关系，这就在公共机构间形成了一种具有市场安排特性的公共经济。

同时，萨拉蒙认为应当把非营利组织作为政府与市场失灵之补充的传统观点颠倒过来。非营利组织不是政府和市场的补充，相反应当把政府看作是对因志愿部门或非营利部门的固有局限性导致的"志愿失灵"的补充（萨拉蒙，2008：44）。因为，尽管非营利部门具有减少交易成本、塑造社会责任感及合法性等比较优势，但是也有许多固有局限，即萨拉蒙所谓的"志愿失灵"，具体表现为"慈善不足"、"慈善的特殊主义"、"慈善的家长式作风"及"慈善的业余主义"等（萨拉蒙，2008：47）。这种观点客观地论述了志愿部门的局限。因而，理想的政策选择是根据具体的事物属性、产权结构、制度环境及社会资本等因素，在政府、市场和志愿部门及它们之间的各种组合模式间择优，从而形成发挥每种治理工具优势的互补性治理格局（李文钊、蔡长昆，2012）。

（二）发现政府与非营利组织在公共服务供给中的互动实践

在理论的反思和修正之后，萨拉蒙通过实证调查展现了美国政府与非营利组织在公共服务供给中的互动实践。

美国联邦层面的政府已经越来越多地依赖"第三方"实现其职能，其间的互动关系紧密，人们将之称为"非营利联邦主义"。联邦政府不是非营利组织的替代者或竞争者，而是伙伴，为非营利组织的运作提供资金，鼓励非营利组织参与到新的领域中来，并经常在没有非营利组织的地方，帮助创造新的非营利机构（萨拉蒙，2008：72）。具体来看，联邦政府有三种方式资助非营利组织，一是直接资助非营利组织，二是通过地方政府资助非营利组织，三是通过向个人发放凭单的形式资助非营利组织。据统计，1980财政年度中，联邦政府对非营利部门的资助达到了400亿美元以上，占非营利部门总收入的35%（萨拉蒙，2008：76）。

为了更深入地反映美国非营利组织的状况，萨拉蒙及其同事对美国东北部、南部、中西部和西部的16个地区进行了实证调查，数据进一步印证了上述观点，且发现了美国非营利组织具有如下特点：一是美国的非营利组织规模大，其作用等于或超过了地方政府；二是资源分配不均，绝大多数资源由少数的大型机构支配；三是非营利组织的活动和关注对象具有高度的多样性；四是非营利人类服务组织的最大收入来源是政府（萨拉蒙，2008：67）。

萨拉蒙的调查显示，美国政府支出最高的地区，也是非营利部门最发达的地区，反之亦然。从领域来看，美国政府的支出主要用于卫生和收入援助，这两项共占资助总额的85%，其中前者占60%，后者占25%（萨拉蒙，2008：81）。除资助之外，州和地方政府更重要的作用是管理，即做出服务的决策和监督，据估计，大约80%的政府社会福利支出是由州和地方政府管理的，他们负责做出决策，决定这些服务如何提供，由谁提供等（萨拉蒙，2008：83）。

（三）评估政府与社会组织互动的效果和影响

政府与非营利部门的合作有着积极的影响，但也备受争议，有人担心合作会破坏非营利组织的独立性，导致其官僚化，扭曲其使命，偏离对穷人的关注等。萨拉蒙在本书的第三部分用实证分析显示，这些担忧是多余的。萨拉蒙调查显示，在1981年，主要为穷人服务的机构中，平均57%的收入来自政府，而没有穷人服务对象的机构，只有29%的收入来自政府（萨拉蒙，2008：137）。这说明正是由于政府的资助，非营利组织才更多地关注穷人，而非相反。相较于伙伴关系的收益而言，这些威胁并不显著。因为这种伙伴关系把政府突出的征税能力和民主决策程序，与志愿部门的更小规模、更个性化的服务提供能力结合起来了。

既然政府是非营利服务机构收入的主要来源，那么政府紧缩性改革是否威胁到非营利机构的发展呢？萨拉蒙评估了里根政府的紧缩性改革对非营利组织的影响。里根政府强调私人的主动行为作为应对问题的新方法。但其削减支出及税收等紧缩性政策却对非营利组织的发展产生了威胁，而没有达到最初设想的为非营利组织发展创造更多机会的目标。因为非营利组织收入的很大一部分来源于政府资助，减税也导致了较低的捐献倾向。据萨拉蒙统计，1985 财政年度联邦政府对非营利性社会服务组织的资助力度比 1980 财政年度下降 64%；对社区发展组织的资助下降 65%；对教育和研究组织的资助下降 35% （Salamon & Abramson, 1982）。1982~1986 年，相对于 1980 年的支出水平而言，非营利组织失去了总额约 230 亿美元的联邦资助（萨拉蒙，2008：208）。同时，里根政府的大量改革，例如撤销社区服务局等措施也破坏了政府与志愿部门的关系（萨拉蒙，2008：166）。然而，出人意料的是，虽然政府的资助大幅度减少了，但剔除通货膨胀后，非营利组织的收入实际上非但没有减少，反而增加了 0.5%，这些收入主要来自服务收费。也就是说政府资助的减少迫使非营利部门转向了商业化。因而，萨拉蒙指出，诸多强有力的因素正让志愿部门偏离作为公共服务伙伴的角色，而在更大程度上被整合到私有的市场经济中去了（萨拉蒙，2008：216）。这正是未来政府政策需要关注的问题之一。

二　贡献与局限

作为代表性著作，该书是萨拉蒙十二年来关于美国非营利部门的范围和结构以及政府与非营利组织关系所做的工作集成。该著作在诸多方面都有独特的贡献。

第一，率先对非营利组织与政府的互动关系进行了探讨，开辟了一块新的研究领域。长期以来，左派和右派强调的是政府与非营利组织之间的紧张关系，忽略了实践中复杂的合作关系。萨拉蒙的研究突破了既有的思维定式，超越了左右纷争，突破了传统福利国家理论和志愿部门理论的局限性,还原了现实中的政府和非营利组织间的关系。用他本人的话来说,"本来是对被长期忽略领域的初步探讨,因此而成为一个重要的发现历程,揭示了一个规模庞大、异常复杂的隐藏的次大陆,发现了政府与非营利组织关系的茂盛丛林,并对有关美国非营利部门的范围和本质以及美国福利国家性质的流行观念形成了挑战"(萨拉蒙,2008:3)。

第二,萨拉蒙以高超的洞察力提出了"第三方治理"和"志愿失灵"理论,实现了非营利组织理论的范式转换。传统的观点认为非营利组织是对政府失灵和市场失灵的补充,而萨拉蒙则反弹琵琶,认为非营利部门有着独特的优势,它不是政府和市场失灵的补充。非营利组织应当成为解决问题的优先选项,只有当志愿失灵时,政府才可以介入。这其实也就是要坚持政府在公共服务领域的辅助原则。

第三,系统地刻画了美国政府与非营利组织互动合作的实践。由于理论的偏见及概念的缺乏,美国学界忽视了政府与非营利组织互动合作的丰富实践。萨拉蒙的研究向来以实证分析见长,这一点在本书中也得到了很好的体现,他系统地搜集了美国政府与非营利组织合作的数据,从财政支出和非营利组织的收入来源的统计分析中展现了二者间的互动合作关系。为了更为系统透彻地分析地方层面政府与非营利组织的合作关系,萨拉蒙专门设计问卷对7000家机构进行了调查,并将数据的统计与理论的阐述有机结合。我们看到该书中几乎每一个观点、结论的得出都有坚实的实证数据支撑。正是基于这些数据,萨拉蒙从财务关系、领域分布、州和地方比较、政府支持的数量和程度、政府资助的形式、地区间差异、服务对象的差异等多角度、全方位地展现了政府与非营利组织间的合作关系。

第四,系统地展现了理论实证研究的典范。虽然是一本论文集,但是该书在研究方法方面堪称典范,系统地呈现了从经验现象中提出问题、建立理论假设、进行经验调查、理论检验和建构的全过程(萨拉蒙,2008)。

诚然,《公共服务中的伙伴——现代福利国家中政府与非营利组织的关系》是大师的一部巨著,为学界奉献了一块无与伦比的智慧美玉,并启迪思想。然而，该著作毕竟是一部论文集，白璧微瑕，一些细节性的地方有美中不足之嫌，值得思索。

第一，新理论与既有理论对话不足。萨拉蒙有着敏锐的视角和巨大的理论勇气，创造性地提出了"第三方治理"理论和"志愿失灵"理论，革新了政府、市场和非营利组织构成的公共治理格局。但严格地讲，萨拉蒙是在对福利国家理论和志愿部门理论反思的基础上提出了新理论，他对"第三方治理"等新理论的逻辑基础论述不够扎实，他只是简单地指出了当把福利国家理论应用到美国时主要的问题是，它没有把政府作为资金提供者和监管者的作用及政府作为服务提供者的作用区分开来（萨拉蒙，2008：43）。其实政府与非营利组织在公共服务供给中的角色功能划分是探讨"第三方治理"等新理论的逻辑基础，公共服务产业流程、提供与生产的区分及政府、市场及社会组织功能角色选择在公共经济治理理论中得到了系统而深入的探讨（Ostrom，V. & Ostorm，E.，1971；Oakerson，1999），而萨拉蒙在这一点上却没有深入展开，只是点到为止。如果能与既有理论联系起来，其理论创新将会更加丰满。

第二，对政府与非营利组织合作治理的理论缺乏深入的探讨。萨拉蒙指出，志愿部门的弱点正好是政府的长处，反之亦然。但是，缺乏对政府与非营利组织在公共服务供给过程中优缺点的进一步深入分析，并在理论上探讨如何实现优势互补。虽然，他在第八章指出了非营利部门具有灵活性、较小的运作规模以及更有能力避免零碎方法等优势，也指出了政府在公平、多样性及财政方面的优势，但是缺乏对他们之间互动合作的理论透析。其根源可能是萨拉蒙并没有系统地分析公共服务供给过程的环节，而只是笼统地将其作为一个过程。这一点又和理论对话不充分有关系。

第三，个别观点的证明力度不够。虽然整体来看，本书展现了萨拉蒙严谨的实证研究路径及其调查和数据分析的深厚功力，但仔细阅读我们不难发现，尽管其大多数观点都和数据统计分析进行了完美的结合，但仍有个别观点的验证没有强有力的数据支撑。例如，对非营利机构的独立性、卖方主义、机构管理和官僚化等怀疑性观点的证伪，主要采用的是已有研究观点荟萃的方法，论证略显乏力。

在与非营利组织互动合作中转变政府职能

第四，将地方政府纳入"第三方治理"有待商榷。萨拉蒙在论述第三方治理的兴起与公共行动方式的转变时，提到"在这个过程中，联邦政府管理事务的方式也发生了重大转变——从直接转向间接或'第三方治理'，从联邦政府自己管理项目转向越来越多地依赖大量的'第三方'——州、市、特区、银行、医院、制造商等——实现其目标"（萨拉蒙，2008：19）。将州、市和特区等政府单位作为"第三方"与我们所理解的作为第三方的非营利组织等并列有失严谨性。

三　经验借鉴与政策启示

尽管具体国情不同，但大道相通。萨拉蒙对政府与非营利组织合作互动的理论和实践分析对于中国公共管理研究和实践具有丰富的启示。尤其是在新一轮政府机构改革和转变职能的关键时刻，重读萨拉蒙的这部重要著作，我们发现其研究结论和诸多观点对于中国的改革议题，例如如何处理好政府与市场、政府与社会的关系等都具有重要的政策启示。

第一，中国的公共管理研究需要重视合作治理这个主题。时至今日，官僚制垄断公共服务供给的局面已经一去不复返了，公共服务的市场化和社会化已大势所趋。政府向社会组织购买服务等民营化和社会化活动正在如火如荼地进行着。在这些情况下，"那些关于如何让公共机构组织和运转起来、如何激励和监督公共雇员的知识，已经不再适用了"（萨拉蒙，2008：22）。因为在政府大量依赖市场组织和社会组织生产公共服务的时代，政府的治理面临着与科层制时期完全不同的环境、对象和事项。新的时代需要新的理论，因此，公共管理的研究应当聚焦于政府对合作关系的治理，系统地研究政府在合作治理中如何充分激励各方发挥优势，形成互补性的格局，致力于公共服务绩效的提升以及如何在诸多的治理工具间进行有效的选择等问题。

第二，中国的公共管理研究以更加积极的视角审视非营利组织与政府的互动关系。萨拉蒙的研究告诉我们，政府与非营利组织之间不是一种矛盾和冲突的关系，而是合作伙伴关系，它们有各自的优势和缺陷，可以实现互补。同时萨拉蒙也向我们系统地展示了美国的经验，在非营利组织参与大量的公共服务供给过程中，政府的财政支出的相当部分通过各种方式进入到了非营利组织之中。因此，我们要超越政府与非营利组织两立的定式思维，以更加积极的态度看待非营利组织在社会中的作用，而没有必要总是害怕非营利组织的发展会威胁到政府功能的发挥。令人欣慰的是，新一轮《国务院机构改革和职能转变方案》提出的一个核心观点就是：市场能管的交给市场，政府不要管；社会组织能管的交给社会组织，政府不要干预。该方案提出重点培育、优先发展行业协会商会类、科技类、公益慈善类、城乡社区服务类社会组织。成立这些社会组织，直接向民政部门依法申请登记，不再需要业务主管单位审查同意。我们要积极落实方案的精神，鼓励和支持更多的非营利组织参与到公共服务供给中来。

第三，政府应向非营利组织转移职能，在实现基本公共服务均等化和服务型政府建设中精简机构。一方面，建设服务型政府、实现基本公共服务均等化、不断改善民生等都是当前和今后一段时期内政府工作的重点。另一方面，新一轮《国务院机构改革和职能转变方案》又把机构精简和转变职能作为基本原则。如何在转变职能、精简机构的同时，实现基本公共服务均等化，建设服务型政府和改善民生，是摆在我们面前的一大挑战。因为要承担更多的服务职能，就面临着机构膨胀的趋势；要精简机构，就面临着服务职能由谁落实的问题。如何兼顾更多的公共服务和更精简的政府机构貌似是个两难的选择。萨拉蒙提出的"第三方治理"是解决这一悖论的良药，通过向非营利组织等第三方转移更多的公共服务职能，可以在实现服务绩效提升的同时，防止政府机构膨胀。因此，要超越"做更多的事情就需要更多的权力、人员编制和预算"等官僚体制的惯性思维，就需要更多地向第三方转移职能。把政府的职能定位于决策、筹资、签订合同、绩效评估以及解决冲突等方面，而把公共服务的专业技术性和复杂多样的生产活动交给各级各类的非营利组织去承担。这样，就可以实现更好的服务和更精简的机构的双重目标。

第四，政府不仅要给予非营利组织宽松的发展环境，还要通过购买服务等多种方式资助非营利组织积极参与公共服务供给。萨拉蒙在《公共服务中的伙伴——现代福利国家中政府与非营利组织的关系》中探讨了里根政府的紧缩改革对非营利组织发展及其服务对象的影响，发现当

在与非营利组织互动合作中转变政府职能

政府减少对非营利组织的资助时，非营利组织更商业化了，更少地关注穷人。这是美国政府与非营利组织合作实践的一个教训。因此，中国政府不仅仅要改革双重管理体制，积极培育、引导和支持非营利组织的发展，而且要通过将购买服务、招投标以及各种凭单制等方式把非营利组织纳入公共服务供给的过程中来，并将其制度化，防止非营利组织的过度商业化，避免重蹈美国的覆辙。

参考文献

李文钊、蔡长昆（2012）：《政治制度结构、社会资本与公共治理制度选择》，《管理世界》，（8）。

〔美〕莱斯特·M. 萨拉蒙（2008）：《公共服务中的伙伴——现代福利国家中政府与非营利组织的关系》，商务印书馆。

Ostrom, E. (1998), "The Comparative Study of Public Economies", 42 *The American Economist*, pp. 3 – 17.

Ostrom, E. & Ostrom, V. (1971), "Public choice: A different approach to the study of public Administration", 31 *Public Administration Review*.

Oakerson, R. J. (1999), *Governing Local Public Economies: Creating the Civic Metropolis*, Oakland, Calif.: ICS Press.

Salamon, L. M. & Abramson, A. J. (1982), *The Federal Budget and the Nonprofit Sector*, Washington, D. C.: Urban Institute.

Transforming the Functions of Government through Cooperation with NPOs: Revisiting Lester Salamon's *Partners in Public Service*

Chen Jianguo

【**Abstract**】 In this new era of comprehensively deepening

reforms, *Partners in Public Service* is significant as a frame of reference to be revisited as we think about how the relationship between government and society should be properly dealt with. In this book, Salamon undertakes an in – depth analysis of the theory and practice of collaboration between government and nonprofit organizations. He presents us with a theory of "third – party government" and "voluntary failure", and draws on empirical data in a systemic attempt to demonstrate how interaction between the US Government and nonprofit organizations works in practice. On the whole, this book makes an outstanding contribution through its emphasis on the interaction between nonprofit organizations and government, to the transformation of the current paradigm of nonprofit organization theory and to research methodology. There is, however, room for improvement when it comes to the dialogue between the book and existing theory, and we are still awaiting greater exploration of the theory of collaborative governance by government and nonprofit organizations. But these small weaknesses do not detract from the overall strengths of the book. As a collection of some of Salamon's most classic work, the book still offers us much inspiration as we push ahead with reforms of the relationship between government and society.

【**Keywords**】Nonprofit Organizations; Collaboration; Transformation of Government Functions

（责任编辑：朱晓红）

NP

在与非营利组织互动合作中转变政府职能

论基金会与现代慈善

——《改变中国——洛克菲勒基金会在华百年》述评

王　名　王春婷[*]

【摘要】《改变中国——洛克菲勒基金会在华百年》是第一本对洛克菲勒基金会在中国一个世纪的经历进行综合论述，并由此探讨中西文化交流的学术专著。该书以西医东渐和洛克菲勒基金会在华项目为史例，探讨中西文化交流、冲突与融合，研究中西医的社会医学史和美国基金会发展史，并从国外非营利组织来华的角度分析西方非营利组织介入改变中国进程的努力。可以从现代基金会通过公益改善穷人生活，通过资助传播知识和文化、改造社会，通过公益推进西医东渐和通过资助建构中美关系四个视角，解读该书所阐释的基金会与现代慈善。

【关键词】洛克菲勒基金会　科学慈善　西医东渐

基金会源于公益，成于财富，是拥有财富的人之于公益的表达形式，是一个社会通过组织化形式激励富人对穷人以公益捐赠的方式表达社会

---

* 王名，清华大学公共管理学院 NGO 研究所所长，教授，博士生导师；王春婷，清华大学公共管理学院 NGO 研究所博士后。

关怀的制度安排，也是使财富在社会公益的名义下得以重新分配和永续存在的合法形式。从基金会的历史来看，美国最早的基金会以建立于1867年的皮博迪基金会为代表，展现了传统慈善零散性、地方性和救济性的特征。现代基金会发轫于20世纪初，源于美国强劲的工业革命与"西进运动"互相刺激带来的财富的急剧膨胀和两极分化，社区的社会文化分崩离析，城市问题深化、恶化的经济和社会背景。基金会自诞生之日起就将自己的使命与日益严重的阶级矛盾和社会问题紧密联系在一起，以改造社会和增进人类福祉的远大目标为宗旨，展现了现代慈善精神。现代基金会以"科学慈善"和"批发慈善"为特点，"革命性"改变了传统慈善行为，慈善不再是以家庭为基础的个人行为，而是脱离了捐赠人及其家族的控制，成为由专家和专职管理人员全过程控制的一种"企业"行为。现代基金会的建立使慈善事业逐渐科学化、专业化、规模化和机构化。

改革开放30余年，中国经济持续快速增长，财富总量也大幅增加，家庭金融资产量和富人数量增速惊人，穷人数量不断增多，贫富差距显著扩大，贫富两极分化突显。这是中国当前和今后社会发展所面对的严酷现实，一方面对政府公共管理和公共服务提出了挑战，另一方面为中国基金会发展创造了条件和空间。随着富人与企业参与社会公益事业的热情高涨，中国开始呈现出美国在20世纪初基金会迅猛发展时期的种种迹象，中国基金会发展的黄金机遇期正在到来。如何做大做强中国基金会，特别是以民营企业家为代表的富人家族基金会，推动其成为中国慈善事业发展的重要力量，将是我们亟待研究的重要课题。

2013年初，广西师范大学出版了马秋莎所著的《改变中国——洛克菲勒基金会在华百年》（*To Change China: The Rockefeller Foundation's Century-long Journey in China*）一书。该书讲述的是"洛克菲勒留在世上的真正遗产——他建立的那个当时最有实力也最富争议的现代基金会，以及这个基金会在二十世纪上半叶致力于改革中国的梦想和努力"（马秋莎，2013：3）。为让读者一窥这段历史的真面目，作者尽其所能，旁搜一手资料和评论，先后在纽约、北京和成都访问了数十位老协和人及医学前辈，20年间到多所图书馆和档案馆搜集该书涉及领域的研究，这些前辈的口述史和珍贵文献资料相互印证，增加了学术研究的说服力和权威性。该书对我国大基金会的研究和发展具有很强的启示和借鉴意义，不失为兼具研究性、启发性、思想性和价值性的佳作。

一

马秋莎是美国欧柏林大学（Oberlin College）东亚系教授，她以优异的成绩取得北京师范大学学士、硕士学位，之后在美国凯斯西方储备大学（Case Western Reserve University）获历史学博士。主要研究领域包括中国社会团体与公民社会、西方传教士史、洛克菲勒基金会史、西医在中国等，发表多篇颇有分量的学术论文。著有 *The Nongovernmental Organizations in Contemporary China：Paving the Way to Civil Society*？（《当代中国 NGOs：走向公民社会?》），本书是该领域被引用最多的研究之一。

《改变中国——洛克菲勒基金会在华百年》是第一本对洛克菲勒基金会在中国一个世纪的经历进行综合论述，并由此探讨中西文化交流的学术专著。该书以西医东渐和洛克菲勒基金会在华项目为史例，探讨中西义化交流、冲突与融合，研究中西医的社会医学史和美国基金会发展史，并从国际民间组织来华的角度分析西方非营利组织介入改变中国的努力。在西方殖民主义和帝国主义扩张的影响下，对中西文化尤其西医东渐的研究很容易陷入"文化帝国主义"和"文化侵略"的理论框架，强调西方文化对东方文化的单向侵入与控制行为及其后果，忽视中西文化之间的相互影响、相互作用，作者认为这样的研究框架有失偏颇。作者另辟蹊径，采用"混合杂交性"（hybridity）①的理论视角，透过洛克菲勒基金会的来华经历，探讨了中西文化间博弈及其产生的"之间性"（in-

---

① "混合杂交性"理论形成于 20 世纪 90 年代中期，强调在人类历史的全部过程中都存在着作为跨文化接触的后果，即持续出现的文化杂交；认为两个不同而独立的文化实体，在接触和交流中，通过"移居"而生成一种新的混合体。在这样的杂交过程中，这个理论重视两种文化之间的"之间性"，即非此非彼的新文化形态和因素。该理论视角所关注的是在这种杂交过程中不同文化各自和相互的冲突性和适应性；同时研究双方的行为方式和行为的内在外在原因，以及它们对对方产生了什么作用。

between-ness)。

　　洛克菲勒基金会由商界巨擘约翰·D. 洛克菲勒（John Davison Rockefeller）于 1913 年创立，是美国最早的私人基金会之一，也是受美国进步主义和自由发展主义思潮影响的典型代表。"洛克菲勒为什么建立现代基金会？又为什么全力以赴地投身科学、医学和公共事业并把这样的慈善带到中国来？"作者开篇用三章的篇幅介绍了洛克菲勒慈善事业兴起和进入中国的文化背景。第四章展现了落实基金会中国梦的探索和决策过程。第五章分析基金会如何将"霍普金斯模式"移植到中国，建立协和医学院，又如何设计与中国政府的关系，在最大程度上影响中国的医学发展和教育制度。这一章揭示了基金会以科学改造中国的野心和它如何实现中国梦的蓝图。西医以迅雷不及掩耳之势冲击并取代了根深蒂固的中医。第六章讨论了导致中西医地位转换的文化政治背景和各种因素，以及洛克菲勒基金会的精英医学教育及其带来的科学精神和科学方法在其中的作用。第七章分析了协和医学院在"中国化"问题上的冲突，折射出基金会管理体制上的问题以及中美各自的理念、立场、内部矛盾和双方复杂的关系。第八章介绍了洛克菲勒基金会在中国的新兴趣、新项目——社会科学、乡村建设、公共卫生，集中讨论了本土政治形势和社会发展对外来项目决策的影响。全书的结构安排围绕洛克菲勒基金会来华的背景、协和医院的建立、矛盾冲突与转换展开，层层递进、逻辑严密。

　　洛克菲勒基金会既是该书研究的主题，也是中西文化研究的载体。本文将从现代基金会通过公益改善穷人生活，通过资助传播知识和文化、改造社会，通过公益推进西医东渐和通过资助建构中美关系四个视角评析该部著作。

二

　　内战后的美国经济在工业革命和"西进运动"相互刺激下迅速起飞，前所未有的经济扩张和社会膨胀给美国人带来了大量工作和发展机会，在激烈的竞争中，一部分人把握时机"一夜暴富"。伴随着百万富翁的频繁出现，也有无数人的"美国梦"幻灭，贫富差距日益两极化；大批移民涌入城市并处于经济和社会最低层，流行疾病和社会问题互为表里，不断蔓延，威胁着整个社会。作者认为正是这些新问题突显、恶化，才有了慈善的"市场需求"。

为何以及如何进行慈善捐赠？基金会建立后的慈善行为对穷人来说有何不同？作者引用卡内基著名的"财富福音书"做了回答。卡内基认为，正确管理和运用富人的财富对于解决贫富之间的矛盾至关重要，最有建设性的办法是富人在有生之年就将自己的财产捐出，造福社会；他认为传统慈善中那种不加区分的施舍是不可取的，"捐赠的主要目的应该是帮助那些愿意自助的人"（马秋莎，2013：23），慈善应该像经营企业一样，有系统地捐赠或者说"科学慈善"。实际上，在独立之后，美国的慈善更为关注的是支持穷人寻找工作（王名等，2012：11）。作者也认为减轻穷人痛苦的传统善行不能根本消灭贫穷，应该科学选择并有系统地开发大规模的慈善项目，从根本上解决工业化及城市化所带来的问题。现代基金会是开发大规模的慈善项目最合适的主体。作者以洛克菲勒慈善事业的发展为例说明了基金会在改善穷人生活方面的优越性。在洛克菲勒基金会成立之前，洛克菲勒慈善事业一直是"零售式"慈善（retail charity）捐赠，只能减轻社会问题的症状，受益方局限于某个教会或社区，低效而影响力小。做慈善的洛克菲勒也相信效率第一位，聘请弗里德里克·盖茨作为其基金会蓝图的总策划师，建立了以"批发式"慈善（wholesale philanthropy）为特点的现代基金会。现代基金会在捐款上排除了对私人的直接资助，以科学慈善为宗旨，将社会改造与慈善、济贫紧密联系起来，所资助的项目具有根本性、永久性和普遍性特征。也就是说，对穷人小额零星的直接捐赠将被以研究和解决贫困根源为目的的一系列慈善项目取而代之。正如作者所指出的，基金会的捐款人认为科学发展与社会和经济"疾病"治愈存在有机联系，基金会充裕的资金可以促进科学知识、医学科学、教育和公共卫生的发展，从而根除导致人体和社会疾病的病源，消除贫困。作者以洛氏基金会"科学医学"项目为例，来说明其治疗疾病和"治疗"社会问题、改善穷人生活的功能。

三

　　20世纪初，卡内基和洛克菲勒领军建立一系列与传统慈善迥异的大型基金会和慈善机构，堪称"美国慈善事业的黄金英雄时代"。大型基金会代表的慈善旨在通过资助不同领域的项目达到根治社会问题，改造社会的目的。作者认为"在经济日益发达，人口、文化和利益日趋多元化，私人资本各种公共利益矛盾日益激化的情况下，控制知识和它与公共政策之间的关系就成了重要的政治权力"（马秋莎，2013：51）。可以说，步入后工业时代，知识和土地、资本一样，成为国家决定性的资源。如作者所说，在当时，越来越多研究机构的生存有赖于私立和公有基金会的支持，因此，是否给予研究经费或资助、知识的传播方式、培训途径等已成为管理和控制知识发展的重要手段。基金会在社会改革中的催化作用越来越大，从某种程度上来说基金会已进入了国家权力体系，在文化表达上的权力不逊于国家权力，特别是当国家在发展文化与公共服务上失效或资源不足时，基金会左右着思想和意识形态的发展。如作者指出，洛克菲勒基金会通过资助"新生物学"确立了一种"知识和文化的霸权"，目的是要在美国文化中建立一种基金会和学术精英认同的意识形态。作者还以卡内基基金会（Carnegie Corporation of New York）为例来揭示慈善财富如何左右美国学术界、艺术界，以及学术界的思想和意识形态。大基金会因其经济实力与文化精英乃至与政府合作，不可避免地成为影响社会发展的重要因素。

　　现代基金会通过资助一方面建立了"知识和文化霸权"，另一方面通过慈善项目达到改造社会的目的。洛克菲勒基金会选择了"科学医学"领域，通过资助医学研究改造社会意识形态和重构医学教育体制。然而，为何要选择医学作为改造社会、改造中国的突破点？这与当时正在崛起的"科学医学"有着密切关系。以发展医学和公共卫生作为解决社会问题、推动社会进步的重要途径，是当时西方社会崇拜"科学医学"的直接反映，也是美国社会20世纪主流文化的有机部分。作者举例指出，1782年以前，注射疫苗仍然是"被上帝禁止"的，随着"科学医学"

产生，临床医学和实验医学的结合，将人们从落后的意识形态压制下解脱出来。正如盖茨所说，"科学医学"的建立将发现和公布新的道德法则、社会法则以及人们之间关系的新的是非观，教育人们的良知，指点新方向和新责任。"科学医学"的标准构成了美国 20 世纪初的医学教育改革的核心，而美国 20 世纪初进行的医学教育改革和医学研究机构的建立离不开洛克菲勒基金会和卡内基基金会的资助。大慈善机构与医学界合作，代表了一个迅速变迁的社会为建立道德体系和社会秩序所做的努力。

四

洛克菲勒基金会为何将慈善事业的触角伸向海外？又是什么原因使其将中国视为其慈善事业的新边疆？是什么动机引领基金会进入中国？基金会进入中国后，其使命又是什么？基金会如何影响和改变中国？洛克菲勒基金会在中国的医学项目对中西医关系起了哪些作用？厘清这些问题对于研究如何使基金会更好地发挥作用具有现实意义。作者重点对这些问题展开了深入、透彻的分析。

该书指出，在自由发展主义（liberal-development）成为美国主流文化思潮和世界观的影响下，美国人希望用美国模式改造社会、改造世界，深信自己有能力、有责任去改进和完善其他文化，并乐意以进步主义的法则来提高那些身处"低层"的社会。改造拉丁美洲的动机基于此，改造中国的动机也如出一辙。"美国人认为应该通过教育来帮助中国人按照自身的方式，在受到西方启蒙和西方精神熏陶的中国后代指引下来重铸他们自身的文明"（马秋莎，2013：151）。作者强调正是这种愿望和情绪引导洛克菲勒基金会走向中国。洛克菲勒基金会认为，中国要想进步，要改变落后于西方科学和社会发展的现实，就必须学习现代科学，以科学精神和方法为指导。作者在研究洛克菲勒基金会在华项目时，提供了大量事实来说明洛克菲勒人极力推销西方文明，包括科学医学和科学精神，旨在改造中国的文化精英，推动中国文化和社会进步。

作者指出，洛克菲勒基金会最有影响力的是两个西医东渐项目：一个是在中国推动"霍普金斯模式"医学教育，建立北京协和医学院；另一个是结合中国实际建立中国现代医疗和公共卫生体系。前者是西医东渐的一座里程碑，旨在为中国建立一个金字塔式的医学体系，位于经济文化最发达、医学教育与医疗最集中的地区，成为中国医学体系的指挥部。后者表现了基金会对中国问题理解的深化及自身适应新形势的能力，也诠释了基金会的新方向及试图影响与改变中国的更大决心。作者认为，不同医学知识和体系之间的交流和相互影响自古以来从未间断过，这是由人类追求减少疾病痛苦和维持社会稳定的共性所决定的；同时也必须看到，医学在任何社会都不只是纯粹的学与术，它的发展和利用因社会文化的进步而成，又受到后者的制约。可以说，西医东渐向中国展示了一种完全不同的医学理论和治疗方法，也给西方人一个直接了解中医和学习中医的机会，进而出现两种文化由矛盾、冲突向融合的转变。

　　作者认为，协和医学院在医学教育中培育社会精英的做法反映出当时中美文化中两个相互关联的趋势。就基金会方面而言，洛克菲勒基金会运用科学方法将现代教育与协和模式联系在一起，他们认为改变中国必须通过改变她的知识分子来实现，只有最尖端的医学科学和高度复杂的一流医学教育才是说服中国知识分子和中医大夫接受西方文明最有效的途径，故而将其在中国的投资高度集中在尖端和精英式的医学教育上。就是希望协和能够在改变中国传统思想文化上起到杠杆作用，通过扩大新型知识分子阶层，推动其以科学精神和方法来动摇中国传统思维和生活方式；就是希望中国医学界能够跟其美国同行一样，对社会改造产生重大影响。

　　应该如何评价这些为数不多却非常优秀的协和毕业生的影响和贡献呢？作者给出了十分中肯的答案。作者认为，从中国现代医学和医学教育发展的角度看，协和的贡献和影响不能以毕业生的人数来衡量。实际上，协和毕业生和到协和深造的医生及科学家被统称为"协和人"，这些协和人中绝大多数成为中国医学、医学教育和公共卫生的专家和领军人物，为医学发展做出了杰出贡献，将现代医学传播到了中国的各个角落。可以说，从发展医学教育、改进医学机构到提高医疗水平、发展公共卫生等各个方面，北京协和医学院和中华医学基金会（CMB）① 实际上扮演了一个领导角色。协和医学院作为中国最著名的医学机构，成为当时重要的师资和医务人才资源储备单位。作者进一步指出，以协和为代表的改造中国文化的努力超越了协和甚至医学领域的界限，因为洛克菲勒基金会注重培养那些有希望成为领袖的中国知识分子，无论他们在什么领域。协和人与洛克菲勒人在西医发展和其他社会改造项目中互相影响，相互依赖，成为当时中国社会改革思潮中的一种动力。

除尖端医学外，作者论证了洛克菲勒基金会对中国的公共卫生体系和普遍教育做出的重要贡献。如20世纪30年代，洛克菲勒基金会为适应当时的政治背景，建立了适合中国的农村三级卫生保健系统。又比如，CMB向北京、上海和其他教育中心提供了大量加强基础科学教育的资金帮助，这些资助对中国大学科学教育的发展和真正的医学预科教育的建立起到了重要作用。

该书通过厘清北京协和医学院创办与运作的历史，使我们清楚地看到了中美各自的理念、立场，内部矛盾和双方之间的复杂关系，以及这些因素的不断变化、调整、冲突和磨合。北京协和医学院的建立折射出了中美两国在政治、经济、文化中的若干大趋势、大变化。

<h1 style="text-align:center">五</h1>

洛克菲勒的慈善事业在走向国际时就一直强调与政府合作，因为推行公共政策是政府的职责，与政府合作可以迅速扩大基金会的影响力。毋庸置疑，大基金会影响或介入政府公共政策的做法，是一个敏感而复杂的事情。洛克菲勒基金会注意到了这一点，在处理与中国政府关系上，表现出了要影响甚至控制中国政府教育政策的态势，尽管政局动荡

---

① 中华医学基金会（China Medical Board，CMB），是洛克菲勒基金会1914年决定在中国启动尖端医学教育项目时成立的一个专门的管理机构，负责协和及洛克菲勒基金会在华的其他医学项目。

和民族主义运动日益高涨，也不能避免与中国政府合作。如何与中国政府合作？作者指出，洛克菲勒基金会通过两个途径：一是向中国派出"教育大使"（Ambassador of Education）；二是与政府合作建立高等教育机构。前者旨在在教育体制上建立有影响力的咨询关系，后者旨在培养自己的毕业生以影响整个国家。然而，作者认为这只是盖茨的乐观期望，因为随着政局的变化，基金会不得不调整在中国的策略。中国政府方面对这种合作建议持何种态度呢？作者认为，革命后的新政府在扩大和加强教育方面遭遇巨大的财政困难，急需寻求外国援助，特别是美国的资金，而资金援助以及对教育问题提供的咨询对中美关系的影响大于资助金钱本身的价值。

作者认为，"洛克菲勒基金会对华项目的建立和发展是中美两国政治、文化各种因素相互作用的结果，西医之所以能在中国立足并最终成为医学系统的主干，不仅是西医自身的长处及西方文化的扩张性，更是当时中国文化和政治力量的变化和推动所致"（马秋莎，2013：220）。如作者指出洛克菲勒两次派出的医学考察团，中国政府和社会精英对西方的态度发生了明显的变化，代表团不但受到北洋政府要人包括总统袁世凯、副总统黎元洪在内的隆重接待，在各省市也受到地方官员和士绅的慷慨款待。这些都表明中国政府和公众舆论对中西医态度的变化，以及对洛克菲勒基金会所代表的一流医学教育的期望。

随着朝鲜战争爆发，中美关系破裂，基金会与中国的联系也中断了二三十年。1972年尼克松访华，戏剧性地结束了近二十三年无外交关系、无外贸关系的中美敌对状态。这一破冰之旅震惊了世界。洛克菲勒基金会觉察到尼克松访华的深远意义，决定"抓住这一有希望的机会来促进美中两国的文化科学交流"（马秋莎，2013：374）。此后，洛克菲勒基金会积极参与了各种访华代表团，并接待了中国访美代表团。可以说，基金会在建构中美关系方面发挥了积极作用，产生了深远的影响。作者特别提到，由美中国家关系委员会出资的"世界事务代表团"于1975年对中国进行了为期三周的访问。该代表团由美中关系高层次代表组成，其中有三位成员与洛克菲勒基金会有关——代表团主席、前美国国防代理部长、当时正担任洛克菲勒董事会的主席，这清楚地显示了洛克菲勒基金会在美中关系上举足轻重的作用。距 1950 年洛克菲勒基金会撤离中国,时隔近三十年,洛克菲勒基金会成为改革开放后第一批直接向中国机构和项目提供资金的外国非营利组织。

六

在结论中,作者对洛克菲勒基金会在华百年给予了中肯评价。她认为洛克菲勒基金会在华百年,其中的七十年见证了洛克菲勒人坚持不懈地为促进中国医疗、教育、公共卫生发展,培养人才的发展所做的努力;基金会提供了大量的财力、知识和人力资源。洛克菲勒人所创办的北京协和医学院为中国现代医学的发展培养了一代优秀人才,由于协和人的努力,中国的公共卫生事业形成了自己的模式;而当年中国知识分子的社会和乡村改革探索也曾借助了洛克菲勒基金会的资助和指导。当人们思考洛克菲勒基金会在中国留下的遗产时,这些贡献是显而易见的。

纵观全书,首先,我们不得不惊叹作者精巧的构思、出色的宏观战略驾驭能力。全书基于史实、自洽的说明和夹叙夹议式的论证,证明了作者条分缕析的不凡功力。其次,作为一项探讨中西文化交流的学术专著,作者并未陷入"主流"的研究框架①,而是探寻运用另一种理论视角进行分析,行文流畅,对中西文化交流有影响力的人物及其观点、翔实的史料被很熟练地穿插互现,前后文逻辑衔接缜密。将政治学、社会学、史学、管理学的理论成果高度浓缩地、合理地安排进一本专著并非易事,这从另外一个侧面也说明了作者深厚的学术功底。最后,作者以西医东渐和洛克菲勒基金会在华项目为史例,贯穿始终,展现了本书的主题——中西文化交流与冲突,使本书脉络非常清晰。本书不失为一本很好的研究中西文化交流、基金会发展史、社会医学史的学术专著。

---

① "主流"研究框架是指用"文化霸权主义"或"文化侵略"来批判西方文化对非西方文化的影响和渗透。

参考文献

马秋莎 (2013): 《改变中国——洛克菲勒基金会在华百年》, 广西师范大学出版社。

王名等 (2012): 《美国非营利组织》, 社会科学文献出版社。

Foundations and Modern Charity:
A Critical Review of *To Change China*:
The Rockefeller Foundation's
Century-long Journey in China

Wang Ming, Wang Chunting

NP

【 **Abstract** 】 *To Change China: The Rockefeller Foundation's Century-long Journey in China* offers us a comprehensive overview of the experiences of the Rockefeller Foundation spanning a century in China. Through this subject matter the book also develops to become an academic treatise on Chinese cultural exchange with the West. The book draws on the spread of Western medicine in China and the projects of the Rockefeller Foundation in China as historical examples through which to explore cultural exchange, clashes and fusion between China and the West; to study the social history of Chinese and Western medicine and the history of the development of American foundations; and from the perspective of a foreign NPO in China, it analyzes the efforts of a Western NPO during the process of becoming involved in and striving to change China. We can understand the foundations and the charitable pursuits that form the content of this book in four different ways: the first is to see foundations as improving the lives of the poor through philanthropy; the second is to see modern foundations as using their funding to

论基金会与现代慈善

207

spread knowledge and culture and to remold society; the third is to see the Rockefeller Foundation as promoting the spread of Western medicine in China through philanthropy; and the fourth is to see American foundations as using their funding to build relationships between China and the USA.

【Keywords】 Rockefeller Foundation; Scientific Charity; The Spread of Western Medicine in China

（责任编辑：朱晓红）

非营利组织参与中国农村社区
经济发展的研究综述*

赵小平　朱照南**

【摘要】 本文着力梳理了近十年来国内有关非营利组织参与中国农村社区经济发展的文献，在展示非营利组织参与农村社区经济发展重要性的同时，归纳出其参与行为的三种实践方式：动员农民建立或参与互助组织、为农民提供市场信息服务、为农民提供生产技术服务。现有文献主要运用了"社会资本"、"集体行动"以及"社区主导型发展"三种理论视角，从不同维度探讨了非营利组织在农村社区经济发展中的积极作用。然而，与理想情形相比，现实中的非营利组织并非总能发挥积极作用，它们在内部治理科学性、外部服务专业性、制度环境、社会认知、筹资环境等方面都面临着挑战，这部分内容虽然在一些文献中有所提及，但尚未在理论研究上得到深度关注。此外，现有文献主要基于理论演绎，而基于实证的研究相对缺乏。

【关键词】 非营利组织　农村社区　经济发展　研究综述

* 本研究是教育部哲学社会科学研究重大课题"社会组织参与社会管理与社会服务的机制研究"（项目编号：12JZD021）的成果之一。
** 赵小平，清华大学公共管理学院博士后；朱照南，北京师范大学社会发展与公共政策学院博士生。

中共十八届中央委员会第三次全体会议通过《中共中央关于全面深化改革若干重大问题的决定》（以下简称《决定》），《决定》明确提出："加快构建新型农业经营体系，坚持家庭经营在农业中的基础性地位，推进家庭经营、集体经营、合作经营、企业经营等共同发展的农业经营方式创新。鼓励农村发展合作经济，扶持发展规模化、专业化、现代化经营。"在构建新型农业经营体系过程中，单纯依靠政府的力量已经不太现实，除了市场主体的参与，还需要非营利组织的积极介入（刘鹏，2001；褚添有，2008；门献敏，2012），并且应当发挥越来越重要的作用（陈江虹，2009）。

截至目前，有关非营利组织参与中国农村社区发展的文献主要集中在基层民主政治和农村经济发展两个方面。前者包括"基层社区选举"（张健，2012）、"村庄民主自治"（陈肖生，2008；王卓、罗中枢，2010）、"村庄权力格局演变"（姜裕富，2010；吴强，2012）、"村民民主意识提升"（王卓、罗中枢，2010）等方面。后者则分别对非营利组织参与"社区扶贫"（韩俊魁，2008）、"农村经济合作组织发展"（苏昕、路春城，2010；张翠娥、万江红，2011）、"农村金融——尤其是小额信贷"（刘西川等，2006；赵壹，2010）等方面进行了讨论。

在本文中，笔者将着力梳理近十年来国内有关非营利组织参与中国农村社区经济发展的文献，在展示非营利组织促进农村社区经济发展重要性的同时，归纳出其参与行为的三种实践方式，并且总结出非营利组织在参与农村社区经济发展中的三个重要作用。而在此基础上，本文将讨论现有研究在理论和方法上的不足以及下一步应关注的重点。

一　非营利组织在农村社区经济发展中的重要性

（一）非营利组织的界定

非营利组织（nonprofit organization，NPO），在国内外的一些文章中常常与"非政府组织"、"第三部门"、"社会组织"和"民间组织"等作为等价的词语出现，学术界尚未形成一个共识。但是，从其属性上来看，非营利组织一般具有非政府性、非营利性、志愿性、组织性、自主性、公益性等一些特点。

本文主要关注的是促进农村地区经济发展的非营利组织。这些组织又可以分为外部非营利组织和农村内部非营利组织。

外部非营利组织主要是一些关注农村扶贫、农村社区发展，并且不在所服务的农村地区登记注册的社团、民非组织、基金会和国际组织（项目）等。农村内部非营利组织主要分为三大类：第一大类是农村经济合作组织；第二大类是农村民办非企业单位，如学校、卫生所、敬老院等；第三大类是一些农民自发组织的团体，如老年协会、计生协会、红白喜事协会、体育协会等。本文主要关注的是农村内部非营利组织中的农民合作经济组织（农民合作经济组织是农民基于自愿、平等、民主、互利、互助的原则，建立的经济领域内的合作组织，包括准组织、草根组织和正式组织等各种形式），就具体形式而言，农民合作经济组织主要包括农民专业合作社、专业技术协会、联合社、生产合作社、社区集体经济组织、互助组、信用合作社和供销合作社等。

因为所综述文献对非营利组织的基本概念不统一，下文在引用原文的过程中会出现诸如"非政府组织"、"农村社区组织"、"农村产业组织"、"农业合作组织"、"农村经济合作组织"、"农民自主组织"、"农村社会组织"和"农村专业经济协会"等不同的说法，这些都是本文所述的非营利组织。

（二）非营利组织在农村社区经济发展中的重要性

诸多文献都在不同程度上强调了非营利组织在促进中国农村经济发展中应当发挥越来越重要的作用。一方面，国家权力从农村社区逐渐抽离，农村社区的需求却逐渐走向多元，迫切需要新的主体给予响应（田书清，2009）。正如张红军（2010）所言，随着我国社会从"强国家、弱社会"或"国家主义"的"总体性社会"，向着国家（政治）、市场（经济）、公民社会的三元结构转化，非营利组织必将在新农村建设中扮演重要角色。另一方面，越来越多研究认为非营利组织在农村社区建设中具有独特的优势。首先，相比于行政体制末梢的村委会，带有自下而上属性的非营利组织具有更为强烈的为村民服务的动机（汪锦军，2008）；其次，理想情形下，非营利组织无论是在基层民主促进（龚志伟，2012）、社区公共服务，还是在社区生计发展方面（陈元，2007），均具有独特的专业优势（丁楠、周明海，2010），其既不使用行政权力，也不凭借金钱刺激，却能有效地完成社区动员（赵小平、陶传进，2012）。于是，在农村社区中，一些"政府失灵"或"市场失灵"的地方，正是非营利组织发挥作用的场所，社区扶贫领域就能提供很好的例证（许源源、邹丽，2010；高伟，2008）。正如韩俊魁（2008）所言，非营利组织的参与为政府职能转移和新的扶贫思路开发提供了极为有益的探索。由于资金使用较为灵活、试错成本低以及在扶贫点上动员和参与作用较明显，非营利组织在启蒙农民的公民意识、提供社区公共产品和将农民重新组织化方面能发挥积极作用，也会因其独特的工作机制在农村社区经济的发展中扮演越来越重要的角色。

二　非营利组织参与农村社区经济发展的三种实践方式

非营利组织参与农村社区经济发展，其首要的职能就是组织农民更好地参与市场经济活动。彭兵（2010）提出把农民纳入市场机制，融入现代社会，是农民摆脱边缘化和结构性贫困的最终出路。沿着这一方向，非营利组织在参与农村社区经济发展中的作用体现主要通过以下三种实践方式来实现。

（一）动员农户参与

在农村经济发展中，动员农户参与已越来越成为非营利组织工作的重点之一。长期以来，政府自上而下的发展政策是农村建设的主导力量，的确对推进中国新农村的建设发挥了积极的作用。但是，这类发展政策往往集中于基础设施（如公路、桥洞、办公场地等），而忽略了农户的参与。根据其他国家发展经验，这种模式花费巨大，使得许多个人和政府官员从中渔利，但公共设施的建筑质量低下，后续维护也十分不力。① 数年以后，许多国家的农村社区只剩下养护拙劣的道路和灌溉系统等破败不堪的公共设施，而农户则看之任之，并不认为修缮和维护与自己有关，而认为这都是政府的责任。何以如此？奥斯特罗姆通过案例研究指出，大多由外部援助和中央财政转移支付提供资金兴建的灌溉系统的设计，往往忽视农村当地的社会资本，导致灌溉系统运行绩效远没有达到工程设计的程度。② 没有农户的参与，缺乏农村社会资本的作用，人们对基础设施质量的监督力度以及主动承担维护任务的意愿都很薄弱，而"搭便车"的机会主义行为却难以得到遏制。

那么，如何才能有效动员，使得农户参与到农村经济发展的过程中？牟维伟（2011）认为，农村社区组织③是农民更好地参与市场经济活动的载体。农村社区组织和农民有着天然的联系，很容易就能把农民组织起来，将社区资源合理和有效地投入到社区居民最需要的地方，从而更好地为农民提供公共产品和服务。一些社区服务组织和社区经济组织可以在信息服务、合作渠道等方面帮助农民，为农产品的销售、增值等提供服务，从而达到增加农民收入的目的。比如，山东邹城就鼓励农户加入经济合作组织，以"龙头企业 + 合作组织 + 农户"和"市场 + 合作组织 + 农户"等多种形式促进当地农村经济发展。

除此之外，还有许多文献在农村社会组织动员农户参与社区发展方面进行了研究。宫希魁（2003）从规模效应的角度提出建立农村专业性的产业组织的重要性。不低于一定数量的农户参与，将有效地壮大整体的力量，尤其是降低成本、提升讨价还价的实力，最终提升农民进入市场的深度和

① Ostrom, E.（2000），"Social Capital：A Fad or Fundamental Concept ?"，in Dasgupta，P. & Seragilden I（eds），*Social Capital：A Multifaceted Perspective*，Washington DC：World Bank.

② Ostrom, E.（2000），"Social Capital：A Fad or Fundamental Concept ?"，in Dasgupta，P. & Seragilden I（eds），*Social Capital：A Multifaceted Perspective*，Washington DC：World Bank.

③ 农村社区组织是指在农村社区内有目的、有计划地建立起来的满足一定的功能的各种团体和机构。社区组织可分为两大类型，即正式组织和非正式组织。在目前，我国农村社区组织大多是在政府主导下，主要类型有：村委会、农村社区经济组织、农村社区科技文化组织和农村社区保障组织（牟维伟，2011）。

广度。蒋霞等（2011）通过对桂北苗族村寨的案例研究，描述了以寨老为核心的传统社会组织，在动员和约束村民参与环境保护、遵守可持续发展理念等方面起到的积极作用。寨老是群众以社会实践活动为依据推举出来的有威望的"好人"。诸多寨老构成了一个民间自发推举产生的治理机构。新中国成立前，寨老的职能覆盖面极广，除了管理民事、处理纠纷、主持祭祀娱乐活动、组织公共设施建修、对外交往之外，还负责管理和维护村庄的集体资产，比如山场、草地、鱼塘、河流、水利设施等等。通过召开群众大会，寨老与村民共同商讨重要事宜，并对违反村规、民约的行为进行惩罚。这样的方式有效地规范着人们的观念与行为，维持着族群内部的秩序。此外，赵瑞涛（2009）以黑龙江省农业合作组织为例，详细描述了非营利组织在动员社区群众参与社区发展中起到的重要作用。

（二）为农户提供技术支持和市场服务

现代农业转型中，农村居民直接参与市场竞争的情形将越来越普遍。农产品的生产、加工、储运、销售、服务、盈利后的再生产，是一个循环的市场回路，而其中的每一个环节都如同"串联电路"中的元件一般不可或缺。在此过程中，有效的市场信息是保证每个环节得以正常运转的重要条件。对此，唐青青（2011）提出：非政府组织需要为农户收集和分析各种市场信息，确保农民围绕市场真正需求进行投资和生产，并帮助他们逐步建立起稳定的销售渠道，统一协调农产品价格，提升各类农副产品的品牌形象，扩大农产品的销售范围，顺利实现农产品的价值，增强农民自我抵御风险的能力，确保农民增收。这样的积极案例在中国广袤的农村中已经有所展现（何兆永，1995；田书清，2009）。赵瑞涛（2009）的研究显示，参加合作经济组织的农户比一般农户的人均年收入通常要高 10% ~ 40%，通过合作组织，农民可以更加充分地掌握市场信息。截至 2009 年，黑龙江以农业技术为基础建立起来的农合组织大约占总数的 60%，不仅加速了农村实用技术的普及和推广，而且还加快了农民思想意识的转变。农合组织有力地促进了农产品流通、农业增效和农民增收。

唐青青（2011）认为，非营利组织能够为农户在生产、加工、销售、种植、养殖、储运、资金等各方面提供专业性和技术性的服务。这对于农村经济发展和生计改善非常关键。在农村，尤其是贫困地区，村民所拥有的经济资本有限，因此生产投资将更加谨慎。即便是小的生产失败，也可能对经济上原本就脆弱的农村社区产生较大的消极影响。因此，生产技术的保证是非常重要的一环。有了技术的保障，或者农民自身掌握了相关技术，将对农村社区经济的可持续发展大有裨益。许源源和邹丽（2010）以多个国际国内扶贫项目为例，强调了非政府组织在为农民提供专业性生产技术服务方面的重要性。如果说物质和资金的捐助是输血的话，那么知识技术的传播则是造血，它帮助贫困对象自力更生，靠自身力量脱贫致富。许多非营利组织非常重视知识技术的投入，诸如农业实用技术培训及推广、知识扫盲教育、技术指导等等。

（三）帮助农村社区居民建立民主协商机制

非营利组织参与农村社区的经济发展，既表现为外来非营利组织动员村民以集体行动的方式参与到经济活动中，也表现为村民自发或被引导地成立自组织。然而，这些都还只是将村民的参与热情动员了起来，只是第一步，更重要的是村民是否能够通过理性协商的方式来解决村庄在发展中遇到的重大议题。同时，帮助村民建立民主协商的机制，提升人们的契约精神、妥协能力成为非营利组织另一个核心工作之一。从已有的研究来看，有关非营利组织参与村民民主能力建设的文献主要集中在基层社区治理，关注农村经济发展的文献很少。但是，郭小刚（2009）的研究却在此方面做了较有意义的探索。他以南京侯冲村为例，描述了自 2005 年以来，该村通过 6 个协会、1 个议事小组成功地将村民组织起来，延伸并完善农业产业链、农村文化链和民主管理链，全村从一个几年前负债 110 万元、矛盾重重的落后村，变为现在人均收入 7200 元、建有江苏省内最大环保型农民小区的先进村。

三　非营利组织参与农村社区经济发展的实践效果

（一）有利于农村社区社会资本的建立

社会资本理论在 20 世纪 90 年代迅速成为社会科学各个领域共同关注

的热点。虽然社会资本的内涵众说纷纭，但其中的关键词无外乎"信任"、"规范"和"网络"（桂勇、黄荣贵，2008；陈秋红，2011）。根据世界银行的定义，社会资本包括组织机构、关系、态度与价值观念，它们支配人们的行为，并有利于经济和社会的发展；而经济合作与发展组织则认为，社会资本是个人或组织间的网络以及共享的规范、价值观念和理解，它们有助于促进群体内部或群体之间的合作（丁湘城、左停，2009）。归纳起来，社会资本主要有以下积极功能：为个人提供各种支持；改善人们的生活质量；规范人们的行为；使个体获得信息；提高个体影响力；维持经济秩序；降低交易成本；增强社会凝聚力；促进经济繁荣和发展；等等。丁湘城和左停（2009）认为，社会资本理论已经被国内诸多学者用于研究农村经济发展和社区建设，社会资本的建构对于农村经济发展和社区建设具有重要的意义（吴健辉等，2009；聂飞，2010；吴玉锋，2011），而农村合作组织的培育与发展则是增进农村社区社会资本的重要途径（黄志坚等，2009；李兆捷，2011）。

对于社区扶贫，郭建宇（2011）认为，对于贫困农户来说，社会资本可以为其提供机会、增强能力，从而减缓贫困。由于贫困农户的社会资本匮乏，维护社会资本能力较弱，且发展社会资本途径较少，通过推进农业产业化经营、提高贫困人口能力、培养农村民间组织、推动参与式扶贫，以及发挥非营利组织作用，可以有效提高贫困农户的社会资本，进而减轻其贫困。

而在研究社会资本和农村经济合作组织之间的关系中，黄志坚等（2009）提出，社会资本的三个重要组成部分——信任、人际关系网络和规范，在促进农村合作组织成员的团结合作、规范经营行为、获取外部资源、降低交易成本、提高管理效能等方面具有重要的作用。同时农村经济合作组织的发展也加快了社会资本积累，通过突破由传统血缘、地缘和亲缘关系等组成的传统农村社会资本的局限，建立了更广泛的业缘关系，信任也逐渐从家族信任向现代商业信任转变（陈树发、黄志坚，2009）。

汪杰贵和周生春（2011）基于乡村社会资本重构视角指出，在我国农村社区，构建全新的农村公共服务，建立农民自主组织供给制度尤为必要。重构乡村社会资本，超越农民集体行动（陈树发、黄志坚，2009）困境，形成农民自主组织，克服农民自主供给农村公共服务困境，是构建农村公共服务农民自主组织供给制度的前提。

综上所述，非营利组织在参与农村经济发展的过程中能够有效地促进农村社会资本的重建，而社会资本的积累又能够进一步促进农村社区经济发展。

（二）帮助农村社区解决集体行动的难题

当集群面临外生事件的压力时，仅凭集群内单个个体的力量无法应对，只有通过集群企业的通力合作、相互支持才能消除或缓解（郑小勇，2008），这样的情形既包括实现一个共同愿景，也包括现成利益分割。比如，李德才等（2011）认为，近年来，随着各国农产品贸易壁垒日益严重，而我国农产品生产规模比较小、组织化程度低，不能及时了解和应对国外相关壁垒措施。于是，如何组织农产品经营散户采取集体行动便成为一个重要问题。

但是，一个群体要自我组织起来实现集体利益最大化，首先产生出来的是集体行动的难题。集体行动难题的经典表达——奥尔森的"搭便车"理论，即每一个利益相关者都会期待他人的行动，而不是自己行动（赵鼎新，2006）。其后大量的学者对相关问题进行了研究（刘玉照，2004；Hansen et al.，2005；Kyriacou，2010）。

集体行动的难题未必一定都是最基本的"搭便车"难题，有的是如何提供组织化的资源问题。比如，周生春和汪杰贵（2012）以安徽桐城市 F 村为例的研究表明，当前我国农民集体行动效率低下的根源之一在于农民集体行动成本高。由于每一个人都对能否组织起来集体行动没有信心，因而，大家也就自然不会去行动。这实际上是担心自己的行动没有任何用处，因而自己不愿意去当"傻瓜"而已。又如，陶传进（2008）在对农村社区的研究中发现，农民对于自组织的成功缺乏信心，当被问及"如果政府（包括村委会）放手村民自己组织，你是否认为村民有能力组织管理好（一笔扶贫资源）"时，选择"完全可以"的不到四分之一。

既然集体行动对农村经济发展和社区建设很重要，那么如何应对集体行动的难题呢？许多学者认为可以通过发展农村社会组织对村民进行自我管理来实现：

宋研与晏鹰（2011）在研究农村生产灌溉用水后认为，公共水资源的自愿合作供给是一种新型的社群参与式治理制度，有助于促成农户们的集体行动；要实现农村灌溉用水的有效供给，一方面需要充分发挥民间资本拥有者的优势，另一方面则需要农户之间财富禀赋的共同增进。

童志锋（2012）在对照了中西方关于集体行动动员的特征后认为，西方社会运动式的动员方式在中国并不一定适用，而乡村社区的网络结构恰好可能是中国农村社区集体行动达成的蹊径，而所谓的网络在一定程度上就是社区中正式或非正式的组织。

综合看来，非营利组织能够帮助村民建立自我管理的经济合作组织，解决集体行动难题，从而实现社区经济发展的规模化和组织化。

（三）帮助农村社区实现独立自主发展

社区主导型发展（Community-Driven Development，CDD）是世界银行项目运营评估部在 20 世纪 90 年代初提出的一个新的发展模式，是针对扶贫中瞄准问题的解决，通过完善社区组织建设、加强社区自我发展能力，从而有效实现社区可持续性发展的扶贫方式，已经越来越多地使用于农村扶贫发展的项目中（韩俊魁，2008）。

CDD 将穷人看作是发展过程中的主体和合作伙伴，他们有自己的制度和资源。外界对社区主导型发展的支持通常包括加强社区群体的参与，为他们提供资金，促进社区获得信息，通过体制和政策改革促成一种社区群体自我赋权的环境（任中平，2008）。CDD 的核心就是将社区和贫困人口作为目标群体和受益对象，将资源和决策的使用权和控制权完全交给社区，由社区居民决定实施什么项目、由谁来实施，并由社区居民掌握、控制项目资金的使用，依靠社区居民自己推动社区的发展，实现农民的自我组织、自主管理、自我监督和自我服务（高伟，2008；韩俊魁，2008；陆汉文，2008）。

在中国，CDD 的模式主要存在于国际非营利组织在中国的扶贫项目中，中国政府也于 21 世纪初开始试点。通过对世界银行在华 CDD 试点项目的调查，陆汉文（2008）认为，在农村扶贫开发中推行社区主导型发展，具有如下意义：一是可以提高扶贫资源响应农民需求的效率，比如高效识别贫困农民对公共产品与服务的需求、为整合各类支农扶贫资源和降低公共产品供给成本搭建平台、有助于解决扶贫资金难以入户和贫困农民缺乏资金的难题；二是可以增强农民和基层社区的发展意识，比如激发和增强贫困农民的发展意识和发展能力、提升基层贫困社区的组织化程度和集体行动能力；三是可以形成一种反贫困的长效机制，比如推动了外引资源与项目的长期维护机制的形成、可以有效动员农村扶贫开发所需的社区内蓄资源、推动基层贫困社区的社会资本的积累（高伟，2008）。此外，余意峰（2008）通过对乡村旅游的研究还发现，社区主导型发展的模式有利于避免和缓解"公地悲剧"的发生，缩短从个人理性到集体理性转变的时间距离。

而陆汉文（2008）则提出了社区主导型发展在当前中国面临的挑战。一是，瞄准的问题。由于社区对于发展策略的决定和扶贫资金的使用拥有很人的权限，而社区中非贫困群体往往掌握着更多的话语权，因此，那些真正需要帮助的群体是否能够将需求有效表达出来是一个问题。二是，虽然从理论上讲，社区主导型发展有利于克服社区居民的"搭便车"行为，但是真正帮助居民认同参与、民主、公平、公正的理念并将其落实到行动中，是一个需要长期努力的过程。

综上，非营利组织通过在农村扶贫项目中实行社区主导型发展模式，调动农民的自主性，实现社区独立的、可持续的经济发展。

四　非营利组织参与农村社区经济发展中存在的问题

虽然以上诸多文献都对非营利组织在促进农村经济发展方面的积极作用进行了阐述，指出了农民自组织促进农村生计改善的重要作用，但是非营利组织在实践中依然存在很多问题，导致其诸多功能无法最终实现。

（一）专业能力欠缺

现有文献提及最多的方面是非营利组织专业性不足的问题。虽然经过近十年的发展，中国非营利组织无论从数量还是质量上已经有了较为明显的提升，但是其专业性在有效解决社会问题上还存在较大问题。作为非营利组织的一个部类，专业从事农村社区经济发展的非营利组织，无论是在人力资源配备还是机构管理方面都还显得"业余"，这样的欠缺直接导致其特色优势难以发挥，服务的质量和效率也大打折扣（唐建平等，2010；董明，2011；徐顽强等，2012）。常瑛（2012）在研究广西凤山县 PCD 可持续生计项目之后，发现非营利组织在动员社区人员参与的过程中缺乏有效的措施，主要体现在两个方面：一是无法调动社区成员的公共参与意识，将社区成员原来的"要我做"转变为"我要做"，而这恰好是社区服务成败的关键；另一方面，对社区协作者缺乏合理的激励机制，导致社区农民无法长久地参与社区生计发展项目的开展。另外，韩俊魁（2007）根据类别对农村扶贫类非营利组织进行了对比研究，发现与在华国际非营利组织和具有官方色彩的非营利组织相比，草根非营利组织的人力资源配备都明显更弱。因此，对于大量未注册的农村非营利组织来说，无论是资金、人力资源还是理念，都是困扰其发育、发展的关键因素。

总体来说，非营利组织在参与农村社区经济发展中，其专业能力在多个方面都有较大的提升空间，既包括有效的动员和管理能力，也包括专业的服务能力，如市场营销、生产技术指导。

（二）内部管理不当

对于一个组织来说，可持续发展就是在最大程度上提高组织内部效率，降低组织外部的风险，使组织存在时间更长并以最大限度完成组织使命的平衡过程（韩俊魁，2007）。而在此过程中，组织自身的治理是否有效、管理是否顺畅是关乎组织可持续发展的首要问题之一。对于非营利组织而言，虽然在起步阶段，许多组织不可避免地陷入"家长式"管理当中，但是随着机构的发展，应当建立理事会或类似的治理架构以保证其功能的正常发挥，比如决定组织的宗旨和目标，组织的计划和发展，预算和财务监督，筹款，招聘、解聘组织负责人，作为与社区沟通联系的桥梁等。非营利组织是公民社会的重要组成部分，其价值理念与公民社会核心价值观应当高度匹配，我们很难想象一个内部独裁的非营利组织能够在动员社会公众参与，输送平等、民主等价值方面发挥积极的作用。

但是，一些农村社区扶贫类非营利组织，尚未建立较为完善的理事会制度。即使一些组织建立了此制度，许多理事仍只是名誉上的，并未真正发挥作用。比如，有些农村社会组织会员代表大会、常务理事会等无法发挥在重大事务决策中的作用；有的农村社会组织不按章程规定定期召开会员代表大会，有的甚至几年不召开常务理事会；也有的农村社会组织不按期举行换届选举等（王义，2009）。2008年初，黄禹桦（2008）对晋州市农村专业经济协会调查后发现，虽然协会在促进农村产业结构优化、增加村民收入方面发挥了积极的作用，但是在机构治理层面、管理层面仍存在不健全的问题：负责人在协会中的影响力过强，能人或者几个能人主导协会成为比较典型的模式，协会的内部权力运行在很大程度上取决于负责人的个人能力和威信，会员对协会的认同感主要来自负责人的个人魅力，而非来自对协会本身的认同。除此之外，部分农村社会组织"行政气息"浓厚，上下级等级明显，治理机构严重"异化"也是影响其健康发展的重要瓶颈。这些问题带来的不仅是管理上的粗放、决策上的不科学，还为部分人的权力寻租、贪污腐败留下了空间（王义，2009）。

（三）外部环境欠佳

（1）制度环境的问题。以往的研究主要将制度问题的探讨集中在国家对社会组织的双重管理体制上（陈元，2007），但是2013年初，中央政府已明确表示，放开四类组织（行业协会商会、公益慈善类组织、科技文化类组织和城乡社区服务类组织）的登记注册。成立这些社会组织，可直接向民政部门依法申请登记，不再需要业务主管单位审查同意。对于参与农村发展的非营利组织而言，政府在此问题上的制度突破无疑是一件好事，但是具体执行可能还需要面临一系列的难题。比如，有学者对华西平原农村的研究表明，由于政府的行政末梢（如村委会）对村民自治空间的挤占，农村非营利组织在一些涉及村庄治理与发展的重大问题上难以参与。所以，非营利组织在参与基层农村社区建设中，存在着诸如制度环境赋予的生存空间或自主性不足的现象（王卓、罗中枢，2010；闫东，2012）。

（2）社会公众认同程度不高的问题。当前，社会公众尤其是农村社会公众对非营利组织（原文为非政府组织）的认知、认同程度都还十分欠缺（陈元，2007）。正如王卓与罗中枢（2010）所言，对于信息闭塞的农村及其村民而言，非营利组织（原文为非政府组织）就像 UFO，是一个洋玩意儿，还是"一个很小资的东西"。这种社会认知上的局限自然影响非营利组织的服务效率，反过来又影响村民和社区对非营利组织的肯定。

（3）筹资环境的问题。直到最近几年，中国一直是诸多国际非政府组织参与扶贫开发的重镇，尤其是中西部地区，更是聚集了乐施会、宣明会、国际小母牛、国际计划、SPPA 等一系列世界知名的国际非政府组织。除了国际非政府组织之外，美国、英国、日本等发达国家的对外援助署也有针对中国农村发展的援助项目。在这个过程中，许多参与农村社区发展的中国非营利组织都得到或一直接受外资的资助，并将此作为机构项目运作资金的主要来源之一。但是，随着我国经济持续、快速地增长，许多的国际组织和发达国家对外援助署都对我国的扶贫支持进行了战略调整，有的直接终止了对华援助。但与此同时，国内筹资环境又并不乐观，基金会与基层社会组织之间的链条并没有较好地对接。于是，在这种情形下，许多非营利组织面临"断奶"的威胁，势必会影响我国非营利组织扶贫工作的开展（陈元，2007）。

这里，值得注意的是，现有研究对于非营利组织在中国农村经济发展中存在问题的理论分析，远远没有对其积极作用的研究那样深入。从诸多文献中，我们大多是从文末"零星"地看到一些关于非营利组织的问题或困境的简单描述，鲜有较为深入的理论探析。然而，这些存在的问题正是当前中国现实中需要研究的关键点。比如，非营利组织帮助农民建立组织绝非想象中那样简单，而是要面临诸多难题，首要的便是由于村民民主意识和参与能力不足导致的集体行动难题。尽管从理论上讲，非营利组织似乎比政府更具社区动员的优势，但是在实际行动中是否掌握了动员技术的精髓，将非营利组织特有的优势充分发挥还是一个值得商榷的问题，这就需要从理论上给出令人信服的答案。此外，面对复杂的经济环境和经济政策，非营利组织如何提高自身服务、农村社区经济发展的专业性也是值得思考的问题。最后，目前已有研究多为规范性的理论研究，还缺乏对非营利组织参与农村社区经济发展的宏观数据描述和微观案例剖析，更多的实证研究有待加强。

参考文献

常瑛（2012）：《非政府组织参与式扶贫研究》，广西师范大学硕士学位论文。

陈江虹（2009）：《关于我国农村社会组织问题研究的几点思考》，《理论导刊》，（4）。

陈秋红（2011）：《社区主导型草地共管模式：成效与机制——基于社会资本视角的分析》，《中国农村经济》，（5）。

陈树发、黄志坚（2009）：《农村致富带头人、农村经济合作组织与社会资本互动关系研究》，《农业经济》，（8）。

陈肖生（2008）：《20世纪90年代以来关于乡村精英与村民自治研究的文献综述》，《理论与改革》，（2）。

陈元（2007）：《农村扶贫中非政府组织（NGO）的参与》，《农业经济》，（6）。

褚添有（2008）：《社会主义新农村建设中的第三部门作用及其拓展》，《农业经济》，（3）。

丁楠、周明海（2010）：《科技非政府组织参与农业科技服务问题研究》，《中国科技论坛》，（5）。

丁湘城、左停（2009）：《社会资本与农村发展：一个理论综述》，《农村经济》，（1）。

董明（2011）：《浅析当前中国农村社会组织发展中存在的问题》，《湖北经济学院学报》（人文社会科学版），（4）。

高伟（2008）：《社区主导型发展与新农村建设》，《经济研究参考》，（3）。

龚志伟（2012）：《农村社会组织的发展与村治功能的提升：基于合村并组的思考》，《社会主义研究》，（5）。

桂勇、黄荣贵（2008）：《社区社会资本测量：一项基于经验数据的研究》，《社会学研究》，（3）。

非营利组织参与中国农村社区经济发展的研究综述

郭建宇（2011）：《社会资本视域下的贫困农户减贫分析》，《商业研究》，（3）。

郭小刚（2009）：《培育发展农村服务性、公益性、互助性社会组织——以南京侯冲村为例》，《行政论坛》，（6）。

韩俊魁（2007）：《关于农村社区扶贫类 NGO 可持续发展机制的几个问题》，《中国农业大学学报》（社会科学版），（2）。

韩俊魁（2008）：《农民的组织化与贫困农村社区的可持续发展——以社区主导型发展试点项目为例》，《北京师范大学学报》（社会科学版），（5）。

何兆永（1995）：《农民家庭与粮棉区农村社会组织多元化——豫东 B 村家庭经营分析》，《浙江大学学报》（社会科学版），（4）。

黄禹桦（2008）：《规范农村专业经济协会　促进新农村建设——晋州市农村专业经济协会调研报告》，《社团管理研究》，（7）。

黄志坚等（2009）：《社会资本与农村合作组织的关系研究》，《农业经济》，（2）。

姜裕富（2010）：《农村社会组织管理体制探析》，《安徽农业科学》，（4）。

蒋霞等（2011）：《少数民族传统社会组织与村政组织在社会主义新农村建设中的和谐模式探讨——以桂北苗族村寨为例》，《广西民族研究》，（3）。

李德才等（2011）：《论农村社会组织构建对农产品贸易的提升作用》，《中国商贸》，（36）。

李兆捷（2011）：《我国农村社会资本研究评述》，《安徽农业科学》，（16）。

刘鹏（2001）：《浅论中国农村社会组织的现代化》，《中国农村观察》，（6）。

刘西川等（2006）：《推进农村金融改革扩展穷人信贷市场——中国非政府小额信贷和农村金融国际研讨会综述》，《中国农村经济》，（1）。

刘玉照（2004）：《集体行动中的结构分化与组织化——以白洋淀某村修路与基层选举为例》，《社会》，（11）。

陆汉文（2008）：《社区主导型发展与合作型反贫困——世界银行在华 CDD 试点项目的调查与思考》，《江汉论坛》，（9）。

门献敏（2012）：《社会管理创新视野下我国农村社会组织的角色定位》，《社会主义研究》，（2）。

牟维伟（2011）：《我国农村社区建设问题研究》，山东大学硕士学位论文。

聂飞（2010）：《当前我国农村社会资本培育研究》，《广东农业科学》，（1）。

任中平（2008）：《社区主导型发展与农村基层民主建设——四川嘉陵区CDD项目实施情况的调查与思考》，《政治学研究》，（6）。

宋研、晏鹰（2011）：《农村合作组织与公共水资源供给——异质性视角下的社群集体行动问题》，《经济与管理研究》，（6）。

苏昕、路春城（2010）：《基于非营利组织视角的农村合作组织财政政策研究》，《财政研究》，（1）。

唐建平等（2010）：《农村社会组织建设对策研究》，《湖北社会科学》，（12）。

唐青青（2011）：《我国农村非政府组织参与扶贫的研究》．广西民族大学硕士学位论文。

陶传进（2008）：《控制与支持：国家与社会间的两种独立关系研究——中国农村社会里的情形》，《管理世界》，（2）。

田书清（2009）：《农村社会组织的现状及其运作模式——以贵州省榕江县大利村旅游协会为例》，《广西社会科学》，（7）。

童志锋（2012）：《动员结构与农村集体行动的生成》，《理论月刊》，（5）。

汪杰贵、周生春（2011）：《构建农村公共服务农民自主组织供给制度——基于乡村社会资本重构视角的研究》，《经济体制改革》，（2）。

汪锦军（2008）：《农村公共事务治理——政府、村组织和社会组织的角色》，《浙江学刊》，（5）。

王义（2009）：《农村社会组织治理结构失衡与矫正研究》，《云南行政学院学报》，（3）。

王卓、罗中枢（2010）：《华西平原农村社区自治现状考察》，《经济体制改革》，（5）。

吴健辉等（2009）：《社会主义新农村建设下的农村社会资本培育研究》，《农业经济》，（5）。

吴强（2012）：《中国地方合作主义的社会条件——巫溪"乐和模式"中北京地球村功能及其转型的初步考察》，《华中师范大学学报》（人文社会科学版），（4）。

吴玉锋（2011）：《新型农村社会养老保险参与行为实证分析——以村域社会资本为视角》，《中国农村经济》，（10）。

徐顽强等（2012）：《社会管理创新视角下农村社会组织发展困境和路径研究》，《广西社会科学》，（6）。

许源源、邹丽（2010）：《非政府组织农村扶贫：制度优势与运行逻辑》，《经济与管理研究》，（1）。

闫东（2012）：《社会组织参与新农村建设的困境与出路——党和社会组织关系的视角》，《新视野》，（3）。

余意峰（2008）：《社区主导型乡村旅游发展的博弈论——从个人理性到集体理性》，《经济地理》，（3）。

张翠娥、万江红（2011）：《社会组织发展与农村社会管理主体多元化——基于农民合作经济组织发展历程的分析》，《华中农业大学学报》（社会科学版），（4）。

张红军（2010）：《NGOS对新农村建设的促进作用》，《合作经济与科技》，（3）。

张健（2012）：《主观意识、社会互动与村民的参与行为——NGO 项目运作的质性社会学分析》，《湖北社会科学》，（2）。

张克中、贺雪峰（2008）：《社区参与、集体行动与新农村建设》，《经济学家》，（1）。

赵鼎新（2006）：《集体行动、搭便车理论与形式社会学方法》，《社会学研究》，（1）。

赵瑞涛（2009）：《黑龙江省农村 NGO 的功能作用和发展现状——以农民专业合作组织为例》，《安徽农业科学》，（34）。

赵小平、陶传进（2012）：《社区治理：模式转变中的困境与出路》，社会科学文献出版社。

赵壹（2010）：《从第三部门看我国农村金融体制改革》，《财政监督》，（24）。

郑小勇（2008）：《行业协会对集群企业外生性集体行动的作用机理研究》，《社会学研究》，（6）。

周生春、汪杰贵（2012）：《乡村社会资本与农村公共服务农民自主供给效率——基于集体行动视角的研究》，《浙江大学学报》（人文社会科学版），（3）。

Hansen , W. L. et al. (2005), "The logic of private and collective action", 01*American Journal of Political Science*, pp. 150 – 167.

Kyriacou, A. P. (2010), "Intrinsic motivation and the logic of collective action: The impact of selective incentives", 02 *American Journal of Economics and Sociology*, pp. 823 – 839.

The Participation of NPOs in the Economic Development of Rural Communities in China：Literature Review

Zhao Xiaoping，*Zhu Zhaonan*

【Abstract】This paper examines the Chinese literature from the last ten years on the involvement of non-profit organizations in the economic development of China's rural communities. At the same time as demonstrating the importance of this involvement, the authors also attempt to summarize the three different ways in which non-profit organizations choose to become involved, including: encouraging farmers to establish or participate in mutual help organizations; providing farmers with market information; and providing skills and technology related services for agricultural production. The authors find that for the most part, the existing literature adopts one of three theoretical perspectives, drawing on the ideas of social capital, collective action, and community-driven development to explore different dimensions of the positive roles being played by non-profit organizations in the economic development of rural communities. However, the reality is that non-profit organizations are not always able to play a positive role. They face a whole range of challenges, including issues with the effectiveness of their internal governance; the level of professionalism of their services; the institutional environment; the understanding or lack thereof in society about who they are and what they do; the fundraising environment and so on. Although there is some mention of these issues within the existing literature, there appears to be a failure in theoretical studies to engage in more penetrating analysis of these issues. The authors also find that existing literature is predominantly rooted in theoretical deductions, whilst there is a relative dearth of empirical research.

【Keywords】 Non-Profit Organizations; Rural Communities; Economic Development; Literature Review

（责任编辑：何建宇）

农村发展的理论范式嬗变：
理论综述

曾志敏*

【摘要】"二战"以后，新兴独立的后发展中国家促进农村
发展的中心问题就是农业转型和消除贫困。本文围绕着贫困内
涵的发展价值观念演变，细致地梳理了农村发展理论范式的历
史嬗变过程。就理论发展本身而言，目前已有两点达成基本共
识：经济发展计划和经济政策应该和社会发展政策联系起来，
实施一种平等主义的发展战略；要实现彻底消除贫困的目标和
促进农村发展，需整合国家、市场和社会三者来提供资源。政
府仍应在多重行动者中发挥独一无二的核心作用，即提供一个
压倒一切的法律或政策框架来促进变迁。

【关键词】农村发展　工业化范式　社会发展范式　新自由
主义范式　可持续生计范式

在"二战"以后的第三次现代化浪潮中，新兴独立的后发展中国家
促进农村发展的中心问题就是农业转型和消除贫困。事实上，农业的现
代化转型本身也是为了消除贫困问题。因此，对贫困内涵及其成因的不

---

* 曾志敏，清华大学公共管理学院博士研究生，研究方向为农村发展、政府职能与规制
理论。

同理解往往决定了不同的农村发展战略，从而形成了不同的农村发展理论范式。[1] 虽然贫困成为宗教和世俗社会关注的主题由来已久，但直到近代社会科学兴起以后，才开始出现对贫困的定义、度量和理解做出的系统分析。早期的定性研究主要侧重于贫困人口的生活，而后来的定量研究则明确将贫困定义为缺乏足够的经济收入。虽然这一定义方法直到今天仍被广泛使用，但是贫困的内涵后来也逐渐与生活方式、态度、行为等联系起来，从而形成了诸如生活标准、下层阶级、社会排斥、不平等、相对匮乏之类将贫困概念化的新词汇。对贫困定义方法的丰富化虽然让人们对贫困的本质理解得更为清楚，但也导致了大量问题与争议的出现。这是因为定义贫困的方式与那些消除贫困的政策建议是紧密地联系在一起的，而且所有这些定义以及政策建议都植根于不同的价值观念和信仰（哈尔、梅志里，2006：66）。因此，围绕着贫困内涵的价值观念演变，就可以非常清晰地梳理农村发展理论范式的历史嬗变。

一 农村发展的工业化范式

以经济收入为基础的贫困定义，反映出人类最低生存需求的价值观念，即人类需要最低水平的食品、水、住房、衣服消费才能生存下来。[2] 要满足人类的物质生存需求，从根本上说就是要促进经济发展，但传统农业部门在促进经济发展方面通常被认为是乏力的。根据西欧、北美国

---

[1] 范式（paradigm）的概念是美国著名科学哲学家托马斯·库恩（Thomas S. Kuhn, 1922—1996）在其名著《科学革命的结构》（*The Structure of Scientific Revolutions*）中率先提出并得到系统阐述的。在库恩看来，范式就是一种公认的模型或模式，是一个共同体成员所共享的信仰、价值、技术等等的集合。新旧范式的替代过程，就是科学革命（Kuhn, 1962）。

[2] 通过定义最低需求并将其与价格相联系，就有可能构建出一条绝对的最低贫困线。20世纪70年代由代蒙特克·阿卢瓦利亚（Montek Ahluwahila）在其承担的世界银行课题中提出的每天生活费不足1美元的绝对贫困线标准，被世界银行和联合国等国际组织广泛采用，并以此来估计发展中国家的贫困率。2008年8月27日，世界银行宣布，为更加准确地反映发展中国家的生活成本，世界银行将把国际贫困线标准提高到每天生活费不足1.25美元。若按照每天生活费不足1美元的旧标准，1981年时全球有约15亿人生活在国际贫困线以下；到2004年，这一数字已减为9.85亿人。而按照1.25美元的新标准，1981年全球有19亿人生活在每天1.25美元的水平之下，到2005年这一数字则降为14亿人（常驻联合国代表团发展组，2008）。

家的现代化发展经验，在工业化导致的经济快速发展时期，国家能够使大部分人提高收入和生活水平，从而有效地消除贫困。因此，现代化理论家相信，这种由工业化推动的快速的经济发展，在"二战"以后独立的发展中国家也能够起到同样的效果。关于这方面的文献最为著名的莫过于发展经济学中的"刘易斯－拉尼斯－费景汉"（Lewis-Ranis-Fei）二元经济结构模型。

1954 年，刘易斯在其经典著作《劳动力无限供给下的经济发展》（*Economic Development with Unlimited Supply of Labor*）中把发展中国家的经济结构划分为性质不同的两个经济部门：现代工业部门和传统农业部门，并指出发展中国家经济发展的中心是传统农业向现代工业的结构转换（Lewis，1954）。刘易斯认为，传统农业部门劳动力无限供给①构成了发展中国家二元经济的内在特征，由于经济发展依赖于现代工业部门的扩张，而现代工业部门的扩张又需要传统农业部门提供丰富的廉价劳动力，因此，二元经济发展的核心问题是传统农业部门的剩余劳动力向现代工业部门转移。换言之，伴随着劳动力的转移，发展中国家的二元经济结构终将消除，② 这就是著名的刘易斯模型。

但是刘易斯模型只强调现代工业部门的扩张，没有足够重视农业在促进工业增长中的作用，也没有注意到农业由于生产率的提高而出现剩余产品应该是农业中的劳动力向工业流动的先决条件。因此，后来的"拉尼斯－费景汉模型"则对刘易斯模型进行了改进和发展。1961 年，拉尼斯（Gustav Ranis）和费景汉（John C. H. Fei）发表《经济发展的一种理论》（"A Theory of Economic Development"）一文，他们仍以刘易斯模型对发展中国家经济部门的二元划分为基础，但从一种动态角度研究农业和工业的均衡增长，并认为因农业生产率提高而出现农业剩余是农业

---

① 根据刘易斯的解释，无限的劳动力供给是指现代工业部门在现行一个固定工资水平上能够得到它所需要的任何数量的劳动力，或者说在仅够维持劳动者生存的工资率水平上，随需求的增长，劳动力供给可以无限增长的情况。

② 劳动力发生转移的根本原因在于发展中国家的农业部门存在着生产率极低的过剩劳动力。在劳动生产率方面，工业部门远远高于农业部门，从而使得工人工资水平远远高于农民工资水平。正是由于存在工资水平的差异，促使农业过剩劳动力向工业流动。这种过程将持续进行，直到农业部门的过剩劳动力被工业部门完全吸收为止。

劳动力流入工业部门的先决条件。由此，拉尼斯-费景汉模型把二元经济结构的演变划分为三个阶段：第一阶段是劳动生产率等于零的那部分劳动力的流出，这部分劳动力是多余的；第二个阶段是边际生产率大于零但小于不变制度工资的劳动力的流出；第三个阶段是农业劳动产品的价值大于不变制度工资的劳动力的流出，因此这部分的农业劳动力已经变成了竞争市场的产品（Ranis & Fei, 1961；Fei & Ranis, 1964）。

刘易斯接受了"拉尼斯-费景汉模型"的观点，并在后来完整地提出了他的"拐点"理论。1972年，刘易斯发表了题为《对无限劳动力供给的反思》（"Reflections on Unlimited Labour"）的论文，提出了两个"拐点"理论。刘易斯认为，当二元经济发展由第一阶段转至第二阶段时，劳动力供给将由无限变为短缺，此时由于传统农业部门的压力，现代工业部门中的工资开始上升，第一个转折点，即"刘易斯第一拐点"开始到来。此后随着农业的劳动生产率不断提高，农业剩余进一步增加，农村剩余劳动力得到进一步释放，现代工业部门的迅速发展足以超过人口的增长，该部门的工资最终将会上升。当传统农业部门与现代工业部门的边际产品相等时，也就是说传统农业部门与现代工业部门的工资水平大体相当时，意味着一个城乡一体化的劳动力市场已经形成，整个经济包括劳动力的配置完全商品化了，此时的经济发展将结束二元经济的劳动力剩余状态，开始转化为新古典学派所说的一元经济状态。此时，第二个转折点，即"刘易斯第二拐点"开始到来（Lewis, 1972）。

"刘易斯-拉尼斯-费景汉模型"较早开创了城乡二元经济问题的研究。就理论发展而言，作为对"刘易斯-拉尼斯-费景汉模型"的反思，发展中国家的新农村部门是否存在剩余劳动力，它的工资是以由制度决定的古典原则，还是以由劳动力的边际产出决定的新古典原则为基础，一直是学术界争论的主要问题（Hayami & Rutan, 1985）。如 Jogenson (1961) 建立了一个与"拉尼斯-费景汉模型"十分相似的模型，但假定农业部门不存在剩余劳动力，农业部门的工资是由新古典经济学的边际原理决定的。Jogenson 运用新古典主义分析方法，探讨了工业部门的增长是如何依赖于农业部门的发展，并认为在农业没有剩余劳动力的情况下，工业化从一开始就必须依靠农业技术进步的支持。此外，也有研究在设定农业劳动边际生产率为正的条件下，从城乡就业的角度分析了二元经济结构的转化问题（Todaro，1969；McIntosh，1975；Dixit，1978）。随着二元经济问题研究的深入和研究方法的拓展，二元经济理论研究取得了长足的发展，成为发展经济学的一个理论增长点，主要体现在：在研究方法上，综合应用新古典经济学、制度经济学、演化经济学的分析框架来解释二元经济问题；在研究内容上，将工资制度、分工组织、收入分配、市场分割等视角引入对二元经济的分析之中（关于二元经济理论的历史演化和发展过程参见：高帆，2004；关于中国对二元经济问题的研究参见：孙凯、高帆，2005）。由于在"刘易斯－拉尼斯－费景汉模型"中，发展中国家的二元经济结构是外生的，将二元经济结构归因于劳动力不合理的配置，其政策含义就是促使农业剩余劳动力向非农业转移，因而，近年来研究发展中国家二元经济问题的一个重要成果，就是对二元经济结构出现的内生原因和解除路径的反思（Sachs et al.，2000；Murata，2002；Eswaran，Kotwal，2002；高帆，2007，2012）。

尽管存在理论上的诸多争论，但"刘易斯－拉尼斯－费景汉模型"是发展经济学中二元经济理论研究的基石却是毋庸置疑的，同时它也为新兴独立的发展中国家快速实现消除贫困和经济现代化的强烈愿望提供了清晰的行动指南——工业化。政策制定者的任务就是扩大现代工业部门，从而把劳动力从仅能维持生计的传统农业部门转向现代工业部门。要实现这个目标，对于政府而言，可以通过对工业企业的大规模投资来实现。工业化可以创造大规模的就业机会，将劳动力从贫穷的农业部门、非正式经济部门转入现代的城市工业部门。进入有固定工资收入的工业部门就业，人们的收入和生活水平势必会提高，最终必将消除贫困。在20世纪40~60年代，很多发展经济学家都持有这种信念，并深刻影响了发展中国家的经济发展政策。英国著名的发展经济学家罗森斯坦－罗丹（P. N Rosenstein-Rodan，1902—1985）研究了东欧和东南欧国家工业化问题，认为政府应该实行"大推进"（the Big Push）式的工业化政策，把为工业投资提供流动资金放在政策的优先位置（Rodan，1943）。努克斯（Nurkse，1953）认为，只有通过工业发展才能打破贫困的怪圈；但同时，政府应加强对基础设施和辅助型工业的投资来确保均衡的发展。联合国的一项由刘易斯（Arthur Lewis）主导的重要报告，则敦促各发展中国家的政府优先为工业发展汲取资金（United Nations，1951）。而发展经济学先驱之一的罗斯托（Walt W. Rostow，1916—2003）在其那本被广泛引用的著作《经济成长阶段：一个非共产主义宣言》（*The Stages of Economic Growth：A Non-Communist Manifesto*）中，针对所谓的社会发展六个阶段（传统社会阶段、起飞准备阶段、起飞进入阶段、起飞进入自我持续增长的阶段、成熟阶段、高额大众消费阶段和追求生活质量阶段）提出了一系列明确的政策规定，尤其在经济起飞诸阶段，要积累资本来为经济发展创造条件，从而释放经济的活力，推动工业的持续发展（Rostow，1960）。

受工业化的理论范式的深刻影响，在"二战"以后相当长的时期内，以城市为中心的工业化进程被视为发展中国家经济增长的引擎，而农村的基本任务就是要支持这一工业化进程的发展。在工业化的逻辑下，农业生产将会走向商业化、资本化、机械化，以此达到效率的最大化，并实现规模经济效益。应用西方科学以及农场管理技术以促进农业生产，被视为农村转型过程中的一个基本因素。剩余劳动力将会从乡村转移到城镇来弥补不断扩张的工业以及服务部门的劳动力缺口。工业化和城市化带来的收益则会自动地惠及穷人。一般认为，政府干预经济发展，能将发展所带来的收益更多地导向更为需要的群体；但是，基于工业化的农村发展理论轻而易举地消解了政府干预的必要性（哈尔、梅志里，2006：121）。

二 农村发展的社会发展范式

农村发展的工业化范式在后来的政策实践中却被证实为只是一个美丽的"神话"，它并没有取得理论预想的结果。相反，发展中国家农村地区长期而广泛存在着的贫困、剥夺、不平等与不安全，充分暴露了工业化发展观所存在的缺陷。工业化优先发展本质上是一项不平等主义的发展战略，其必然结果就是资源的配置倾向于着重解决城市问题，而对农村农业援助的资源就会遭到大规模削减。20 世纪 60 年代以来，绝对贫困线以下农村人口的比例在许多国家中都有所增加，特别是在那些有着二元经济结构的国家，这种结构使得土地分配和财富分配出现明显的两极分化趋势，使得小生产者的利益诉求在国家主流决策之中微不足道。在 1965～1988 年，这种现象在诸如巴西、厄瓜多尔、秘鲁、赞比亚、肯尼亚以及菲律宾等拉美、非洲及东南亚国家变得尤为严重。在这些国家中，失地人口（受薪劳动者）以及准房东（出租土地以及分享收成者）指数居高不下，并有上升的趋势（Cristodoulou，1990）。此外，农村贫困人群越来越集中于耕作潜力较低的地域，这些地方的农业生态环境十分恶劣，并经常伴有大范围的冲突。贸易自由化很少为农村贫困人群提供看得见、摸得着的实惠，除非那些国家已经把农业部门纳入重视劳动密集型产业、以贫困人群利益为重的经济发展政策之中（Killick，2001）。在全球范围内，直至 20 世纪末，发展中国家的贫困问题依然非常严重。根据世界银行（World Bank，2001）的估计，若采用收入少于 1 天 1 美元的绝对贫困标准，1998 年全球大约有 12 亿贫困人口，约占全球人口的 24%；若采用 1 天 2 美元的贫困线，则估计 1998 年有 28 亿贫困人口，约占全球人口的 46%。在发展中国家绝对贫困人口的分布上，1998 年有约 5.22 亿穷人生活在南亚，占全部贫困人口的 43%；另外有 24% 的穷人，即 2.91 亿人生活在亚撒哈拉非洲国家；剩下的 23%，即 2.78 亿穷人生活在东亚和太平洋地区；还有相当少的一部分生活在东欧、中亚和中东地区。表 1 概括了世界银行关于这些发展中国家绝对贫困的数据。

表 1　按世界区域划分的绝对贫困率（1998）

单位：百万，%

地区	贫困人数	占穷人的比重	人口中穷人的比例
东亚和太平洋	278.3	23.2	15.3
东欧和中亚	24.0	2.0	5.1
拉美和加勒比	78.0	6.5	15.6
中东和北非	5.5	0.5	1.9
南亚	522.0	43.5	40.0
亚撒哈拉非洲国家	290.9	24.3	46.3

　　注：大多数穷人集中在南亚地区，这明显地与该地区是世界上人口最密集地区之一的事实有关。

　　资料来源：世界银行（World Bank，2001）。

此外，在基本服务的提供方面，诸如农村医疗、教育、生活用水与环境卫生等，由于公共支出在几十年中都投入不足，所以在所有实施弱化农村发展政策的发展中国家，农村地区几乎都远远落后于城市中心地区。以教育方面的投资为例，若将亚洲、非洲、拉丁美洲发展中国家在农业人口教育方面的公共支出与城市手工业者和白领部门的教育支出相比，就会显得十分不对称、不平衡（Todaro，2000；IFAD，2001）。自 20 世纪 70 年代开始，曾被广泛视为促进经济社会发展的普适良方的工业化范式就遭到了猛烈的抨击。事实上，除了采取出口导向型战略而不是进口替代型工业化政策的东亚国家之外，几乎没有多少发展中国家成功地实施了工业化战略，也几乎没有什么发展中国家靠扩张现代的就业部门就大规模地降低了贫困率。此时，一种国家主义的发展观念开始流行起来，它主要提倡政府通过积极干预经济计划、社会服务提供以及发展项目来彻底摆脱贫困并实现发展，即通过扩大政府对经济社会发展的干预措施，将工业化经济发展与社会政策结合起来，从而形成农村发展的社会发展范式。

　　在社会发展的理论范式下，贫穷不再只是意味着人类经济意义上的最低消费需求，而是包含了一系列反映负面社会状况和生活质量的社会性指标：居住环境恶劣、营养不良、健康状况不佳、教育状况差、识字率低、预期寿命短、卫生及其他公共服务的可及性低等。同时，它也揭示了社会不平等导致贫困的非物质特性。不平等起初只是被狭隘地定义为收入分配方面的问题，但是后来越来越与歧视、剥削与压迫、资源可及性差以及缺乏有效行使权力和抵抗压迫的能力等方面紧密联系（哈尔、梅志里，2006：70）。从这个认识角度来说，虽然贫困应当通过工业化和经济发展进行改善，但是社会不平等机制的存在就使得工业化带来的经济发展不会自动给所有人带来繁荣，即经济不均衡发展只惠及在现代部门就业的人群，而贫困者却通常被忽视，这就是所谓的"扭曲发展"问题（Midgley，1995）。因此，发展主义者就认为必须要通过全方位的社会政策来保证更为公平的资源分配，以此来缓解贫困。①

---

① 发展主义者的观点受到了信奉社会民主主义以及国家干预主义的国家的欢迎，也得到了国际机构的认可。在 20 世纪 70 年代，国际社会做出了更多的努力，促使各国政府加大力度解决贫困、社会剥夺以及不平等问题。不仅是联合国，其他国际机构，如世界卫生组织、联合国儿童基金会以及国际劳工组织，都提倡采取特殊的健康、住房、教育、卫生、城市发展、营养等社会政策。

社会发展不仅仅是经济增长和提供社会服务，而且本质上是一种平等主义的发展战略，即它强调经济政策的制定应该和投资于教育、医疗、社区发展以及其他社会服务项目的社会政策联系起来，从而减少"扭曲的发展过程"中所产生的社会不公平问题（Midgley，1995）。20世纪70年代以后，"在公平中求增长"的发展哲学已经被各类发展组织广泛接纳。就农村发展领域而言，自那时起，国际发展组织很大比例的资金被投到了一系列以基本生产为基础的、以满足人类需求为中心的工程与项目之中。把这些思路整合起来的一种尝试便是设计一种"整合化农村发展项目"（Integrated Rural Development Projects，IRDPs）。这些项目内含一些合成性干预措施，试图在农业生产增长的基础上辅之以基本医疗服务、教育、环境保护以及其他一些服务（Wiggins，1985；Bothomani，1991）。

三 农村发展的新自由主义范式

自20世纪70年代末期以来，随着新自由主义的复兴，发展观发生了重大的变革，主要体现在强烈抵制过度的政府干预，以及处处强调自由市场、企业精神以及获取利润的重要性。新自由主义使19世纪自由放任的经济理论得以复兴，它敦促政府积极地为市场活动提供方便，要求政府降低税率、削减公共支出、减少经济管制，从而增进市场商业部门的利益。换言之，它直接挑战了这样的思想：政府应该承担促进社会发展的责任，以提高公民的福利。

促使新自由主义复兴的原因有很多，其中主要的原因有两个。第一，人们对于国家福利主义和国家发展干预主义普遍产生了严重不满。到20世纪60年代末，发展政策已经具有高度的干涉主义色彩，在世界上的很多地区，政府都采取了指导性的经济计划和凯恩斯主义的经济政策；同时很多国家还大规模地扩大社会服务，为国民提供教育、健康、营养、住房以及其他福利。所导致的结果就是，"发展"成为一种不断增长的"国家福利主义"，新自由主义学派对此进行了尖锐的批评，认为政府干预对促进经济增长和消除贫困起到了破坏作用，甚至走上了一条"奴役之路"（Hayek，1944，1949；Friedman，1962，1980；Lal，1983）。第二，20世纪70年代末，极右翼政治领袖在英国、美国和其他国家登上了政治舞台，极大地推动了极右翼政治运动（Glennerster & Midgley，1991）。70 年代的两次石油危机导致了严重的经济问题，尽管各国政府都试图用凯恩斯主义的发展规划来纠正这些问题，但经济萧条、通货膨胀和失业现象依然持续。极右派使选民相信，这个时期连续不断的失业、通货膨胀和工会罢工等问题的罪责都在政府，都是由高税率、国家对经济的过度干预以及过于慷慨的福利体制造成的，这些行为抑制了经济的活力。除了在英美国家的撒切尔主义和里根主义大行其道，政府应该承担社会发展责任的思想受到严重挑战。此外，国际货币基金组织长期以来一直反对政府对社会发展的资助，在极右翼政治运动之下就有了新的机会来实施其强制性的经济自由化货币政策，将此作为给债台高筑的发展中国家和第三世界国家贷款的附件条件。①

在新自由主义的理论范式下，贫困的不平等性质被重新定义。库兹涅茨（Simon S. Kuznets，1901—1985）的研究挑战了当时发展经济学关于需要政府干预来纠正不平等以及更大范围的收入差异的主流观点。一般来说，许多非常贫困的国家有一个庞大的仅能维持生存的农业经济部门，由于绝大部分人口都比较贫穷，因而在这样的社会中，不平等现象并不突出。然而，在那些经历着经济发展的国家，收入不平等却急剧扩大。库兹涅茨（Kuznets，1955）认为，不平等增加是因为那些从传统部门转向现代工业部门的群体的收入，相对于那些仍在从事农业行业的人们来说，总是

----

① 自 20 世纪 70 年代的经济危机以来，很多反对新自由主义学说的政府面临了巨额债务问题。几乎没有哪个政府能在商业市场上筹措到贷款，多数政府只好被迫向国际货币基金组织以及世界银行寻求紧急经济援助。这些国际经济组织附加了限制性政策，要求各国政府采取经济自由化或实施"结构调整"规划（Danahar，1994；Chossudovsky，1997）。这些规划包含了一种新的经济计划形式，即由国际货币基金组织的官员掌握各国经济政策的制定。他们撤销了经济计划机构，废除了不利于商业团体的政府管制，让政府降低税费，大幅削减公共支出，取消了上千个公共服务工作岗位，把补贴转向食品和其他商品，废除土地改革以及再分配政策，削减农村发展和非正式部门的投资政策，使国有工业和政府所有的公共事业民营化；同时，还鼓励学校、诊所、医院以及其他社会服务设施民营化，在不能实施民营化的领域，如卫生保健和其他社会服务，则实行收费制。国际货币基金组织还要求各国政府放弃进口替代政策，开放经济，引入外资，加入全球竞争。这是因为新自由主义经济政策制定者认为，融入全球资本主义经济可以吸引资本，提供进入全球市场的机会，促进经济的增长和繁荣。

以很快的速度增长。不过，根据他关于收入分配状况随经济发展过程而变化的"倒 U 型曲线"理论，随着经济持续发展，收入不平等将会下降。这是因为随着工薪型就业的增加，大多数人的收入会增加，不平等就会相应下降。可见，库兹涅茨的理论发现与"刘易斯－拉尼斯－费景汉模型"的理论逻辑不谋而合。库兹涅茨的研究后来被新自由主义拥护者用来证明，在那些以收入不平等为代价而高速发展经济的国家里，收入不平等的问题能够自我解决，并不需要政府干预。这也就是后来"里根经济学"（Reaganomics）推崇的所谓的"涓滴效应"（Trickle-down effect，国内亦译作利益均沾、渗漏效应、滴漏效应等），即指在经济发展过程中并不给予贫困阶层、弱势群体或贫困地区特别的优待，而是由优先发展起来的群体或地区通过消费、就业等方面惠及贫困阶层或地区，带动其发展和富裕。许多自由市场经济的信徒相信这种"涓滴"理论，即富人消费投资，刺激经济发展，最终惠及穷人，如水之向下"涓滴"。

自 20 世纪 80 年代以后，新自由主义政治经济学在世界范围内取得了主流的理论地位。就农村发展领域，试图"在公平中求增长"的"整合农村发展项目"（IRDPs）因浮出表面的一些包括搞工程成本、效率低下的跨部门合作水平、官僚体系的复杂性以及缺乏受益人参与等问题而遭受批评，因此，作为一项减少农村贫困的措施，该项目在 80 年代被采用的普遍程度有所下降（World Bank，1987；Tendler，1993）。在更为广泛的视野下，作为一整套针对拉美和东欧国家的新自由主义纲领——华盛顿共识（Washington Consensus），则将贫困地区的农业问题归咎于资本化程度不高、缺乏国际竞争、地区资源匮乏、资源分配不公以及制度失灵，其中最后一项包括政治上以及组织上的各种缺陷（哈尔、梅志里，2006：133）。因此，解决农村及农业发展的主要方法除了通过技术来提高农场的生产力之外，也要推动政策和制度改革进入一个自由化进程，这一进程将以公－私伙伴关系（Public-Private Partnership）为基础以鼓励农业的多样化、分散化以及小农生产者从政策设计到政策评估的全程参与（Maxwell et al.，2001）。

四 农村发展的可持续生计范式

在新自由主义盛行的二三十年来，无论是在发展中国家还是发达国家，"涓滴经济学"（Trickle Down Economics）越来越不明显。在许多经济快速增长的国家中仍然长期存在大量贫困人口，这种现象表明，经济总量的增长对于减贫及降低社会不平等来说并不足够。联合国发布的《2011年新千年发展目标报告》（*The Millennium Development Goals Report 2011*）明确提到，"在实现新千年发展目标方面的各项进展往往未惠及那些处于经济阶梯底层的人群"（United Nations，2011）。事实上，各国各种贫富差距和不平等现象正在日益加深，这种趋势毫无异议。在过去三十年间，四分之三富裕国家内部的贫富差距越拉越大（OECD，2011），而大部分的发展中国家的贫富差距也均在拉大（International Labour Office，2008），中国也不能幸免。事实上，中国虽然在经济增长速度方面首屈一指，但贫富差距不断扩大的速度也是名列前茅（Liu，2011）。根据国家统计局的数据，中国的基尼系数在 2003～2012 年十年间均超国际 0.4 警戒线，其中 2003 年为 0.479，2012 年为 0.474（国家统计局综合司，2013）。此外，在经济收入以外的公共教育、医疗卫生服务、营养健康等社会发展领域各国内部的差距也是越拉越大（Reidpath et al.，2009）。

受"可持续发展"理念（World Bank，1992）的影响，同时也是对经济意义上的贫困标准以及新自由主义发展范式的反思，在20世纪90年代末期，发展理论家较为完整地提出了一种新的综合性的农村发展思路，即把经济收入、脆弱性、能力、社会资本等维度均纳入概念框架之中的"可持续生计分析"（Sustainable Livelihoods Analysis，SLA）。尽管不同的学者因研究兴趣和目标不同而对可持续生计内涵的理解存在差异，但一个较为普遍被接受的可持续生计的定义是，"一个生计维持系统要包括能力（capacities）、资产（assets，既包括物质资源也包括社会资源）以及维持一种生活方式所必需的活动（activities）。只有当一个生计维持系统能够应对压力和重大打击，并且可以从中恢复过来，以及可以在现在和未来保持甚至提高其自身的能力和资产，同时不损害自然资源的基础时，它才具有可持续性"（Scoones，1998：5）。进入新千年以来，经过发展理论家以及一些国际和国家发展组织的大力推动之后，SLA 作为一种整体性的发展思路正有逐渐取代新自由主义而成为主流发展理论范式之趋势。

SLA 框架是建立在阿玛蒂亚·森（Amartya Sen）的贫困理论基础之上的。森（Sen，1992、1999）批判了绝对或相对贫困的概念，认为贫困不是主要同收入不高有多大关系，而更多的是与人们是否具有选择愿意做什么的能力相关，但能力又是由更多的机会、自由和权利所决定的。因此，森认为，如果人们要实现温饱、富足、个性化生活方式及文化选择等这些功能的话，自由能力便是需要国家必须保障的基本权利。在一个没有饥饿、有充分的教育机会、疾病能够得到控制的社会里自由是其内在的特质。森对贫困性质的理解超越了新自由主义者的自由即不受限制的理念。相反，国家应该要采取行动创造积极的自由，① 这种自由能提高人们的能力，使他们能够实现自己的功能。将森的贫困理论进行概念化以后，2000 年英国海外发展部（the UK's Department for International Development，DFID）

---

① 英国著名的政治哲学家以赛亚·柏林（Isaiah Berlin）在其 1958 年的《两种自由概念》中，对自由的概念进行了革命的划分：将自由分为积极自由与消极自由两种。他认为，积极自由是指人在"主动"意义上的自由，即作为主体的人做的决定和选择，均基于自身的主动意志而非任何外部力量。当一个人是自主的或自决的，他就处于"积极"自由的状态之中（liberty to…）。这种自由是"做……的自由"。而消极自由指的是在"被动"意义上的自由。即人在意志上不受他人的强制，在行为上不受他人的干涉，也就是"免于强制和干涉"的状态（liberty from…）（柏林，2003）。在柏林看来，这两种自由的重点是相区别的，所回答的是两个具有重大差异的问题。积极自由强调的是主体活动的主动性和自治性，而消极自由的重点在于外部力量没有对主体形成束缚和控制，未受到他人的干涉。两种自由概念的划分，明确地提出了自由制度的基本理念上的两种思路。积极自由既然强调人的主动性和自主性，自然就把重点放在人的行为能力和获取资源的能力上，因此派生的是人的各项主动权利和做某种行为的资格。权利行使和能力的培养构成了判断人的自由实现程度的标尺。而消极自由着眼于免受外在强制和干涉，自然就把重点置于人在社会活动的自在空间上，强调的是社会为人的发展提供潜在机会，允许社会存在自发活动的舞台，公共力量不能对人的发展做强制性安排。比较保守的（或者说右翼的）自由主义者，如哈耶克、弗里德曼，也包括柏林本人，高度重视消极自由的理念，认为消极自由的理念应当作为政治自由和社会自由制度的基础，即一个社会只要建立恰当的社会经济政治制度，保障所有人都享受不受限制的自由生活就可以了，而没有必要关注他们运用其自由去做什么。相反，比较左翼的自由主义者或者社会民主主义者，例如森（Sen），则强调积极自由的重要性。即一个社会仅仅建立了维护消极自由的制度框架是不够的，而且还要推动人民运用其自由去追求有利于社会公正和发展的目标。关于积极自由和消极自由何者重要或者这一区分是否有意义的争论，乃是当代西方自由主义甚至更大的政治哲学中的重要论题之一。

将可持续性生计分析框架发展成为一套完整的、单独的、可共享的发展规划方法（DFID，2000），并被国内外许多发展组织和学者所采纳。

SLA 框架始终以人为中心，它并不完全排斥以收入和消费量作为衡量贫困标准的传统观念，而是设想民众会追求多重的目标：民众不仅仅追求高额收入，同时还追求改善健康水平，增加接受教育的机会，减少脆弱性并且力图规避风险。为了实现多重目标，SLA 框架诉诸一系列生计维持资本，主要包括财政资本、人力资本、物质资本、自然资本和社会资本，从而确定了一揽子的增加贫困农户生计可持续性的手段：改进贫困农户使用或接受高质量的教育、技术、信息、培训和医疗卫生服务的权利或机会；为农户提供有保障的资金来源和渠道；营造更支持、关心贫困农户的平等的社会环境，使他们使用自然资源的权利或机会更为安全、稳定，并能更好地管理资源；政策与制度环境能够支持多样化的农户生计策略，使其平等地享用市场销售条件（苏芳等，2009）。

作为一种分析工具，SLA 框架可以帮助人们理解制约民众消除贫困的复杂力量，当然也指出了根除贫困的潜在机会。它是一个动态的机制，在一个相互作用的过程中涉及了一系列变量（见图 1），主要由脆弱性背景、生计维持资本、结构和制度的转变、生计维持策略和生计维持输出 5 个部分组成，这些组成部分以复杂的方式互相作用。[①]

然而，有理论家认为 SLA 框架最明显的问题是缺乏政治资本，或者说该框架没有纳入民众动员其有限资产以捍卫其生计的能力。政治资本的含义和社会资本的含义并不相同，社会资本所指称的内容并不必然将政治化的行为牵涉进来。因此，后来对可持续性生计框架的完善包括了政治的维度（Baumann & Simda，2001）。作为一种新的农村发展理论范式，可持续生计分析框架已经被广泛应用于对发展中国家及第三世界国家的贫困、粮食安全、自然资源管理等农村问题的分析当中（Dalal-Clayton, et al.，2004；Hesselberg，2006）。近年来，也被学者引入中国，用于分析中国失地农民保障、农民工社会保障、农民培训等农村问题以及特殊领域中弱势群体的社会管理问题（赵海波等，2013；刘璐琳、余

[①] 关于 SLA 框架各组成部分的具体内涵及变量之间的相互关系的介绍性分析，可参阅：苏芳等，2009。

农村发展的理论范式嬗变：理论综述

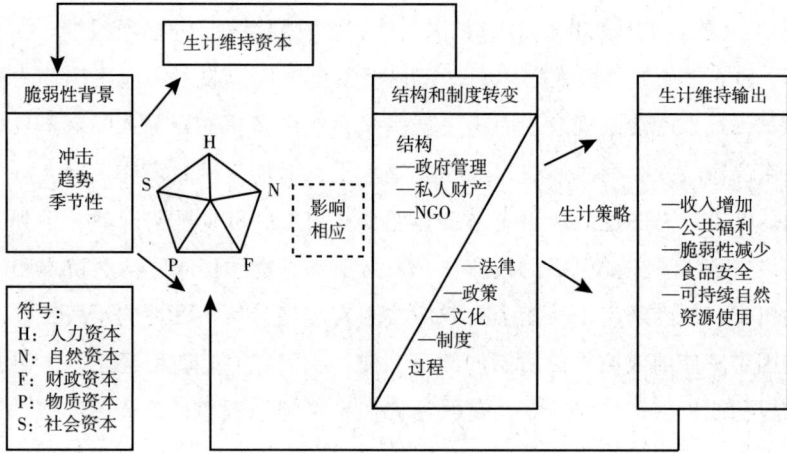

图 1　可持续生计维持框架

资料来源：Farrington et al.（1999）。

红剑，2013；马莉莎等，2012；殷瑾等，2012）。

　　从社会政策的视角来看，可持续性农村生计的发展观念是十分切合实际的。它既作为一种分析工具也作为一种实践工具，生计维持框架突出了社会政策的关怀，把增进民众的福祉作为发展努力的中心。可持续性农村生计框架也蕴含了一个中心观念，就是不能寄希望于依靠单一机构来解决农村发展的问题，而必须将政府机构、国际发展组织、企业、NGO 等多重行动者考虑在内。因为不同机构和组织所起的作用是不同的，各类机构和组织之间可以互补，从而使发展行动事半功倍。然而，尽管国家不再拥有对计划性发展的垄断权力，但是国家依然能发挥独一无二的作用，即提供一个压倒一切的法律或政策框架来促进变迁。可以说，虽然可持续生计分析框架有其自身的技术优势，但是只有在获得中央和地方政府政治支持的背景之下才会有效。然而，在相当多的农村里，加强并维持生计的行动对地方权力结构，以及资源和资本性资产的分配形成了挑战。国家权力机关对促进有利于农村大众的再分配变化给予高度的承诺是相当罕见的，即使有，也是特定历史环境之下的特殊产物。因为这些权力机关经常受到各种诱惑，从而过度依赖于短期的、社会保护主义式的干预，而往往不去考虑那些更为根本性的改革（哈尔、梅志里，

2006：149－150）。因此，即使在可持续生计理论范式的视野之下，国家作用仍然是农村发展问题的核心。

五　小结

本文细致地梳理了农村发展理论范式的历史嬗变过程。从工业化范式到社会发展范式，从新自由主义范式再到可持续生计范式，其实每一种理论范式在一定历史时期内都对农村发展的政策实践有着重要的理论价值。就理论发展本身而言，目前已有两点达成基本共识：其一，经济发展计划和经济政策的制定，应该和投资于教育、医疗、社区发展以及其他社会服务项目的社会发展政策联系起来，实施一种平等主义的发展战略，以防止"扭曲发展"所带来的社会不公平；其二，实现彻底消除贫困的目标和促进农村发展，需要整合国家、市场和社会三者来提供资源，即不能寄希望于依靠单一机构来解决农村发展的问题，而必须将政府机构、企业、国际发展组织、NGO 等多重行动者考虑在内。但是从当前来看，政府仍应在多重行动者中发挥独一无二的核心作用，即提供一个压倒一切的法律或政策框架以促进变迁。

就理论发展的内在缺陷而言，目前较为突出的问题主要可归纳为三个方面：其一，对"农村发展"内涵的理解还主要限于消除贫困意义上的农民怎样解决他们基本物质需要的问题，即解决农民的温饱问题和生计问题，也可以概括为是人对资源的利用和分配的问题；其二，缺乏对人与自然生态之间的关系以及人的文化价值体系的关注和研究，因此，长时期以满足人的物质需要的发展政策，有可能导致农村地区自然生态环境的破坏，以及农村地区人类共同体缺乏一个共同认可和理解的文化价值体系；其三，缺乏对农村发展中的经济失灵、健康与安全、生态保护等方面的政府规制研究。

参考文献

〔英〕安东尼·哈尔、〔美〕詹姆斯·梅志里（2006）：《发展型社会政策》，罗敏等译，社会科学文献出版社。

高帆（2004）：《二元经济理论的演化和最新发展》，《学术探索》，（1）。

高帆（2007）：《中国劳动生产率的增长及其因素分解》，《经济理论与经济管理》，（4）。

高帆（2012）：《中国城乡二元经济结构转化的影响因素分解：1981~2009年》，《经济理论与经济管理》，（9）。

国家统计局综合司（2013）：《马建堂就2012年国民经济运行情况答记者问》，10月16日，参见 http://www.stats.gov.cn/tjdt/gjtjjdt/t20130118_402867315.htm。

刘璐琳、余红剑（2013）：《可持续生计视角下的城市少数民族流动贫困人口社会救助研究》，《中央民族大学学报》（哲学社会科学版），（3）。

马莉莎等（2012）：《农民工可持续生计研究进展》，《经济研究导刊》，（28）。

孙凯、高帆（2005）：《我国对二元经济问题的研究：一个文献综述》，《人文杂志》，（3）。

苏芳等（2009）：《可持续生计分析研究综述》，《地球科学进展》，（1）。

殷瑾等（2012）：《基于可持续生计框架的农民培训模式和对策研究——以四川省为案例》，《中国软科学》，（2）。

〔俄〕以赛亚·柏林（2003）：《自由论》，胡传胜译，译林出版社。

赵海波等（2013）：《失地农民可持续生计问题研究——以昆明市城中村改造为例》，《云南农业大学学报》（社会科学版），（4）。

Bothomani, I. B. (1991), "IRDPs for Increasing Rural Incomes and Food-Production in Southern Africa: A Critical Review", 10 (1) *Journal of Rural Development*, pp. 1 – 19.

Baumann, P. & Simha, S. (2001), "Linking Development with Democratic Processes in India: Political Capital and Sustainable Livelihoods Analysis", 68 *Natural Resource Perspectives*, London: Overseas Development Institute.

Chossudovsky, M. (1997), *The Globalization of Poverty: Impacts of IMF and World Bank Reforms*, New York: Zed Books.

Cristodoulou, D. (1990), *The Unpromised Land: Agrarian Reform and Confict Worldwide*, London: Zed Books.

Dalal-Clayton, B. et al. (2004), "Rural Planning in Developing Countries: Supporting Natural Resource Management and Sustainable Livelihoods", 20 *Book Reviews / Journal of Rural Studies*, pp. 373 – 386.

DFID. (2000), *Sustainable Livelihoods Guidance Sheets*, London: Department for International Development.

Danahar, K. (1994), *50 Years is Enough: The Case Against the World Bank and the International Monetary Fund*, Boston, MA: South End Press.

Dixit, A. (1978), "Growth Patterns in a Dual Economy", 22 (2) *Oxford*

Economic Papers, pp. 229 – 234.

Eswaran, M. & Kotwal, A. (2002), "The Role of the Service Sector in the Process of Industrialization", 68 *Journal of Development Economics*, pp. 401 – 420.

Fei, J. C. H. & Ranis, G. (1964), *Development of the Labor Surplus Economy*: *Theory and Policy*, Homewood: Irwin.

Farrington, J. et al. (1999), "Sustainable Livelihoods in Practice: Early Applications of Concepts in Rural Areas", 42 *Natural Resource Perspectives*, London: Overseas Development Institute.

Friedman, M. & Friedman, R. (1980), *Free to Choose*, London: Secker & Warburg.

Friedman, M. (1962), *Capitalism and Freedom*, Chicago, IL: University of Chicago Press.

Glennerster, H. and Midgley, J. (eds.) (1991), *The Radical Right and the Welfare State*: *An International Assessment*, Hemel Hempstead: Harvester Wheatsheaf.

Harris, J. R. and Todaro, M. P. (1970), "Migration, Unemployment and Development: A Two-Sector Analysis", 60 (1) *The Economic Journal*, pp. 126 – 142.

Hesselberg, J. & Joseph A. (2006), "An Assessment of the Extent and Causes of Food Insecurity in Northern Ghana Using a Livelihood Vulnerability Framework", 67 *Geo-Journal*, pp. 41 – 55.

Heyek, F. V. (1944), *The Road to serfdom*, London: Routledge & Kegan Paul.

—— (1949), *Individualism and Economic Order*, London: Routledge & Kegan Paul.

Hayami, Y. & Ruttan, V. W. (1985), *Agricultural Development*: *An International Perspective*, Baltimore: Johns Hopkins University Press.

IFAD. (2001), *Rural Poverty Report 2001*: *The Challenge of Ending Rural Poverty*, Oxford: Oxford University Press.

International Labour Office (2008), *The World of Work 2008-Global Income Inequality Gap is Vast and Growing*, Geneva: International Labour Office.

Jorgenson, D. W. (1961), "The Development of a Dual Economy", 71 (282) *The Economic Journal*, pp. 309 – 334.

Jonathan, T. (2005), "Growth and Wage Inequality in a Dual Economy", 57 (2) *Bulletin of Economic Research*, pp. 145 – 169.

Kuhn, T. S. (1962), *The Structure of Scientific Revolutions*, Chicago: The University of Chicago Press.

Killick, T. (2001), "Globalisation and the Rural Poor", 19 (2) *Development Policy Review*, pp. 155 – 180.

Kuznets, S. (1955), "Economic Growth and Income Inequality", 45 (1) *American Economic Review*, pp. 1 – 29.

Lewis, W. A. (1954), "Economic Development with Unlimited Supply of Labor", 22 (2) *The Manchester School*, pp. 139 – 191.

—— (1972), "Reflections on Unlimited Labour", eds. Le DiMarco, *International Economics and Development: Essays in Honor of Raul Prebisch*, New York: Academic Press, pp. 75 – 96.

Lal, D. (1983), *The Poverty of Development Economics*, London: Institute of Economic Affairs.

Liu M. (2011), *Understanding the Pattern of Growth and Equity in the People's Republic of China*, Working Paper No. 331, Tokyo: Asian Development Bank Institute.

Maxwell, S. et al. (2001), *Emerging issues in Rural Development*, London: Overseas Development Institute.

McIntosh, J. (1975), "Growth and Dualism in Less Developed Countries", 42 (3) *The Review of Economic Studies*, pp. 421 – 433.

Murata, Y. (2002), "Rural-urban Interdependence and Industrialization", 68 *Journal of Development Economics*, pp. 1 – 34.

Nurkse, R. (1953) *Problems of Capital Formation in Underdeveloped Countries*, London: Oxford University Press.

OECD. (2011), *Divided We Stand: Why Inequality Keeps Rising*, Paris: Organization for Economic Co-operation and Development.

Ranis, G. & Fei, J. C. H. (1961), "A Theory of Economic Development", 51 (4) *The American Economic Review*, pp. 533 – 565.

Reidpath D. et al. (2009), "The Millennium Development Goals Fail Poor Children: The case for Equity-Adjusted Measures", 6 (4) *PLoS Medicine*.

Rostow, W. W. (1960), *The Stages of Economic Growth: A Non-Communist Manifesto*, Cambridge: Cambridge University Press.

Rodan, P. N. R. (1943), "Problems of Industrialization of Eastern and South-eastern Europe", 53 *The Economic Journal*, pp. 210 – 211.

Sachs, J. et al. (2000), "Globalization, Dual Economy, and Economic Development", 11 *China Economic Review*, pp. 189 – 209.

Scoones, I. (1998), *Sustainable Rural Livelihoods: A Framework for Analysis*, Working Paper No. 72., Brighton: Institute of Development Studies.

Sen, A. (1992), *Inequality Reexamined*, Cambridge, MA: Harvard University Press.

Sen, A. (1999), *Development as Freedom*, New York: Knopf.

Todaro, M. P. (1969), "A Model of Labor Migration and Urban Unemployment in Less Developed Countries", 59 (1) *The American Economic Review*, pp. 138 – 148.

Tendler, J. (1993), *New Lessons from Old Projects: The Workings of Rural*

Development in Northeast Brazil, Washington, DC: World Bank, Operations Evaluation Department.

Todaro, M. P. (2000), *Economic Development*, 7th edn., New York: Addison Wesley.

United Nations (1951), *Measures for the Economic Development of the Underdeveloped Countries*, New York: UN.

United Nations (2011), *The Millennium Development Goals Report* 2011, New York: United Nations.

World Bank. (2001), *World Development Report*, 2000/2001 *STBZ: Attacking Poverty*, Washington, DC: World Bank.

Wiggins, S. (1985), "The Planning and Management of Integrated Rural Development in Drylands: Early Lessons from Kenya's Arid and Semi-arid Lands Programmes", 5 (2) *Public Administration and Development*, pp. 91–108.

World Bank. (1992), *World Development Report* 1992: *Development and the Environment*, Washington, DC.

World Bank. (1987), *World Bank Experience with Rural Development*, 1965–1987, Washington, DC.: World Bank, Operations Evaluation Department.

NP

The Evolution of the Theoretical Paradigm for Rural Development: An Overview

Zeng Zhimin

【Abstract】 Following the Second World War, the central problems facing newly independent and late-developing countries as they have attempted to promote rural development have been the transformation of agriculture and the elimination of poverty. This paper centers on the evolution of the values connected to development, implicit to which are different ideas about poverty. It carefully explores the theoretical paradigms of rural development as they have evolved, finding that in terms of the development of theory itself, we have recently come to form a basic consensus on two issues. Firstly, planning for economic

农村发展的理论范式嬗变：理论综述

247

development and economic policy should be linked to policy on social development, and we should be implementing a kind of egalitarian development strategy. Secondly, if we are to realize the aim of completely wiping out poverty and give impetus to rural development, we must draw on a strategy that combines the energies of state, market, and society. Government should still play a unique, central role amongst the multiple actors: it must provide a legal or policy framework that prevails over all else to promote change.

【**Keywords**】 Rural Development; Industrialization Paradigm; Social Development Paradigm; Neoliberal Paradigm; Sustainable Livelihoods Paradigm

（责任编辑：林志刚）

低碳农业时代的来临与中国
13 亿消费者的责任

王松良 [*]

"如果不知道他来自何处，那就没有知道他去何方。"

——法国人类学家 K. L. 斯特劳斯

"在这个世界上，没有任何东西在自由市场中售出，即使是一粒谷物。自由市场只存在于政客的演讲中。"

——Dwayne Andreas，世界食品巨头 Archer Daniels

Midland（ADM）首席执行官

一 农业是世界文明之母，却不幸走到十字路口上

生命诚可贵，民以食为天。我们每个人都得吃饭，大家也都知道农业的首要目标是生产支撑人类生命的食物，但有多少人知道什么是真正的农业？著名经济学家米尔顿·弗里德曼在其 1973 年出版的《货币的祸害》一书中说，农业、火、文字和货币是人类文明诞生与发展的四大要素，现在看来，货币是文明还是祸害尚无定论，但农业确实是文明之母。

---

* 王松良，福建农林大学作物科学学院、生态文明研究中心教授。

试想一下，宇宙诞生 200 亿年，地球诞生 45 亿年，人类诞生也已 200 万年，而农业的诞生仅仅是 1 万年前的事情。在农业诞生之前，人类的祖先依赖采集和狩猎为生，后来通过培育植物和驯化动物而产生了农业。因此，农业诞生前的 199 万年与诞生后面的 1 万年相比何其长也！199 万年期间的人类进化极其缓慢，文明也就无从谈起；只有后面 1 万年农业的诞生和发展使人类真正脱离了蛮荒愚昧状态，农业生产力的提高使人类在丰衣足食远离狩猎采集的生命威胁之余，才有闲暇思考记录和累积神秘的自然知识，使农业的技术从原先的原始驯化逐步演化到耕作制度的形成、实现水分的管理和农业新产品的开发（如制衣棉花、中国草药），促进了生产力发展，也促进了劳动分工、城市形成、商业繁荣、货币发明与开发利用，终于构成上述弗里德曼所说的文明发展的要素。可见，农业是这四个要素中最根本的要素。

然而，人类文明演化在产业林立的现代社会，农业作为文明之源恰如被抛弃的"马铃薯"母体，完全已经让位于工、商、服务业等"仔薯"，余下的就是从她身上榨取剩余的所谓"货币"价值，使农业失去其本源的意义和价值。正如笔者在 2012 年出版的《农业生态学》一书（王松良，2012）前言中所说的：

> 纵观我国的农耕史，我们有理由认为，在 18 世纪工业革命之前，农业塑造了人类的文化和文明。今天则相反，人类的文化（包括意识形态、需要和科学）已经牢牢地控制了"农业"，使后者完全失去作为"自然"一部分的属性，而成为人类"生存权利"的牺牲品：庞大的人口产生对食物的巨大需求；现代科学和技术及其归纳思维的压倒性力量形成巨大的拆解（dissemble）自然与农业的内在联系，丧失对总体农业生态系统的思考能力。和现代世界观把"自然"视为外部关联的、原子的、还原的、物质的、机械的"配件"一样，产业化的农业更是把土壤作为单一化种植、化石农业的附属。结果是，当我们面临食物安全（包括粮食安全和食品安全，food security and safety）的农业可持续性（Agricultural sustainability）的问题时，发现我们已经完全摧毁了其赖以存在的基础，而成为我们真正的敌人。

作为文明之源，也是地球上唯一有生命的产业——农业——为全世界70亿人口提供食物，为全球40%的人口提供了生计，为20亿人提供环境中可持续的能量来源；发展中国家70%的贫困人口生活在农村地区，他们直接或间接依赖农业谋生；以农业为生计的30亿人口日均消费不足2美元，其中8.45亿营养不良，13亿没有清洁生活用水。另外，农业也对基本生态系统服务有重大的影响，例如水的供应和净化、传粉、虫害和疾病控制以及碳的吸收和释放正处在十字路口上，面临粮食安全（资源衰竭、粮食数量不足）、食品安全（食品质量低劣、毒物残留）、生态安全（环境破坏、物种灭绝）、社会安全（城乡、工农、贫富差异）、国家安全（饮食文化侵入、民族健康问题）的挑战。

二　低碳农业：农业走出十字路口的战略选择

世界农业面临难题的症结就是把地球上唯一有生命的产业货币化、自由贸易化和利润化的结果，以及以还原认识论为内核的工业革命技术体系武装传统农业，这种农业模式的典型特征是高碳排放。因此，世界农业走出十字路口的首要策略是"低碳农业"。

农业是人类社会创造的最基础的社会产业，农业的发展经历了刀耕火种农业阶段、传统农业阶段和工业化农业阶段。工业化农业经济是以大量能源的投入为基础，按照著名生态学学家 E. P. Odum 的话就是："美国现代农业是以十分的工业能换取一份的食物能。"可见，现代农业投入的集约也是造成碳排放激增、温室效应乃至全球变暖的"罪魁祸首"之一。例如耕地上大量使用化肥造成30%的碳排放，动物养殖特别是反刍动物的肠道发酵造成50%以上的甲烷排放。农业本质上依赖太阳辐射、土地、大气和水等来自自然的初级资源的生物学转化食品的过程，应视为实现人类利益与自然平衡的接口或者作为人类社会与自然生态系统唯一的界面。在这个界面上，农业参与自然生态系统的碳循环过程，显示其碳汇和碳源（排放）等双重特征。首先，在农业生产体系中，植物生产（初级生产）包括草地、森林和作物利用太阳能把大气二氧化碳和水合成碳水化合物，起着碳汇作用，植物同时也需要部分呼吸消耗碳水化

合物放出 CO_2 以维持生理活动，这部分就是碳排放。相比之下，植物的碳汇功能远远超过碳排放功能，主要起着碳汇作用。因此，充分利用农业生态系统的绿色植物是低碳农业的核心内容。其次，农业生产体系的动物养殖（包括畜禽和水产类动物养殖）通过转化初级生产的产物形成人类所需要的肉蛋乳类食物，但其过程需要大量消耗植物和动物的同化物，同时动物养殖过程特别反刍动物的肠发酵和蠕动（enteric fermentation）和动物排泄出大量的有机肥（brown manure）是大气温室气体的主要来源之一。因此，动物养殖及其伴随的有机肥起着碳排放的功能。最后，为了提高农业生态系统的能量转化效率而投入大量辅助能是现代农业体系的主要特征，投入农业生态系统的大量化肥、农药、浓缩饲料等需要大量化石能源（fossil energy）燃烧而获得，是农业碳排放的大户之一。下面以农业的生态学过程对 CO_2、CH_4、N_2O 等 3 种主要温室气体的排放的"贡献"为例，来说明农业碳排放的数量值得关注。

CO_2 是温室效应气体的大户，农业对其的贡献大约为 15% ~ 25%，主要来源是土地利用方式的变化以及辅助能输入，在过去两百年里，由于农业土地利用的变化，即由自然生态系统向人类管理生态系统的转换，已经导致了大约相当于同期化石燃料燃烧向大气中排放的 CO_2 量。如毁林开荒、放牧、种植经济收益高的作物、弃牧毁草开垦、草场退化、农田侵蚀性退化、土地沙化等都是降低农业的碳汇功能而增加其碳排放功能。例如，森林和草场破坏所引起的大气 CO_2 浓度变化是双向性的：一方面，植物通过光合作用吸收固定 CO_2 的数量减少；另一方面，被毁坏林木、草通过燃烧或腐解而释放到大气中的 CO_2 数量增加。土地利用变化是目前大气中碳含量增加的第二大来源，约占人类活动总排放量的 20%，其作用仅次于化石燃料的燃烧。此外，由于大量施用化肥，加速了农田土壤中有机碳的矿化，进而向大气中排放了大量的 CO_2 和 CH_4 等温室气体。向土壤中施用石灰能够降低土壤的酸性，促进作物生长。但是碳酸盐和重碳酸盐在溶解和释放过程中也会产生大量的 CO_2。尿素施用过程中碳素的易挥发性也导致大量 CO_2 的损失。因此，施用石灰和尿素也成为 CO_2 的排放源。据估计，因为农业的扰动，全球每年由土壤释放到大气中的碳量约为 $0.8 \times 10^{12} \sim 4.6 \times 10^{12}$ kg（马友华等，2009）。因此，对我国低碳农业而言，传统的精耕细作和现代农业的大量化肥施用都必须得到调整。

CH$_4$的温室效应系数为CO$_2$的21倍，农业对大气CH$_4$的数量的贡献约是50%，主要来源是水稻栽培、动物养殖。千百年来因种植水稻而形成的水稻土，每年排放的CH$_4$占全球CH$_4$排放总量的10%～15%。以我国为例，自20世纪以来，水稻面积扩大了2倍，家畜存栏量增加了3倍，对大气甲烷含量增长的贡献率为48%。就西方一些发达国家而言，虽然它们大多不种植水稻，但主要消费肉类食品，其CH$_4$的来源主要是各类动物的养殖。以加拿大为例，其动物饲养总共排放出1016×10^6kg的CH$_4$中，动物本身排放量达到805×10^6kg，占79.2%，主要以反刍动物——牛在养殖过程中CH$_4$的排放量为主，鸡、鸭在饲养过程几乎没有CH$_4$排放，羊也较少。因此，提倡以鸡、鸭肉和羊肉的消费替代牛肉是低碳农业的发展趋势。另外一个CH$_4$排放大户是动物粪尿产生的CH$_4$排放，占总CH$_4$排放量的20.8%，特别是猪粪尿的CH$_4$排放达到120×10^6kg，占了56.9%，这就给喜欢消费猪肉的中国实施低碳农业提出了一个挑战。

最后一个与农业相关的温室气体是N$_2$O，其温室效应系数为CO$_2$的310倍，农业对全球大气N$_2$O的含量贡献很大，达到70%～80%，主要来源是植物生产的氮肥施用。

总之，农业生产对碳循环的影响具有双重作用，既是碳"源"，又是碳"汇"。在历史时期农业生产通过将自然生态系统，特别是热带森林，转换成农业土地利用，增加了大气中CO$_2$排放。尽管如此，农业也可以通过土地利用的变化、土地整治等增加碳"汇"，减少CO$_2$的排放，从而使农业生产由碳"源"变为碳"汇"。因此，如何实现农牧生产的"接口"，实现对有机肥和饲料在植物生产和动物养殖上的平衡、尽量减少对市场化及工厂化生产资料的依赖也是低碳农业的主攻方向。

三 实施低碳农业战略的关键是引导
消费者走向"低碳化"消费

实施低碳农业战略固然需要科学技术做支撑，法律政策做保证，其实最重要的是广大消费者要形成"低碳"消费的习惯，因为在食品从土壤到餐桌的金字塔中，消费者是最大的群体。比如在我国，不是所有的13亿多人都需要从事农业生产和管理，但这13亿多人全部都是农业食品的消费者。消费决定生产，13亿人就是我国参与这场世界农业从高碳到低碳的变革的决定者。引导消费者的低碳消费是实施低碳农业的关键。

首先是引导"就地消费"。"就地消费"也称为"地方性消费"（buying local），这是加拿大普遍提倡的消费模式，通过提倡购买"地方性"食品，即食品的"在地化"（localization）才是农业可持续发展的基石。第一，它省却长途运输的汽油燃烧而达成事实上的低碳农业；第二，它保护生命农业及其源头的农民和土地；第三，保障了食品的安全；第四，消费者和生产者直接连接，极大地降低了交易成本。目前世界各地方兴未艾的社区支持农业（Community Support Agriculture，CSA）就是"地方性消费"的绝好榜样，是"低碳"消费的典型模式。福州郊区目前拥有以家庭为经营单位的"佳美市民农园"和以社会公益组织为经营单位的"故乡农园"2个社区支持农业模式，他们都通过福州城市社区居民支持郊区的无公害蔬菜食品生产为起点，实现消费者和生产者的直接互动、互助、互信，省却食品分配的诸多中间环节，保障食品安全的同时，促进城乡一体化建设和生态文明建设。

其次是引导"低端食物链"消费（eating the low food chain）。根据生态学的食物链原理，随着食物链营养级升高，能量转化效率逐级降低。因此，提倡低端食物链消费，以消费植物性产品为主，同时可节制动物性生产，既提高能源转化率，又减少碳排放。实际上，"低端食物链"消费正是我国长期的消费模式，也是我国长期能够以占世界7%耕地养活占世界22%人口的根本原因，应该得到大力发扬。此外，即使部分动物食品的消费对每个消费者身体健康是必需的，根据上文所述的各类动物食品生产过程的碳排放数量，消费者选择消费哪类动物食品也对实施低碳农业起得至关重要的促进作用。

总之，目前世界农业和其他各类工业产业一样难以逃脱为资本主义自由贸易为核心的经济体系所主导，新古典主义经济学是传播、推广这个体系的有力工具，后者动用各类现代信息技术平台俘虏永远处于因信息不对称状态下"无知"的消费者。所以我国13亿多消费者必须时刻警惕，通过不断学习科学知识、提高生态文明和健康意识，时刻注意辨别来自各类媒体的海量信息。一定坚信：不是他们说的都是对的，尽管他们时刻打着科学和国家利益的幌子，而是我们自己的认识不够、警惕性不高。一定坚信：农业是把太阳光转变为人类健康和幸福的事业，不是利用一切化学工业力量武装下的赚钱产业；是地球唯一有生命的产业，不是任由新古典主义经济学设计的利益链条！

参考文献

马友华等（2009）：《低碳经济与农业可持续发展》，《生态经济》，（6），第116～118页。

王松良等（2012）：《农业生态学》（国家双语示范课程配套教材），科学出版社。

（责任编辑：仝志辉）

稿　　约

1. 《中国非营利评论》是有关中国非营利事业和社会组织研究的专业学术出版物，暂定每年出版两卷。《中国非营利评论》秉持学术宗旨，采用专家匿名审稿制度，评审标准仅以学术价值为依据，鼓励创新。

2. 《中国非营利评论》设"论文"、"案例"、"研究参考"、"书评"、"随笔"等栏目，刊登多种体裁的学术作品。

3. 根据国内外权威学术刊物的惯例，《中国非营利评论》要求来稿必须符合学术规范，在理论上有所创新，或在资料的收集和分析上有所贡献；书评以评论为主，其中所涉及的著作内容简介不超过全文篇幅的四分之一，所选著作以近年出版的本领域重要著作为佳。

4. 来稿切勿一稿多投。因经费和人力有限，恕不退稿，投稿一个月内作者会收到评审意见。

5. 来稿须为作者本人的研究成果。作者应保证对其作品具有著作权并不侵犯其他个人或组织的著作权。译作者应保证译本未侵犯原作者或出版者的任何可能的权利，并在可能的损害产生时自行承担损害赔偿责任。

6. 《中国非营利评论》热诚欢迎国内外学者将已经出版的论著赠予本刊编辑部，备"书评"栏目之用，营造健康、前沿的学术研讨氛围。

7. 《中国非营利评论》英文刊将委托 Brill 出版集团在全球出版发

行，中文版刊载的论文和部分案例及书评，经与作者协商后由编辑部组织翻译交英文刊采用。

8. 作者投稿时请寄打印稿或电子稿件。打印稿请寄至：北京市海淀区清华大学公共管理学院 425 室《中国非营利评论》编辑部，邮编 100084。电子稿件请发至：nporeviewc@ gmail. com。

9. 《中国非营利评论》鼓励学术创新、探讨和争鸣，所刊文章不代表本刊编辑部立场，未经授权，不得转载、翻译。

10. 《中国非营利评论》集刊以及英文刊所刊载文章的版权属于《中国非营利评论》编辑部所有；本刊已被中国期刊网、中文科技期刊网、万方数据库、龙源期刊网等收录，为适应我国信息化建设的需要，实现刊物编辑和出版工作的网络化，扩大本刊与作者知识信息交流渠道，在本刊公开发表的作品，视同为作者同意通过本刊将其作品上传至上述网站。作者如不同意作品被收录，请在来稿时向本刊声明。但在本刊所发文章的观点均属作者个人观点，不代表本刊立场。本声明最终解释权归《中国非营利评论》编辑部所有。

由于经费所限，本刊不向作者支付稿酬，文章一经刊出，编辑部向作者寄赠当期刊物 2 本。

来 稿 体 例

1. 各栏目内容和字数要求

"论文"栏目发表中国非营利和社会组织领域的原创性研究，字数以8000～20000字为宜。

"案例"栏目刊登对非营利和社会组织实际运行的描述与分析性案例报告，字数以5000～15000字为宜。案例须包括以下内容：事实介绍，理论框架，运用理论框架对事实的分析。有关事实内容，要求准确具体。

"研究参考"栏目。

"书评"栏目评介重要的非营利研究著作，以3000～10000字为宜。

"随笔"栏目刊发非营利研究的随感、会议评述、纪行及心得，不超过4000字。

2. 稿件第一页应包括如下信息：（1）文章标题；（2）作者姓名、单位、通信地址、邮编、电话与电子邮箱。

3. 稿件第二页应提供以下信息：（1）文章中、英文标题；（2）不超过400字的中文摘要；（3）2～5个中文关键词。书评和随笔无须提供中文摘要和关键词。

4. 稿件正文内各级标题按"一""（一）""1.""（1）"的层次设置，其中"1."以下（不包括"1."）层次标题不单占行，与正文连排。

5. 各类表、图等，均分别用阿拉伯数字连续编号，后加冒号并注明图、表名称；图编号及名称置于图下端，表编号及名称置于表上端。

6. 本刊刊用的文稿，采用国际社会科学界通用的"页内注＋参考文献"方式。

基本要求：说明性注释采用当页脚注形式。注释序号用①，②，③……标识，每页单独排序。文献引用采用页内注，基本格式为（作者，年份：页码），外国人名在页内注中只出现姓（容易混淆者除外），主编、编著、编译等字眼及译文作者国别等字眼都无须在页内注里出现，但这些都必须在参考文献中注明。

文末列明相应参考文献，参考文献中外文分列（英、法、德等西语可并列，日语、俄语等应分列）。中文参考文献按照作者姓氏汉语拼音音序排列，外文参考文献按照作者姓氏首字母排序。基本格式为：

作者（书出版年份）：《书名》（版次），译者，卷数，出版社。

作者（文章发表年份）：《文章名》，《所刊载书刊名》，（期数），刊载页码。

author（year），*book name*，edn.，trans.，vol.，place：press name.

author（year），"article name"，vol.（no.）*journal name*，pages.

图书在版编目（CIP）数据

中国非营利评论. 第 13 卷/王名主编. —北京：社会
科学文献出版社，2014.1
ISBN 978 - 7 - 5097 - 5661 - 4

Ⅰ.①中… Ⅱ.①王… Ⅲ.①社会团体 - 中国 -
文集 Ⅳ.①C232 - 53

中国版本图书馆 CIP 数据核字（2014）第 026934 号

中国非营利评论（第十三卷）

主　　办／清华大学公共管理学院 NGO 研究所
　　　　　明德公益研究中心
主　　编／王　名

出 版 人／谢寿光
出 版 者／社会科学文献出版社
地　　址／北京市西城区北三环中路甲 29 号院 3 号楼华龙大厦
邮政编码／100029

责任部门／社会政法分社（010）59367156　　责任编辑／芮素平　梅　玫
电子信箱／shekebu@ ssap. cn　　　　　　　责任校对／程雷高
项目统筹／刘骁军　芮素平　　　　　　　　责任印制／岳　阳
经　　销／社会科学文献出版社市场营销中心（010）59367081　59367089
读者服务／读者服务中心（010）59367028

印　　装／北京季蜂印刷有限公司
开　　本／787mm×1092mm　1/16　　印　张／16.75
版　　次／2014 年 1 月第 1 版　　　　　字　数／258 千字
印　　次／2014 年 1 月第 1 次印刷
书　　号／ISBN 978 - 7 - 5097 - 5661 - 4
定　　价／45.00 元

《中国非营利评论》征订单

　　《中国非营利评论》是由清华大学 NGO 研究所和社会科学文献出版社合作发行的学术期刊，清华大学 NGO 研究所所长王名教授担任主编。2013 年 12 月成功入选中文社会科学引文索引（CSSCI）收录集刊（2014－2015）。

　　《中国非营利评论》是一份有关中国非营利事业与非营利组织研究的专业学术出版物，每年出版两卷。出版时间为 1 月 15 日和 7 月 15 日。

　　《中国非营利评论》秉持学术宗旨，采用当今国际学术刊物通行的匿名审稿制度，提倡严谨治学，鼓励理论创新，关注实证研究，为中国非营利事业与非营利组织的研究提供一个高品位、高水准的学术论坛。本刊开设四个主要栏目，一为"主题研讨"，二为"论文"，三为"案例"，四为"书评"，五为"研究参考"，六为"随笔"。为提高刊物的学术品位和水准，本刊聘请国内外相关领域的 30 多位知名学者组成学术顾问委员会，其中海外（含港台地区）学术顾问比例不低于 1/3。本刊英文刊 *China Nonprofit Review*（ISSN 1876－5092；E－ISSN 1876－5149）已出版五卷。

· ·

▷ ［征订单］

订购单位：				
邮寄地址：			邮编：	
联系人：			职位：	
电话：		传真：	邮箱：	
第一卷	数量：		总额：	
第二卷	数量：		总额：	
第三卷	数量：		总额：	
第四卷	数量：		总额：	
第五卷	数量：		总额：	
第六卷	数量：		总额：	
第七卷	数量：		总额：	
第八卷	数量：		总额：	
第九卷	数量：		总额：	
第十卷	数量：		总额：	
第十一卷	数量：		总额：	
第十二卷	数量：		总额：	
第十三卷	数量：		总额：	
发票要求：□是　□否			发票抬头：	
附言：				

付款	**汇款请至如下地址：** 账户名称：社会科学文献出版社 开户银行：中国工商银行北京北太平庄支行 银行账号：0200010019200365434	**征订单请寄至：** ◇北京市西城区北三环中路甲 29 号院 3 号楼华龙大厦　社会科学文献出版社 邮编：100029 联系人：闫红国　　电话：010－59367156 ◇清华大学公共管理学院 NGO 研究所 邮编：100084 联系人：刘彦霞　　电话：010－62773929